Kolonialles Erbe in Thüringen

Herausgegeben
von Sahra Rausch
Christiane Bürger

Koloniales Erbe in Thüringen

Deutscher
Kunstverlag

Inhalt

I EINFÜHRUNG

CHRISTIANE KULLER / KIM SIEBENHÜNER — 9
Vorwort

1.1 SAHRA RAUSCH / CHRISTIANE BÜRGER — 11
Koloniales Erben in Thüringen?

1.2 INTERVIEW MIT PATRICIA VESTER — 19
„Daher gehen wir jetzt mal die Homepage an.
Ich möchte da lesen, dass wir auf dem Weg sind."

II MATERIALITÄTEN

2.1 KIM SIEBENHÜNER — 26
Für eine lange Geschichte des Kolonialen

2.2 KIM SIEBENHÜNER — 29
Koloniales Erbe aus frühneuzeitlichen Sammlungen

2.3 ULRIKE LÖTZSCH / KRISTINA SCHEELEN-NOVÁČEK / CARSTEN STARK — 36
Vom „Kammer-M*" zum Anatomieskelett

2.4 IRIS SCHRÖDER — 41
Wissen dekolonisieren. Die Sammlung Perthes Gotha

2.5 FESSEHA BERHE GEBREGERGIS — 50
The Depiction of the Peoples of Abyssinia and Adjacent Regions in Hermann Habenicht's *Special Map of Africa*

2.6 FLORIAN WAGNER — 58
Die Kultivierung des Kolonialismus

III KOLONIALITÄT

(Im-)Materielle Spuren des Kolonialismus in Thüringen

3.1 KATHARINA NOWAK — 69
Kollaborative Wissensproduktion

3.2 PAUL TAKU BISONG — 74
Bernhard Weissenborn: The First "Colonial Zoologist" in Cameroon

3.3 SEBASTIAN BANDELIN 80
Zwischen Herrschaftskritik und Fortschrittsideologie

3.4 RONALD HIRTE 85
Zwangsgemeinschaftliche Verflechtungen. Koloniale Kontexte Buchenwalds

DDR postkolonial? Koloniale Kontinuitäten bis 1990 und in der Transformationszeit

3.5 JAN DANIEL SCHUBERT 95
Die rassistischen Ausschreitungen von Erfurt 1975

3.6 PAOLO LE VAN / NICK WETSCHEL 100
„Where are your roots, Ruth?"

3.7 INTERVIEW MIT PATRICE POUTRUS 105
Die DDR dekolonisieren?

IV DEKOLONIALITÄT

4.1 DECOLONIZE WEIMAR! 110
Decolonize Weimar. Von kolonialen Spuren im Stadtraum

4.2 DEAN RUDDOCK 116
Statement zur Eröffnung der Ausstellung *Re:Action*

4.3 MARGARITA C. GARCIA 117
Manifest(o) towards de(colonial) a/historical future imaginaries

4.4 URS LINDNER 120
Solidarität oder Trennung? Der Historiker:innenstreit 2.0

4.5 PATRICIA VESTER 127
Wessen Geschichte? Graphic Novels im Schulkontext

ANHANG

Musterglossar 138
Angaben zu den Autor:innen 140

ZEITZEITZEIT

I EINFÜHRUNG

CHRISTIANE KULLER / KIM SIEBENHÜNER

Vorwort

Im Dezember 2021 wurde die Koordinationsstelle Koloniales Erbe in Thüringen (KET) gegründet. Der Gründung ging eine Initiative von Christiane Kuller, Kim Siebenhüner, Florian Wagner und Annette Weinke voraus, die dem zunehmenden Interesse an kolonialen Vergangenheiten in Bildungseinrichtungen, Medien und der Zivilgesellschaft Rechnung tragen und die Aktivitäten der Universitäten Erfurt und Jena in diesem Themenfeld sichtbar machen und erweitern sollte. Eine besondere Rolle spielten hierbei die Sammlungen der Universitäten, die sich zum Teil eng mit dem kolonialen Projekt verbinden. Die Koordinationsstelle zielt darauf ab, die Arbeit der beiden Universitäten zu vernetzen, neue Impulse für Forschung und Lehre zu setzen, Kontakte zu außeruniversitären Bildungseinrichtungen und Initiativen aufzunehmen und den gesellschaftlichen Dialog über koloniale Vergangenheiten zu fördern. Unterstützt vom Thüringer Ministerium für Wirtschaft, Wissenschaft und digitale Gesellschaft (TMWWDG) und von den Universitäten Erfurt und Jena, hat KET im Dezember 2021 ihre Arbeit als Koordinations- und Brückeninstitution aufgenommen.

Im bundesweiten Kontext zeichnet sich ihre Arbeit durch einen epochenübergreifenden Blick in die vermeintlichen Peripherien aus und holt damit bislang vernachlässigte Perspektiven ein. Die kritische Auseinandersetzung mit kolonialem Erbe in Thüringen zeigt, dass koloniale Strukturen auch außerhalb der Kolonialmetropolen wirkmächtig waren und bis heute fortwirken. Thüringische Beziehungen reichten bis nach Afrika und Asien. Auch waren koloniale Strukturen nicht auf die klassische Kolonialzeit beschränkt, sondern wuchsen seit der Frühen Neuzeit und dauern teilweise bis in die postkoloniale Gegenwart an. Wir verstehen unsere Arbeit daher als Auseinandersetzung mit der langen Geschichte gegenwärtiger Problemlagen und geben aktuellen Debatten eine historische Tiefenschärfe.

Seit Beginn ihrer Tätigkeit hat die Koordinationsstelle die Universitäten Erfurt und Jena enger vernetzt und in Forschung und Lehre für Rassismus und postkoloniale Denkweisen sensibilisiert. So hat KET zum Beispiel didaktische Angebote gemacht, um die Auseinandersetzung mit Rassismen und kolonialen Vergangenheiten im Rahmen der modernen Demokratiebildung und -förderung zu stärken. Die Koordinationsstelle hat zahlreiche Brücken zu außeruniversitären Bildungseinrichtungen und gesellschaftlichen Initiativen in Thüringen geschlagen, was sich in gemeinsamen Veranstaltungen und Publikationen mit dem Museumsverband Thüringen e.V., dem Thüringer Institut für Lehrerfortbildung, Lehrplanentwicklung und Medien (ThILLM), der Klassik Stiftung Weimar und dem MigraNetz Thüringen e.V. spiegelt. KET hat sich in kurzer Zeit als Ansprechpartnerin und Vermittlerin zwischen Wissenschaft und Museumslandschaft etabliert, auch über Thüringen hinaus. Gezielt wurden zudem Formate entwickelt, um die interessierte Öffentlichkeit anzusprechen (Podiumsdiskussionen, Format „LAB Koloniales Erbe", Filmvorführungen und Workshops). Eine Pionierrolle hat die Koordinationsstelle in Thüringen auch im Hinblick auf Ideen für einen erfolgreichen Dialog zwischen Wissenschaft und Gesellschaft.

Es ist das Verdienst von Christiane Bürger und Sahra Rausch die Koordinationsstelle durch ihre fachliche Expertise, ihre Ideen und ihre Tatkraft mit Leben gefüllt zu haben. Vielen Dank! Ebenfalls ein herzlicher Dank geht an Patricia Vester, die die Arbeit der Koordinatorinnen kritisch begleitet hat, sowie an Elena Kiesel, die Sahra

Rausch als Koordinatorin seit März 2024 unterstützt. Außerdem danken wir dem Wissenschaftlichen Board, das uns und den Koordinatorinnen mit Rat und Tat zur Seite stand. Und schließlich gilt unser Dank dem Thüringer Ministerium für Wirtschaft, Wissenschaft und digitale Gesellschaft (TMWWDG) und den Universitäten Erfurt und Jena für die finanzielle Unterstützung, ohne die es KET nicht gäbe.

SAHRA RAUSCH / CHRISTIANE BÜRGER

Koloniales Erben in Thüringen?

1.1

„Koloniales Erbe“ in Thüringen?

Das „koloniale Erbe“ rückt wie in vielen anderen Bundesländern auch in Thüringen zunehmend in den Fokus der Öffentlichkeit. Dabei ist es in den letzten Jahren zum omnipräsenten Schlagwort geworden, wie Feuilletonartikel, Ausstellungen und wissenschaftliche Publikationen bezeugen. Die Wissenschaftliche Koordinationsstelle „Koloniales Erbe in Thüringen“, die im Dezember 2021 an den Universitäten Erfurt und Jena eingerichtet wurde, reiht sich in diese Entwicklung ein. In ihrer Namensgebung scheinen dabei zwei Aspekte auf, die einer Einordnung bedürfen: Warum Thüringen? Und was beschreibt das „koloniale Erbe“ dieses Bundeslands?

Bisher ist es so, dass die vermeintlichen kolonialen Randgebiete – die Peripherie – kaum im öffentlichen Bewusstsein präsent und auch akademisch unterrepräsentiert sind. Der Fokus auf die großen Kolonialmetropolen, wie etwa Berlin oder Hamburg, hat die Bedeutung des Kolonialen jenseits der urbanen Zentren in den Hintergrund gedrängt. Gleichwohl endet die Auseinandersetzung mit der kolonialen Vergangenheit jedoch nicht an den Grenzen des Bundeslands Thüringen. Die Spuren des Kolonialismus führen beispielsweise über „Niederländisch-Indien“, dem heutigen Indonesien, und die Niederlande nach Gotha oder auch von Hawai'i in die Anatomische Sammlung der Universität in Jena.[1] Der Band verfolgt daher zwei Ansprüche: Erstens soll das Lokale im Globalen verortet, also die Glokalität[2] des „kolonialen Erbes“ in den Blick genommen werden. Zweitens sollen Epochengrenzen überwunden werden, um sowohl das Fortwirken als auch die Brüche und Umdeutungen kolonialer Weltsichten freizulegen. Denn betrachten wir Thüringen, das sich in der vermeintlichen kolonialen Peripherie befindet, dann lassen sich die transepochalen sowie ländereübergreifenden Beziehungen nachvollziehen, mit denen sich das „koloniale Erbe“ in die unterschiedlichen Zeitschichten und die Geografie Thüringens einschreibt.

Diese Karte zeigt einige exemplarische Orte, an denen „koloniales Erbe“ bewahrt, verhandelt, erinnert, und erforscht wird |**Abb. 1**|. Sie veranschaulicht, dass der Kolonialismus nicht nur die „koloniale Topografie unserer Städte“ durch Denkmäler, Straßennamen, Gebäude und Institutionen prägte, die in der Forschung oft im Fokus stehen.[3] Vielmehr lassen sich am Beispiel Thüringens die räumlich fein verästelten Dimensionen des Kolonialismus untersuchen, die bis in entlegene Schulen und Museen hineinreichten. Die kolonialen Erinnerungsorte dürfen folglich „nicht nur als materielle, sondern auch als politische, kulturelle, soziale oder imaginäre Bedeutungsträger“ verstanden werden.[4]

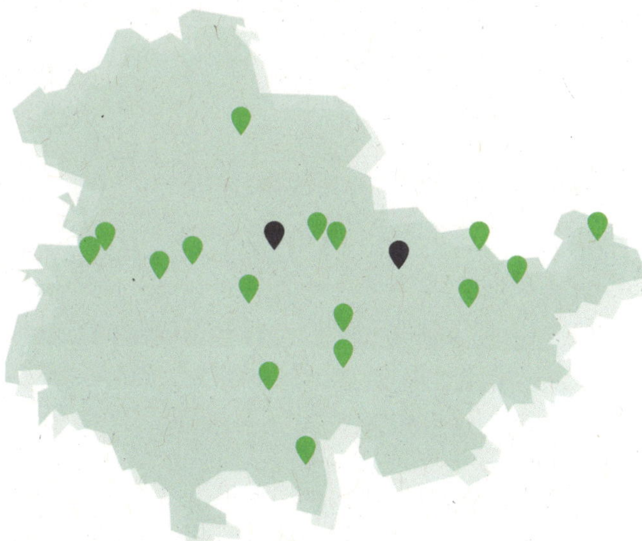

|**Abb. 1**| „Koloniales Erbe“ in Thüringen von Gera bis Eisenach, Erfurt und Jena als Standorte der Koordinationsstelle sind grau unterlegt

Doch nicht nur die räumlichen Grenzen gilt es aufzubrechen. Sich in Thüringen mit der kolonialen Vergangenheit zu beschäftigen, muss auch bedeuten, über die Hochphase der kolonialen Expansion des Deutschen

1 Vgl. Schönfelder, Ute/Bär, Katja: „Vorfahren kehren in hawaiianische Heimat zurück“. Online unter: https://www.uni-jena.de/handoverceremony (Stand: 29.11.2023).

2 Robertson, Roland: „Glokalisierung: Homogenität und Heterogenität in Raum und Zeit“. In: Ulrich Beck (Hg.): Perspektiven der Weltgesellschaft. Frankfurt a. M. 1998, S. 192–220.

3 Bechhaus-Gerst, Marianne: „Koloniale Spuren im städtischen Raum“. In: APuZ (2019), S. 40–45, S. 40.

4 François, Etienne/Schulze, Hagen: „Einleitung“. In: Dies. (Hg.): Deutsche Erinnerungsorte. München 2001, S. 9–26, S. 22.

5 Vgl. Wylie, Alison: „Why Standpoint Matters". In: Robert Figueroa/Sandra G. Harding (Hg.): Science and other cultures. Issues in philosophies of science and technology. New York 2003, S. 26–48.

6 Im Deutschen hat es sich mittlerweile etabliert, den als sensibler geltenden Begriff *human remains* zu verwenden, um menschliche Überreste in den anthropologischen Sammlungen europäischer Museen und Universitäten zu beschreiben. Die Erforschung von *human remains* aus kolonialen Kontexten diente meist der pseudowissenschaftlichen „Rasseforschung", mit der der angebliche Überlegenheitsanspruch der *weißen* Kolonialherren und -frauen wissenschaftlich untermauert werden sollte. Die Rückgabe menschlicher Gebeine an die Herkunftsgesellschaften wird daher auch als Akt der Rehumanisierung verstanden. Abhängig von den jeweiligen Herkunftsgesellschaften werden *human remains* auch als *ancestral remains*, Ahnen, bezeichnet.

7 Vgl. Sarr, Felwine/Savoy, Bénédicte: Zurückgeben. Über die Restitution afrikanischer Kulturgüter. Bonn 2020, S. 25–30.

Kaiserreichs zwischen 1884 und 1919 hinauszublicken. Auf diese Weise kann die Bedeutung des Kolonialen bis in die Frühe Neuzeit zurückverfolgt und gleichzeitig für die Betrachtung der Geschichte der DDR sowie die Transformationszeit ab 1990 erweitert werden.

Die Markierung, Kartierung und Problematisierung des „kolonialen Erbes" vollzieht sich nicht im luftleeren Raum. Insbesondere die Wissenschaften sind dabei gefordert, Position zu beziehen. Nicht nur aufgrund der eigenen Verstrickung in der Herstellung kolonialer Wissensbestände und der damit einhergehenden Beglaubigung des kolonialen Projekts. Die Positionalität – das heißt die theoretische, politische, soziale, und kulturelle Verortung – der Wissensschaffenden prägt dabei ganz erheblich, welche Fragen an den Untersuchungsgegenstand gerichtet werden.[5] Aus diesem Grund lassen sich wissenschaftliche Forschung und der engagierte Einsatz für eine Aufarbeitung kolonialer Strukturen und deren Nachwirkungen in der Gegenwart nicht immer klar voneinander trennen. Dies haben wir zum Ausgangspunkt unserer Tagung „Koloniales Erbe in Thüringen" gemacht, die im Juni 2023 in Erfurt und Jena stattfand und neben wissenschaftlicher Forschung auch die Perspektiven von Museumsschaffenden, dekolonialen Initiativen, Künstler:innen sowie Lehrer:innen integriert hat. Der vorliegende Sammelband bildet nicht nur diese Vielstimmigkeit in der Auseinandersetzung mit der kolonialen Vergangenheit in Thüringen und darüber hinaus ab, sondern arbeitet auch die unterschiedlichen Temporalitäten der kolonialen Verstrickung sowie die (im-)materiellen Fortwirkungen des „kolonialen Erbes" in der Gegenwart heraus. Was uns zum zweiten Aspekt der Namensgebung der Koordinationsstelle führt: Was beschreiben wir mit dem Begriff des „Erbes" eigentlich?

Vom „kolonialen Erbe" zum „kolonialen Erben"

Zunächst legt der Begriff „koloniales Erbe" nahe, sich mit den materiellen Hinterlassenschaften des Kolonialismus in den westlichen Sammlungsbeständen auseinanderzusetzen. Insbesondere seit dem Beginn der weltweit geführten Restitutionsdebatte im Jahr 2018 verengt sich die Betrachtung zunehmend auf die Erforschung der Provenienzen (Herkunft) kultureller und ritueller Ob- und Subjekte sowie von *human and ancestral remains*[6]. Gegenwärtig wird hierbei vor allem am Selbstverständnis der Museen als „Bewahrer" des kulturellen Erbes gerüttelt. Schließlich wurde nur ein geringfügiger Anteil der „gesammelten" Objekte und Subjekte von den Kolonisator:innen durch Kauf erworben. Die Mehrheit gelangte durch Raub, Plünderung, Enteignung sowie asymmetrische Austauschbeziehungen in den Bestand europäischer Sammlungen.[7] Vor diesem Hintergrund ist es notwendig, auch das westliche Sammlungskonzept musealer „Objekte" kritisch zu hinterfragen. Es ist gleichsam Voraussetzung und Ergebnis einer wissenschaftlich legitimierten Praxis, die der kulturellen und materiellen Aneignung diente. Das wissenschaftlich begründete Sammeln trug zu einer Objektifizierung bei – mit nachhaltigen Folgen für die Herkunftsgesellschaften, in denen der Verlust kulturelle, historische, politische, spirituelle und soziale Lücken entstehen ließ. Um diesen Prozess in kritischer Absicht sichtbar zu machen und die Perspektive der beraubten Communities zumindest ansatzweise zu berücksichtigen, wird zunehmend von Subjekten gesprochen.

Aus diesem Grund liegt in der Verwendung des Begriffs „koloniales Erbe" die Gefahr, die im Kolonialismus angelegten Gewaltverhältnisse und deren Fortwirken in der Gegenwart zu verschleiern. Eine positive Ausdeutung des „kolonialen Erbes" ist vor allem deswegen möglich, da er auf das Verständnis des „Kulturerbes" zurückgeht, wie er zuerst im *UNESCO-Übereinkommen zum Schutz des Kultur- und Naturerbes der Welt* (Welterbekonvention) von 1972 definiert wurde. Im Fokus steht hier das Bewahren des materiellen Erbes der Menschheit. Im Jahr 2003 wurde das Verständnis von Kulturerbe von der UNESCO um seine immaterielle Dimension erweitert. Fortan werden unter kulturellem Erbe auch Wissensbestände, kulturelle Praktiken und Darstellungsformen sowie Fertigkeiten verstanden. Kulturerbe wird in diesem Sinne als universalistisch aufgefasst und als der gesamten Menschheit zugutekommend gewertet.[8] Fragen nach dem rechtmäßigen Besitz werden auf diese Weise allerdings nicht mehr gestellt, wie sich auch anhand des Begriffs des „joint heritage" – des „geteilten Erbes" verdeutlichen lässt.

Die Rede vom „geteilten Erbe" wurde vor allem eingeführt, um eine Lösung zu finden, wie mit den kolonialen Archiven nach dem Ende des formalen Kolonialismus in den 1960er Jahren umgegangen werden sollte. Den ehemaligen Kolonialmächten war dabei daran gelegen, die Verfügungsgewalt über das koloniale Wissen zu bewahren, sodass unter der Prämisse des Teilens der Großteil der Kolonialarchive nach Europa verbracht wurde und dort bis heute zu finden ist.[9] Und auch in der Restitutionsdebatte dient das oft bemühte Konzept des „geteilten Erbes" vordergründig der Wahrung der bestehenden Besitzverhältnisse. Im Sinne eines „geteilten Menschheitserbes" hat der französische Präsident Emmanuel Macron vor allem eine „Zirkulation" kolonialer Objekte gefordert.[10] Demnach liegt aber die Definitionsmacht darüber, was als zu bewahrendes Erbe zu verstehen ist, weiterhin bei den Institutionen des Globalen Nordens. Die Verständigung über diejenigen Praktiken, Artefakte und Objekte, die normativ zu einem vererbbaren Gut gemacht werden, sind vor allem auch mit Prozessen der Identitätskonstruktion verbunden.[11]

Taugt der Begriff „koloniales Erbe" denn überhaupt für koloniale und postkoloniale Kontexte, wenn man die Gewaltförmigkeit kolonialer Expansionsbestrebungen nicht verharmlosen will? Der Historiker Bernd-Stefan Grewe schreibt ganz trefflich, dass „es wohl kaum wünschenswert [ist], den Erhalt und die Tradierung eines lebendigen kolonialen Gedankenguts aktiv zu fördern"[12]. Wie kann mit unrechtmäßigem oder dem mittlerweile als illegitim erachteten „kolonialem Erbe" umgegangen werden? Auf welche Weise gehört die Erinnerung an koloniale Massenverbrechen zum „kolonialen Erbe"?

An dieser Stelle lohnt sich der Blick auf die kulturwissenschaftliche Auffassung des Erbe-Begriffs. Um 1900 etablierten sich drei Verständnisse davon, was unter Vererben zu verstehen ist: 1. die ökonomisch-juristische Eigentumsübertragung, 2. die biologische Weitergabe von Eigenschaften und 3. die kulturelle Traditionsbildung,[13] die uns hier vor allem interessiert. Erben wird demnach – wie es erneut bei Grewe heißt – als eine „mehrere Generationen verbindende Kulturtechnik"[14] verstanden, bei der sich über das zu vermittelnde Erbe sozial verständigt wird. Die Herstellung des „kolonialen Erbes" ist folglich als eine soziale Praxis zu verstehen, bei der sich gegenwärtige Gesellschaften auf Objekte, Praktiken und Überlieferungen aus der Vergangenheit beziehen, sich diese retrospektiv aneignen und somit mit Bedeutung für die Gegenwart versehen.[15] Dass dieser Prozess nicht ausschließlich bewusst abläuft, hat insbesondere die postkoloniale Theorietradition herausgearbeitet, die unter „kolonialem Erbe" vor allem das Fortwirken kolonialer Denkmuster in der Gegenwart beschreibt.[16] In diesem Sinne muss auch das immaterielle Erbe auf eine Art und Weise verstanden werden, die koloniale Wissensbestände und (post-)koloniale Machtstrukturen analytisch greifbar macht. Um die Bedeutung der kolonialen Vergangenheit in der Gegenwart bestimmen zu können, bietet es sich an, koloniales Erben als soziale Praxis zu begreifen.[17] Hier kommt der universitären Forschung eine besondere Bedeutung zu, die sich nicht nur der Erforschung der kolonialen Vergangenheit zuwenden, sondern die eigene Verstrickung in der kolonialen Wissensproduktion und somit die Mitwirkung am kolonialen Projekt nachvollziehen muss.

Um dieser Verstrickung nachzugehen, ist das theoretische Konzept der „Kolonialität der Macht" des peruanischen Intellektuellen Aníbal Quijano hilfreich.[18] Kolonialität beschreibt demnach das divergente Machtverhältnis, mit dem sich die koloniale

8 Vgl. Grewe, Bernd-Stefan: „Koloniales Erben". In: GWU 72 (2021), H. 9/10, S. 493–500, S. 495.

9 Vgl. Linebaugh, Riley: „‚Joint Heritage': Provincializing an Archival Ideal". In: James Lowry (Hg.): Disputed archival heritage. Abingdon u. a. 2023, S. 19–48, S. 20.

10 Vgl. Sarr/Savoy: Zurückgeben, S. 60–61.

11 Grewe: Koloniales Erben, S. 496.

12 Ebd.

13 Vgl. Willer, Stefan: „Übertragungen. Erbe als Metapher, Metapher als Erbe". In: Simone Bogner et. al. (Hg.): Praktiken des Erbens. Metaphern, Materialisierungen, Machtkonstellationen. Weimar 2022, S. 18–41, S. 18.

14 Grewe: Koloniales Erben, S. 496.

15 Vgl. Bogner, Simone/Karpf, Michael: „Einleitung". In: Bogner et. al. (Hg.): Praktiken des Erbens, S. 7–16, S. 8; Grewe 2021, S. 496.

16 Vgl. Castro Varela, María/ Dhawan, Nikita: Postkoloniale Theorie. Eine kritische Einführung. Bielefeld 2015, S. 52, 177–183.

17 Vgl. Grewe: Koloniales Erben, S. 495.

18 Vgl. Quijano, Aníbal E.: Kolonialität der Macht. Eurozentrismus und Lateinamerika. Wien u. a. 2016.

Produktion, Verbreitung und Reproduktion von Wissen bis in die Gegenwart fortschreibt und sich in den ungleichen sozioökonomischen Verhältnissen zwischen Süd und Nord manifestiert.[19] Durch diesen Zuschnitt sollen auch gegenwärtige Fragestellungen in den Fokus treten, die das Verhältnis von kolonialer Vergangenheit und gegenwärtigem Rassismus beleuchten. Es regt zudem dazu an, die Ausschlussmechanismen von Aufklärung und „Moderne" zu reflektieren und marginalisierten oder sogar ausgelöschten Narrativen wieder Raum zu geben.[20]

Ausgehend von den theoretischen Vorüberlegungen haben wir drei Ebenen definiert, um uns in diesem Sammelband dem Prozess des „kolonialen Erbens" anzunähern. Diese Ebenen sind 1. Materialitäten, 2. Kolonialität und ihre immateriellen Wissensbestände sowie 3. Dekolonialität. Dabei nimmt insbesondere die Ebene der Dekolonialität die akademische Wissensproduktion in den Blick und fragt danach, in welchen kolonialen und eurozentrischen Traditionslinien die Universitäten und Forschungsinstitutionen in Thüringen verortet sind. Koloniales Erben als soziale Praxis zu verstehen, bedeutet schließlich auch Institutionen wie Universitäten, Bildungseinrichtungen, Museen, Initiativen und Vereinen als aktive Produzent:innen von Kolonialität und Dekolonialität zu reflektieren und sichtbar zu machen.

Den Prozess abbilden: Rassismuskritik und Selbstreflexion

Museen, Bildungsträger und Initiativen sind weit mehr als Multiplikator:innen und Rezipient:innen universitärer Forschungsergebnisse. Vielmehr sind sie selbst konstitutiver Teil in der Herstellung und Umdeutung gesellschaftlich akzeptierter Wissensbestände. Ihre Perspektiven sind daher in diesem Sammelband prominent vertreten. Die Zusammenarbeit mit der Schwarzen Künstlerin, Empowerment-Trainerin und Aktivistin Patricia Vester prägte die Arbeit der Koordinationsstelle: Als Artist in Residence hat Vester ein Jahr lang die unterschiedlichen Angebote und Formate der Koordinationsstelle begleitet, die Inhalte unserer Arbeit rassismuskritisch kommentiert und kunstvoll illustriert. Im Interview, das den inhaltlichen Beiträgen vorangestellt ist, führt Vester in ihre Rolle als Prozessbegleiterin ein, erklärt ihre Arbeit und wie sie ihren kritischen Reflexionen illustrativ Ausdruck verleiht. Ihre Arbeitsergebnisse bilden den roten Faden dieses Bands, der mit einem Auszug aus einer Graphic Novel endet, mit der Vester aufzeigt, wie die koloniale Vergangenheit mithilfe von gestalterischen und erzählerischen Zugängen in der (außer-)schulischen Bildung thematisiert werden kann.

Die kritische Begleitung des Projekts hat uns wiederholt aufgezeigt, dass wir selbst Teil einer kolonial geprägten Wissensordnung sind und diese – entgegen unserer Intention – immer wieder unbewusst reproduzieren. Mit Nachdruck muss gefragt werden, wie strukturelle Rassismen und fehlende Diversität unsere Arbeit prägen. Es fehlen beispielsweise Worte, um das „koloniale Erbe" in den Sammlungen, den Bibliotheken oder im öffentlichen Raum angemessen zu beschreiben und sichtbar zu machen. Um diesen Findungsprozess zu verdeutlichen, aber auch um zum Gespräch und zur Entwicklung von Alternativen anzuregen, haben wir uns als Herausgeberinnen in Rücksprache mit den Autor:innen entschieden, bestimmte Begriffe als visuelle Störung im Text hervorzuheben. Mithilfe dieser Markierungen wollen wir darauf aufmerksam machen, dass Worte nicht neutral, sondern streitbar sind. Die visuelle Störung soll ein Stolpern im Text auslösen, ein kurzes Innehalten, um zu überlegen, was die Begriffe bedeuten und was sie vermitteln können. Bei einigen Begriffen ist klar, dass sie *stören* und so nicht mehr verwendet werden können. Dies gilt beispielsweise für das N*- oder M*-Wort, die Ausdruck einer kolonial-rassistischen Sprache sind und rassistische Stereotype für die Gegenwart erneuern.[21] Andere Begriffe wurden markiert, weil sie, wie das in der DDR-Rhetorik häufig verwendete Wort „Rowdy", Rassismus verschleiern, und wieder andere erzeugen viel-

19 Vgl. Castro Varela/Dhawan: Postkoloniale Theorie, S. 318.

20 Vgl. Mignolo, Walter D.: „Delinking: The rhetoric of modernity, the logic of coloniality and the grammar of de-coloniality". In: Cultural Studies 21 (2007), S. 449–514, S. 451–453.

21 Vgl. Bundesministerium für Familie, Senioren, Frauen und Jugend (Hg.): „'Warum sollte man das N-Wort nicht benutzen?'". Online unter: https://www.demokratie-leben.de/magazin/magazin-details/warum-sollte-man-das-n-wort-nicht-benutzen-60 (Stand: 13.5.2024).

leicht eher ein *Störgefühl* – also eine emotionale Reaktion –, woran deutlich wird, dass sich der gesellschaftliche Blick auf die koloniale Vergangenheit in Europa und der Umgang mit Rassismus in der Gegenwart momentan im Wandel befinden. Begriffe, aber auch Abbildungen, die stören oder Störgefühle auslösen, sind allerdings Teil der (historischen) Quellensprache. Aus diesem Grund können wir nicht immer auf sie verzichten, wollen wir die Mechanismen und Logiken des Kolonialrassismus, aber auch der rassistischen Strukturen in der jüngsten Gegenwart aufzeigen. In diesem Sammelband haben wir versucht, Leitlinien zu entwickeln, um zu überlegen, welche Quellen oder Abbildungen nötig sind, um das „koloniale Erbe“ in Vergangenheit und Gegenwart verständlich zu machen. Insbesondere bei der Darstellung Schwarzer Menschen in kolonialen Kontexten kann eine Verletzung der Persönlichkeitsrechte angenommen werden, was diese Bilder zu sensiblen Quellen macht und folglich die Frage umso dringlicher werden lässt, ob und wie diese Bilder an die betroffenen Personen oder an ihre Nachfahr:innen restituiert werden können – auch und vor allem, um ihnen Teile ihrer Geschichte zurückzugeben. Sensibles Bildmaterial sowie Abbildungen, die Ausdruck der kolonialen Wissensproduktion sind, wurden im Band daher mit einer farblichen Schraffur versehen, um auf die mitunter problematischen Entstehungskontexte hinzuweisen. Klar wird hierbei jedoch auch, dass dieser Prozess nicht erschöpfend sein kann und nicht nur die Autor:innen unterschiedliche Sichtweisen haben; vielleicht werden auch einige Begriffe und Bilder von Leser:innen als störend empfunden, die wir nicht als solche markiert haben. Der Sammelband bildet somit einen Ausschnitt aus unserem (nicht-abzuschließenden) Prozess ab, in dem wir gemeinsam mit den Autor:innen versucht haben, einen kritischen Umgang mit dem „kolonialen Erbe“ in Thüringen zu finden. Entsprechend finden sich unterschiedliche Schreibweisen und Herangehensweisen, um die Auseinandersetzung mit der kolonialen Vergangenheit in Thüringen und ihren (Dis-)Kontinuitäten sichtbar zu machen. Einige Autor:innen haben sich beispielsweise entschieden, Schwarz groß und *weiß* kursiv zu schreiben, um „Hautfarbe“ als eine soziale Kategorie zu markieren, die die strukturelle Position von Menschen in der Gesellschaft definiert.[22] Andere Autor:innen wiederum haben ihren persönlichen und/oder wissenschaftlichen Standpunkt (Positionalität) reflektiert, um darzulegen, wie sich die soziale und gesellschaftliche Verortung in der Gesellschaft auf die Untersuchung von Kolonialität auswirkt. Diese verschiedenen Herangehensweisen spiegeln sich hoffentlich auch in den Beiträgen des Bands wider und regen zu Diskussionen an.

22 Vgl. Wollrad, Eske: Weißsein im Widerspruch. Feministische Perspektiven auf Rassismus, Kultur und Religion. Königstein/Taunus 2005.

Aufbau des Sammelbands

MATERIALITÄTEN

Koloniale Verbindungslinien bestehen schon seit der Frühen Neuzeit, etwa in Form von Beteiligungen an den frühneuzeitlichen (imperialen) Projekten der Handelskompanien. Im Themenschwerpunkt Materialität entwirft Kim Siebenhüner (Jena) in ihrem Beitrag ein differenziertes Bild von Kolonialität und kolonialen Kontexten, das den Besonderheiten von Raum und Zeit Rechnung trägt und dabei die Vielfalt und Ambivalenz vormoderner globaler Kontaktzonen reflektiert. In einem weiteren Beitrag zeigt Siebenhüner am Beispiel javanischer Dolche aus der frühneuzeitlichen Kunstkammer von Schloss Friedenstein in Gotha die ambivalenten kolonialen Kontexte in der Frühen Neuzeit auf. Den kolonialen Sammlungspraktiken, die die Phase des deutschen Kolonialismus zwischen 1884 und 1919 prägten und die als Hinterlassenschaften in Sammlungsbeständen in Thüringen zu finden sind, gehen die Artikel von Ulrike Lötzsch (Jena), Iris Schröder (Erfurt/Gotha), Fesseha Berge Gebregergis (Erfurt/Gotha) sowie Florian Wagner (Erfurt) nach. Lötzsch präsentiert die

23 Vgl. Bhambra, Gurminder K./ Gebrial, Dalia/Nişancıoğlu, Kerem: „Introduction: Decolonising the University?" In: Dies. (Hg.): Decolonising the University. London u.a. 2018.

Ergebnisse eines Provenienzforschungsprojekts zu Human Remains aus kolonialen Kontexten, die sich in der Anatomischen Sammlung der Universität Jena befinden. Schröder und Fesseha zeigen jeweils in ihren Texten anhand der Materialität kolonialer Karten auf, auf welche Weise das Verlagshaus Perthes in Gotha an der kolonialen Welterschließung beteiligt war, koloniales Wissen produzierte und die koloniale Expansion legitimierte. Wagner schließt den Themenbereich mit einem Beitrag zur „Thüringer Gartenkultur" und wie diese mit kolonialer Landnahme und Kultivierung zusammenhängen.

KOLONIALITÄT

Kolonialität beschreibt das Entstehen und Fortwirken kolonialer Denkmuster. Katharina Nowak (Oldenburg), Paul Taku Bisong (Berlin), Sebastian Bandelin (Jena) und Ronald Hirte (Gedenkstätte Buchenwald) zeigen in ihren Artikeln die Wirkmächtigkeit des kolonialen Projekts in den ehemaligen Kolonien und ihre Nachwirkungen in der Gegenwart auf. Mit dem Mittel kollaborativer Wissensproduktion untersucht Nowak den *dekã in nin* (Bastklopfer) von den Marshallinseln in der Erfurter Südsee-Sammlung und verdeutlicht dabei die negativen Folgen des Verlusts des „Objekts" für die Herkunftsgesellschaft. Bisong rekonstruiert die Batanga-Expedition von 1887 des Jenaer Zoologen Bernard Weißenborn und fragt nach dem Einfluss des kolonialen Extraktivismus – der Entnahme von Pflanzen und Tieren – auf die heutige Biodiversität in Kamerun. Bandelin wiederum wirft einen kritischen Blick auf die klassische Aufklärungsphilosophie und untersucht am Beispiel der Geschichtsphilosophie von Johann Gottlieb Fichte, auf welche Weise die entstehenden Ideale und Verständnisse der Aufklärung dem kolonialen Weltstreben Vorschub leisteten. Hirtes Beitrag fragt nach den kolonialen Kontexten im Konzentrationslager Buchenwald und dem Zusammentreffen von Kolonisierenden und Kolonisierten im Zwangskontext nationalsozialistischer deutscher Lager. Die Vor- und Nachgeschichten der jeweiligen Wegmarken der Inhaftierten verknüpfen jedoch nicht nur die Zeit des Nationalsozialismus mit der kolonialen und der postkolonialen Zeit. Der Wandel des Konzentrationslagers Buchenwald zur Gedenkstätte nach 1945 und das zuerst selektive Erinnern an den kommunistischen Widerstand in der DDR leitet zugleich zur Frage über, welche postkolonialen Perspektiven sich auf die DDR entwickeln lassen.

Für den Thüringer Kontext sind insbesondere die Kontinuitätslinien interessant, die ab 1949 die antikoloniale Politik beziehungsweise die Rhetorik der DDR prägten. Aus diesem Grund liegt ein Schwerpunkt in der Betrachtung von Kolonialität auf der sozialistischen Auseinandersetzung mit der kolonialen Vergangenheit und ihre Wirkungen über die Transformationszeit ab 1990 bis in die Gegenwart. Jan Schubert (Erfurt) thematisiert in seinem Beitrag einen weithin ignorierten Aspekt der Geschichte der DDR: die rassistischen Ausschreitungen gegen algerische Arbeitsmigranten im Jahr 1975 in Erfurt. Nick Wetschel und Paolo Le van (beide Dresden) geben Einblicke in das bürgerwissenschaftliche Projekt MigOst, in dem Stimmen der ostdeutschen Migrationsgesellschaft selbst zu Wort kommen und somit zu Akteur:innen ihrer eigenen Geschichte werden. Das Interview mit Patrice Poutrus (Osnabrück) verfolgt abschließend die Frage, wie man die Geschichte eines antikolonialen Staats überhaupt dekolonisieren kann.

DEKOLONIALITÄT

Die Forderung nach einer Dekolonisierung der Universitäten hat in den letzten Jahren – verstärkt jedoch seit der Black-Lives-Matter-Bewegung – auch in Deutschland an Bedeutung gewonnen.[23] Post- und dekoloniale Stimmen aus Initiativen und sozialen Bewegungen fordern jedoch nicht nur eine Dekolonisierung des Curriculums oder eine rassismuskritische Auseinandersetzung mit Lehre und etablierter Forschungspraxis, sondern auch eine strukturelle Dekolonisierung akademischer Institutionen. Was kann unter diesen Umständen unter Dekolonisierung verstanden werden?

Gurminder K. Bhambra beschreibt eine Dekolonisierung westlicher Wissensformen als aus der Mitte der „imperialen Zentren" herauskommend, um die dominante Stellung der westlichen Wissenschaftscommunity in der Wissensproduktion zu problematisieren.[24] Dekolonisierung bedeutet in diesem Sinne, neue Formen des Denkens zu entwickeln, die alternative Praktiken aufzeigen.[25] Alternative Praktiken und Wissensordnungen werden dabei insbesondere von dekolonialen Initiativen aufgezeigt, die in der Auseinandersetzung mit Kolonialität und Dekolonialität in den letzten Jahren ganz grundlegend zur Sichtbarmachung der kolonialen Vergangenheit beigetragen haben. Unter dem Thema „AusHandlungsräume von Dekolonisierung" beschreiben die Initiative decolonize Weimar!, Urs Lindner (Erfurt) sowie Patricia Vester (Potsdam), wie eine Auseinandersetzung mit der kolonialen Vergangenheit im städtischen Raum, in der Forschung sowie in der (außer-)schulischen Bildung angestoßen werden kann.

Ausblick(e)

Der vorliegende Sammelband ist das Abschlussprojekt von KET, mit dem eine 3-jährige Förderphase zu Ende geht. Die Koordinationsstelle hat in dieser Zeit viele Gespräche geführt, Menschen aus der Wissenschaft, den Museen und der aktiven Bürger:innenschaft zusammengebracht, Workshops, Vorträge und Konferenzen organisiert, Formate erprobt und in verschiedenen Medien publiziert. Wir möchten daher all denjenigen danken, die diese drei Jahre mit uns gemeinsam gestaltet haben, insbesondere natürlich den Teilnehmer:innen der Tagung „Koloniales Erbe in Thüringen" und den Autor:innen dieses Sammelbands, die die vorliegende Publikation erst möglich gemacht haben. Insbesondere der Austausch mit zivilgesellschaftlichen Initiativen und den Museen in Thüringen hat die Ausrichtung und Schwerpunktsetzung unserer Arbeit ganz wesentlich beeinflusst, wir danken daher den Decolonize-Gruppen in Erfurt, Weimar und Jena, dem Migranetz Thüringen e.V. und dem Museumsverband Thüringen e.V. für die vielfältigen Formen der Zusammenarbeit. Danken möchten wir auch unserem Wissenschaftlichen Board für die Expertise und die Unterstützung unserer operativen Arbeit. Elena Kiesel gilt unser ganz besonderer Dank, da sie so kurzfristig die Stelle als Koordinatorin in Erfurt übernehmen und die Fertigstellung des Sammelbands begleiten konnte. Zudem möchten wir den Lektor:innen Juliane Wenke und Alex Skinner danken, die rigoros auf Einheitlichkeit und den Argumentationsaufbau in den Texten achteten. Und zu guter Letzt möchten wir den Mitarbeiter:innen der Professuren für Frühe Neuzeit in Jena und für Neuere und Zeitgeschichte und Geschichtsdidaktik in Erfurt Jenny Merker, Martin Prüger und Max Zarnojanczyk danken, die uns bei der Durchführung unserer verschiedenen Veranstaltungsformate unterstützt haben.

Die Auseinandersetzung mit dem „kolonialen Erbe" hat sich als interdisziplinäres Querschnittsthema etabliert, das auch die historisch-politische Bildungsarbeit bereichert – und dennoch: Wir dürfen hier nicht stehen bleiben. In einem Artikel auf Zeit Online hat der Historiker Jürgen Zimmerer kritisch angemerkt, dass mit den kurzen Projektlaufzeiten das „koloniale Erbe" eher ab- denn aufgearbeitet wird.[26] Insbesondere angesichts des gegenwärtigen politischen Klimas in Thüringen braucht es auf Dauer gestellte Institutionen, die rassistische Strukturen in Vergangenheit und Gegenwart analysieren und didaktisches Material entwickeln, um der Vermittlung der deutschen und europäischen Kolonialgeschichte einen festen Platz in der schulischen Bildung zu geben.

24 Ebd., S. 3.

25 Ebd., S. 2.

26 Vgl. Zimmerer, Jürgen: „Das Ausmaß der Grausamkeit. Deutschland rühmt sich, nun auch seine dunkle koloniale Vergangenheit zu erforschen. In Wahrheit wird hier nur etwas ab-, nicht aufgearbeitet. Ein Kommentar". In: Zeit Online, 13.1.2024.

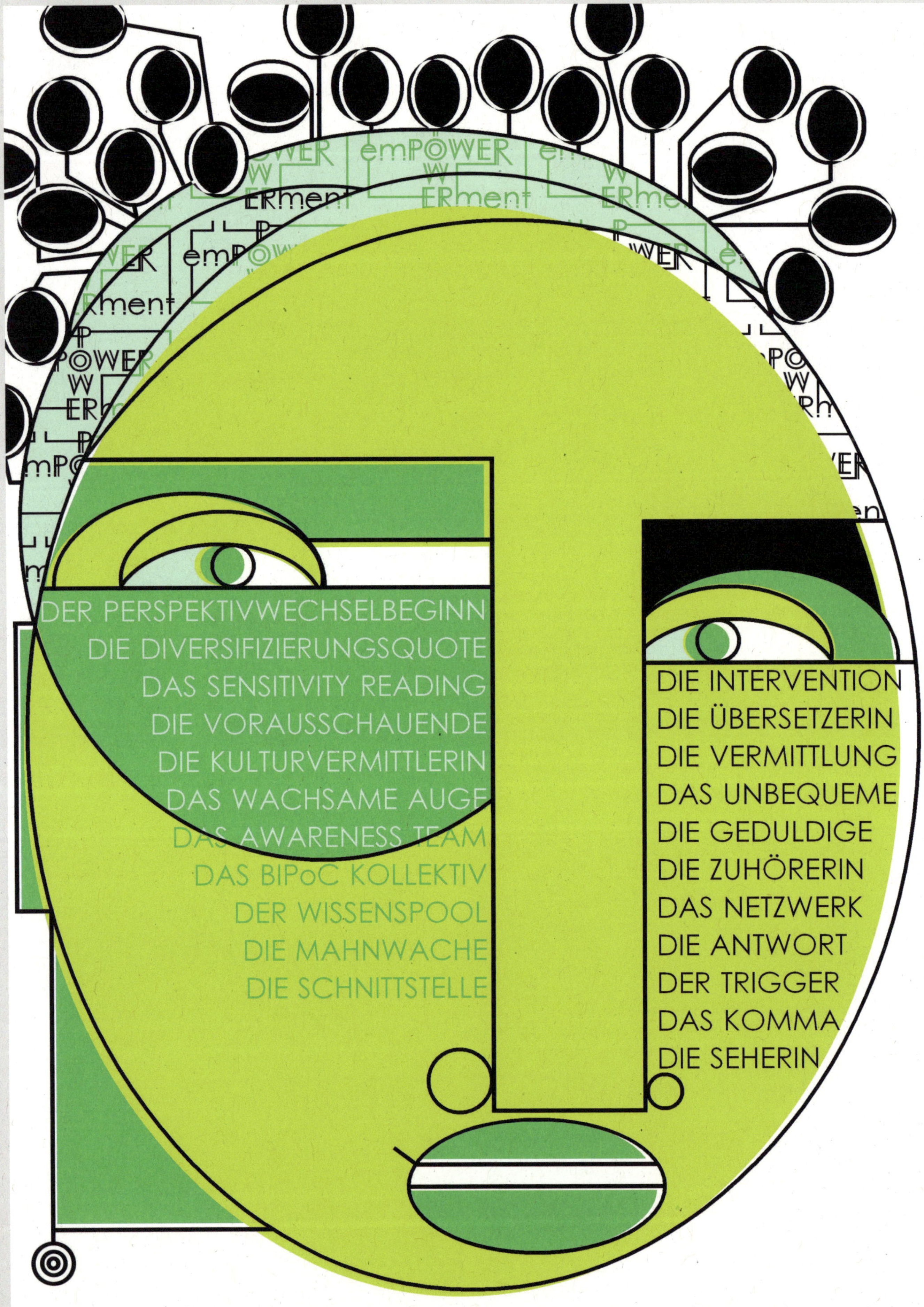
DER PERSPEKTIVWECHSELBEGINN
DIE DIVERSIFIZIERUNGSQUOTE
DAS SENSITIVITY READING
DIE VORAUSSCHAUENDE
DIE KULTURVERMITTLERIN
DAS WACHSAME AUGE
DAS AWARENESS TEAM
DAS BIPoC KOLLEKTIV
DER WISSENSPOOL
DIE MAHNWACHE
DIE SCHNITTSTELLE
DIE INTERVENTION
DIE ÜBERSETZERIN
DIE VERMITTLUNG
DAS UNBEQUEME
DIE GEDULDIGE
DIE ZUHÖRERIN
DAS NETZWERK
DIE ANTWORT
DER TRIGGER
DAS KOMMA
DIE SEHERIN

1.2

„Daher gehen wir jetzt mal die Homepage an. Ich möchte da lesen, dass wir auf dem Weg sind.“

Patricia Vester begleitete das Projekt „Koloniales Erbe in Thüringen“ als Artist in Residence und Prozessbegleiterin von Oktober 2022 bis September 2023. Das Gespräch mit ihr fand im April 2023 statt und sollte ihre Arbeit als Begleiterin der Koordinationsstelle und die dadurch angestoßenen Prozesse einer breiteren Öffentlichkeit sichtbar machen.

Patricia Vester: Ich bin Schwarze Deutsche, Mutter, Aktivistin, Illustratorin. Und aus dieser Position heraus habe ich den Auftrag als Artist in Residence angenommen und mich sehr darüber gefreut, weil ich hier eine Chance sehe, das Thema vertieft für den Kontext der Schulbildung recherchieren und bearbeiten zu können.

Christiane Bürger: Wir haben uns im Sommer 2022 im Rahmen der Dekoloniale in Berlin kennengelernt, auf der Du mit anderen Beteiligten das Buch *Das Museum dekolonisieren? Kolonialität und museale Praxis in Berlin* auf einer Podiumsdiskussion vorgestellt hast.
Im Anschluss habe ich Dir von unserem Projekt „Koloniales Erbe in Thüringen“ erzählt. Nur kurze Zeit später saßen wir zusammen mit Sahra bei einem Kaffee, um gemeinsame Ideen zu entwickeln. Wie hat sich die Arbeit mit dem Projekt „Koloniales Erbe“ für Dich seitdem entwickelt? Und welche Themen bearbeitest Du gerade?

Patricia Vester: Mein ganz konkretes Arbeiten sieht gerade so aus, dass ich skizziere, begleitete, denke, zuhöre. Und dabei entstehen künstlerische Outputs ganz unterschiedlicher Art. Auf meinem Tisch liegen zum jetzigen Zeitpunkt – nachdem wir schon in verschiedenen Formaten zusammengearbeitet haben – ganz viele unterschiedliche Ansätze.
Ich sitze in einem Meer von Output: unfassbar viele Skizzen, Interviewmitschriften, Schulkonzepte und Literatur sowie Artikel, aktuelle Dokumentationen zum Thema und Arbeiten verschiedener Decolonize-Gruppen aus der Region.
Ich habe einen lyrischen Rap-Text geschrieben, um die aktuelle Situation in Thüringen für mich zu bündeln und um den Human Remains, die mir in Thüringen begegnet sind, eine Stimme zu geben. Da mir das ein wichtiges Anliegen ist, habe ich ihnen lyrische und noch zu illustrierende Biografien geschrieben.
In den Schulworkshops, die ich konzipiert und gestaltet habe, sind Dinge entstanden, die insbesondere die Forderungen der BIPoC-Community (Black, Indigenous, and People of Color). an das deutsche Schulsystem widerspiegeln. Diese müssen auch in das Projekt einbezogen werden. Es gibt einen Graphic-Novel-Ansatz, der in unzähligen Skizzen auf dem Tisch liegt – ziemlich wirre Skizzen, die erst am Ende sauber ausgearbeitet werden. Ich lasse die Arbeiten erst los, wenn ich zufrieden bin, mich damit wohl fühle und das auch noch später gut finde. Und dann spreche ich mich auch mit meinen Partner:innen ab: Wie seht ihr das? Wie lest ihr das? Und ganz wichtig: Ich versuche zu filtern. Wer braucht was? Für wen stehe ich hier in dieser meiner aktuellen Position? Und was nehme ich mit? Und was will ich teilen? Und dabei reflektiere ich ständig: Mache ich das als Autorin, mache ich das als Aktivistin? Mache ich das als Schwarze Deutsche? Mutter? Als Betroffene? Das muss gerade sortiert werden.

Sahra Rausch: Du arbeitest ja mit uns in einem weißen Team und auch in unserem Arbeitskontext in Thüringen sind BIPoCs unterrepräsentiert. Dürfen wir Dich fragen, wie das Deine Arbeit beeinflusst?

Patricia Vester: Als Artist in Residence war zunächst wichtig herauszufinden: Was ist zu tun? Aber ganz schnell ging es auch um die Frage, mit wem arbeite ich im Projekt zusammen? Und wie allein bin ich in meinem Umfeld – als Schwarze Person. Und dann überlege ich: Wen bringe ich mit? Und das hat auch viel mit Selbstschutz zu tun, denn wenn ich in weißen Kontexten arbeite, brauche ich Austausch. Mein visuelles Bild dazu sind immer meine Haare – mit all den Knoten und Locken. Und all diese Knoten und Locken sind meine Ahnen, meine Schwestern und Brüder und all die Menschen, die mich inspirieren. Sie stellen mein inneres und äußeres Team da. Und sie sind auch die Prozessbegleiter:innen für meine Projekte und nun auch unser Projekt, denn all diese Stimmen veranlassen mich, die Dinge aus diversen Perspektiven zu betrachten. Und auch deshalb freue ich mich über die Position hier, denn gerade weil ich keine Wissenschaftlerin bin, sehe ich die Dinge aus einer anderen Perspektive.

Sahra Rausch: Welches Thema, welcher Ort und welche Begegnungen waren bislang besonders wichtig für Deine Arbeit als Artist in Residence in Thüringen?

Patricia Vester: Diskriminierungsformen müssen ja auch immer intersektional betrachtet werden. Mir ist das Thema Bildungsklassismus in diesem Zusammenhang sehr wichtig. Wem steht Bildung zu? Was braucht Bildung heute? Ich finde es richtig gut, dass Historiker:innen auch mal raus aus der Uni gehen und zum Beispiel den Schulkontext adressieren. Wie im Rahmen des Workshops in Friedrichroda. Und auch Museen spielen für uns als Bildungsorte eine wichtige Rolle, um das Wissen über koloniale und postkoloniale Wissens- und Machtstrukturen zugänglich zu machen.
Persönlich war für mich besonders wichtig, dass ich der Anatomischen Sammlung begegnet bin. Ich habe Gespräche geführt, Menschen kennengelernt. Und auch dort ist mein Thema: Was nehme ich mit, was bearbeite ich? Für wen stehe ich hier? Wer braucht hier meine Stimme? Schließlich ist die Anatomische Sammlung auch ein Ort der Trauer, da sich dort Human Remains aus kolonialen Kontexten befinden. Ich befinde mich seitdem in einer intensiven Trauerarbeit, weil dieses Thema so mächtig ist. Das Thema hat mich ... nicht überrollt ... – es ist so in mich hineingekrochen und macht was mit mir. Dazu brauche ich auch Austausch und habe den in Steven Lawson und Tupoka Ogette gefunden. Wir werden sehen, was sich daraus ergibt. Weil dieses Thema mit mir etwas macht und ich Trauerarbeit leisten muss, wünsche ich mir eine Gedenkkultur – die mir bislang nicht begegnet ist. Es muss eine Gedenkkultur für die Human Remains geben, die in verschiedenen Sammlungen und Museen liegen. Für andere Gruppen ist diese in der Anatomischen Sammlung schon etablierter, so gibt es Gedenksteine für die – freiwilligen und unfreiwilligen – Körperspenden. Für Körper aus kolonialen Kontexten gibt es das aber noch nicht.

Sahra Rausch: Was Du sagst, macht sehr deutlich, wie wichtig der Perspektivwechsel ist.

Christiane Bürger: In dieser Hinsicht bin ich Dir vor allem sehr dankbar, dass Du Dich bereit erklärt hast, Dich auch als Prozessbegleiterin einzubringen. Das ist ja in einem Artist-in-Residence-Projekt erstmal gar nicht vorgesehen. Dennoch bereichert es unsere Arbeit enorm, wir können auf ganz vielen Ebenen von Dir lernen. Ich wusste aber zu Beginn gar nicht so genau, was eine Prozessbegleitung in unserem Projekt sein könnte. Kannst Du das erläutern?

Patricia Vester: Prozessbegleitung der Arbeit der Koordinationsstelle bedeutet, dass ich Euch bei der Arbeit zuschaue und mir selbst zuschaue. Wem begegnen wir? Wem sind wir begegnet? In welchem Kontext findet die Arbeit statt? Worauf gilt es bei Verschriftlichungen zu achten? Auf welchen Ebenen gibt es schon Verständnis und auf welchen nicht? Was müssen wir beachten, wenn wir Universitäten, Museen, den Mitarbeiter:innen von Sammlungen Rassismuskritik im Arbeitsleben, auf Webseiten im alltäglichen Umgang nahe bringen wollen, wenn wir sie zum Umdenken anregen wollen? Wo muss die Koordinationsstelle selbst Vorreiterin sein? Und das alles steht ja auch in einem größeren Kontext, denn das Thema ist gerade omnipräsent.
Ich finde es sehr bewegend, dass ich jetzt zum Beispiel ins Kino gehen kann und das Thema Kolonialismus verhandelt wird. Oder ins Theater. All das versuche ich gerade festzuhalten, weiterzugeben und mit dem Projekt zu teilen. Dem ganz inhaltlichen Output steht eine Reihe von Skizzen und Mitschriften gegenüber, die diesen Prozess, unsere Arbeitsweise und -wege, thematisieren. Diesen Output möchte ich auch

unbedingt veröffentlichen, da ich mir hier mehr öffentlichen Einblick in Prozesse wünsche. Und das Thema „Prozessbegleitung" soll dann ja auch gebündelt im Sammelband und auf der Homepage aufscheinen.

Christiane Bürger: Wenn BIPoCs mit Werk- oder Honorarverträgen in Projekte eingebunden werden, steht das Thema „Tokenism" im Raum, das unsere gemeinsame Arbeit ja auch unmittelbar betrifft. Denn auch in unserem gemeinsamen Arbeiten gibt es ja Hierarchien und Machtgefälle, die wir nicht einfach auflösen können und die auch unterschwellig wirken. Wir haben zum Beispiel – wenn auch befristet – gut bezahlte Stellen, während Du unterfinanziert bist. Vor allem wenn man bedenkt, was Du alles in unser Projekt einbringst. Deshalb haben wir lange darüber nachgedacht, wie wir Schwarze Perspektiven einbinden können und gleichzeitig diese Schwierigkeiten selbstkritisch im Blick behalten. Und gleichzeitig sind wir uns auch darüber bewusst, dass wir ein rein weißes Team mit vielen blinden Flecken sind, dem damit zwangsläufig Wissen über die Themen fehlt, die wir in unserem Projekt adressieren.
Aber vielleicht kannst Du dazu auch noch einmal Deine Haltung erläutern. Und vielleicht sollten wir auch für die Leser:innen nochmal erklären, was Tokenism genau ist und warum das ein Problem ist.

Patrcia Vester: Zuerst: In meiner Zeit als Artist in Residence möchte ich auch alles dafür tun, das es kein Token-Ding wird. Tokenism meint in unserem Kontext: Die nicht honorierte Inanspruchnahme und Ausbeutung von BIPoC–Wissen, von BIPoC-Kultur; von Kraft, Energie, Sorge und Care-Arbeit – das kann so viele Ebenen an Ausbeutung umfassen. Das Grundproblem steckt darin, wenn BIPoC-Menschen in weiße Kontexte gestellt und da dann verheizt werden. Diese Ausbeutung steht im Raum, darüber müssen wir sprechen, wenn wir ihr begegnen. Es braucht unbedingt BIPoC-Prozessbegleitung, wenn es darum geht koloniale Aufarbeitung postkolonial und dekolonial zu verhandeln und zu betrachten, und es braucht eine Prozessbegleitung für die Prozessbegleitung, wenn sie allein angestellt ist oder gleich ein Team. Das ist wirklich wichtig und das möchte ich auch an alle weitergeben, die an dem Thema arbeiten wollen: Es braucht immer mehr als eine Person – egal ob im Museum oder in anderen wissenschaftlichen Kontexten. Und das sollte schon bei der Konzeption von Projekten mitgedacht werden. Und natürlich sollte diese Person auch adäquat bezahlt werden.
Das soll jetzt kein Fingerzeig auf Euch sein, aber es wäre natürlich schön, wenn solche Prozesse anders geplant werden. Prima jedoch: Hier in unserem gemeinsamen Prozess haben sich andere Finanzierungen ergeben, die das Projekt bereichern und es sind Kooperationen, wie die mit der Landeszentrale für politische Bildung, entstanden – das sind wirklich tolle Entwicklungen.

Sahra Rausch: Leider ist die Sichtbarmachung und Reflexion von Prozessen wirklich nicht etabliert. Obwohl es schon so lange Forschung darüber gibt, die die jeweilige Verortung der forschenden Person ins Zentrum rückt. Wir wissen um die Situiertheit von Wissen und fragen uns doch viel zu selten: Wie kommt meine Wissensproduktion zustande und was macht meine forschende Tätigkeit eigentlich aus? Stattdessen wird die vermeintliche Neutralität der Forschung weiterhin als unumstößlicher wissenschaftlicher Wert hochgehalten. Und Unwissenheit – in allen unseren Arbeitskontexten – wird als Problem markiert. Am Ende steht nur der fertige Artikel, das Forschungsergebnis, der Output. Und für mich persönlich ist es wirklich wertvoll, diesen Prozess sichtbar zu machen und die eigenen Unzulänglichkeiten zu reflektieren. Das ermöglicht erst die Selbstreflexion und die Etablierung einer Fehlerkultur. Das ist wichtig für unser Projekt, betrifft aber den ganzen Wissenschaftsbetrieb.

Patricia Vester: Genau. Wir sprechen nicht über das Ungesagte, Ungeschriebene, Unwissenschaftliche. Das Zugeben von Unwissenheit, die Suche nach etwas, das wir noch nicht kennen – das ist ein wichtiges Thema für uns. Und ich wünsche mir auch, dass wir und andere diesen Prozess, das Nichtwissen um den Umgang mit Restitutionen, Ratlosigkeiten, Entwicklungen, künstlerische Herangehensweisen sichtbar machen. Ich will das sehen. Es ist „work in progress" und eben nicht starr. Es gibt ja dieses Sprichwort „Der Weg ist das Ziel" – aber über diesen Weg sprechen wir nie, den bebildern wir nie. Und so kann niemand nachvollziehen, wie mensch eigentlich ans Ziel kommt – schlimmer noch, wo auf welchem Weg sich Institutionen, Museen, Vereine, Häuser befinden. Wenn ich aber ihre Webseiten betrachte, Literatur finde,

Universitäten besuche etc. möchte ich sehen, ob eine rassismuskritische Auseinandersetzung mit dem kolonialen Erbe stattgefunden hat. Ist dieses Haus, diese Institution auf dem Weg?

Christiane Bürger: Das liegt sicherlich auch daran, dass in der Wissenschaft und Wissenschaftskommunikation die Einbindung von künstlerischen Positionen noch immer unüblich ist. Zu Beginn des Projekts wussten wir gar nicht so recht, was wir erwarten, wie das funktioniert und welche Möglichkeiten sich in der gemeinsamen Arbeit auftun. Es gab keine Anleitung und wir lernen im Prozess, wie man so eine Chance zum Perspektivwechsel in unsere Strukturen einflechten kann. Wir lernen also nicht nur inhaltlich, sondern auch in der Umsetzung ganz viel dazu.

Patricia Vester: Und um diese Prozesse sichtbar zu machen, müssen wir ganz unmittelbar dafür sorgen, dass wir Transparenz schaffen. Alle googeln sich gegenseitig und daher gehen wir jetzt mal die Homepage an. Ich möchte da lesen, dass wir auf dem Weg sind. Bildungsarbeit fängt bei uns selbst an. Wenn wir Bildungsarbeit und wissenschaftliche Arbeit leisten wollen, dann müssen wir erstmal eine kritische Selbstreflexion voranstellen.
Ich kann mir ein HOW TO zur Zusammenarbeit mit einer Artist in Residence vorstellen, etwas zum musealen Umgang mit Human Remains im Zusammenhang mit der bisherigen Geschichte dazu und etwas zur Thematik: Webseiten und rassismuskritische Sprache ...

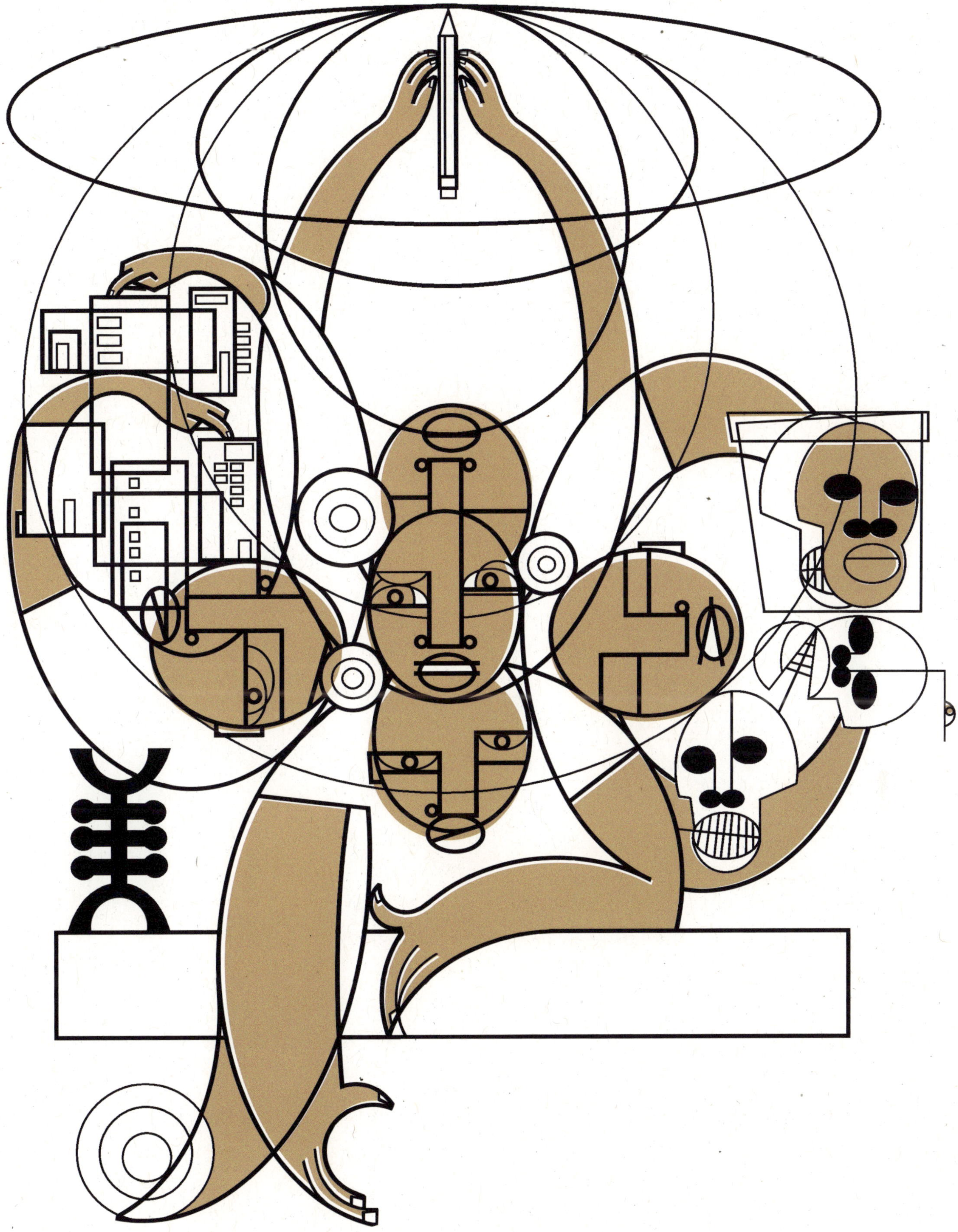

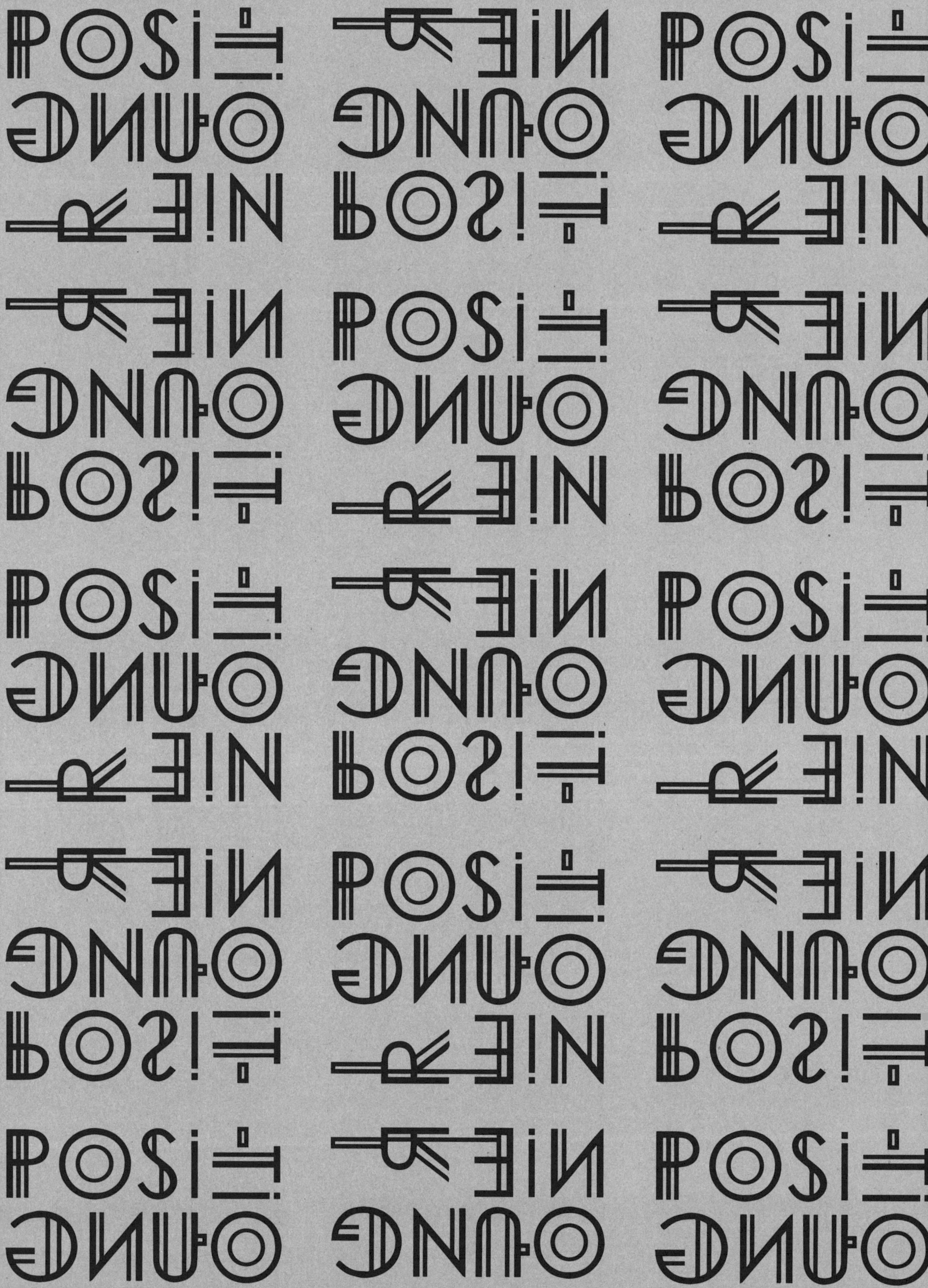

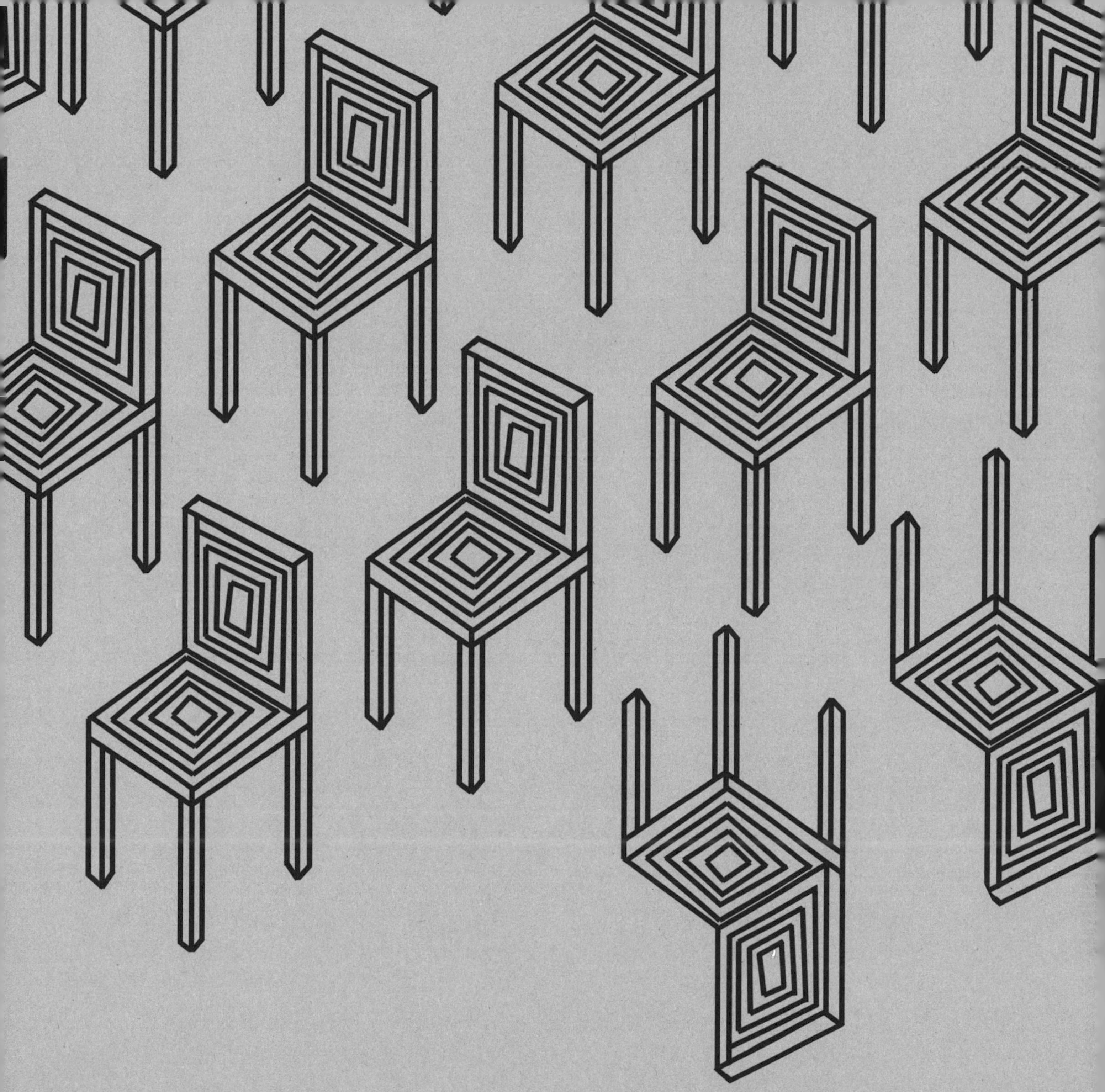

II MATERIALITÄTEN

Koloniale Objekt- und Subjektwelten

2.1

KIM SIEBENHÜNER

Für eine lange Geschichte des Kolonialen

Koloniale Verhältnisse existierten in vielfältigen Zeiten und Räumen der Geschichte. Sie stellen weder eine Eigentümlichkeit Europas dar noch beschränken sie sich auf das 19. und 20. Jahrhundert. Besonders deutlich ist die historische Vielfalt kolonialer Erscheinungsformen in der vergleichenden Kolonialismusforschung zutage getreten. Sie hat Imperien wie das antike Griechische und Römische Reich, das Reich der Inka oder das Russländische Reich in den Blick gerückt.[1] Aufgrund vergleichender Forschung wissen wir heute, wie unterschiedlich sich koloniale Kontexte in verschiedenen Weltregionen und Epochen gestalteten, und dass die europäische Expansion kein exklusives oder gar standardgebendes Phänomen war. Diese globalgeschichtliche Einordnung des europäischen Kolonialismus trifft sich mit dem Anliegen Postkolonialer Studien, Europa zu provinzialisieren.[2]

Auch der sich seit dem 15. Jahrhundert entfaltende europäische Kolonialismus war in sich nicht gleichförmig. Von Anfang an starteten die europäischen Kolonialmächte mit unterschiedlichen Voraussetzungen und Zielen. Während sich das spanische Kolonialreich in den Amerikas durch weiträumige Landnahme auszeichnete, stellte sich der portugiesische *Estado da Índia* als Netzwerk maritimer Stützpunkte dar. Die Formen kolonialer Herrschaft reichten von Handelsenklaven über Plantagenökonomien bis zur Neubesiedlung des eroberten Lands. Zu Recht warnte der Afrikahistoriker Frederick Cooper deshalb davor, „die Welt nach Kolumbus als Entfaltung einer einzigen Expansionsdynamik" zu verstehen.[3]

Um der historischen Vielfalt kolonialer Erscheinungsformen gerecht zu werden, ist ein Begriff des Kolonialen gefragt, der die Besonderheiten von Raum und Zeit berücksichtigt und die historische Gemengelage aus kolonialen Imaginationen und Erfahrungen, Praktiken und Strukturen wiederzugeben vermag. Landläufige Definitionen begreifen Kolonialismus als eine durch Gewalt gestützte Herrschaftsbeziehung, in der die Kolonialherren die politische Kontrolle über das eroberte Gebiet übernahmen, das Land wirtschaftlich ausbeuteten und – verbunden mit der Überzeugung der eigenen Überlegenheit – die kolonialisierten Menschen kulturell dominierten.[4] Dieses, in erster Linie am europäischen Kolonialismus des 19. und 20. Jahrhunderts entwickelte Verständnis greift für die Vormoderne aber zu kurz. Zum einen übten die europäischen Mächte in der Frühen Neuzeit an vielen Orten der Welt keine formale Kolonialherrschaft aus. Trotzdem wird man bestimmte Orte als koloniale Kontexte qualifizieren können. Wir benötigen also einen Begriff, der auch Kolonialismus ohne Kolonien erfassen kann. Zum anderen bilden festgetretene Dichotomien wie Zentrum und Peripherie, Kolonialherren und Kolonialisierte die frühneuzeitlichen Verhältnisse nicht ausreichend ab, ja, sie verdecken mehr als sie aufdecken.

Schon vor vielen Jahrzehnten prägten der französische Soziologe und Ethnologe Georges Balandier und der peruanische Soziologe Aníbal Quijano Verständnisse des Kolonialen, die noch heute relevant sind. Balandier führte den Begriff der „kolonialen Situation" ein und verstand darunter die Gesamtheit kolonialen Lebens, in dem eine fremde Minderheit eine ethnische, kulturelle oder rassische Überlegenheit behauptete und einer materiell unterlegenen Mehrheit ihre Herrschaft aufzwang. Die ideologische Dimension des Kolonialen spielte für Balandier eine wichtige Rolle, ebenso wie die Widerständigkeit der kolonialisierten Menschen. Damit verlieh er der

1 Vgl. Paul, Axel T./Leanza, Matthias (Hg.): Comparing Colonialism. Beyond European Exceptionalism [Themenheft]. In: Comperativ 30 3/4 (2020).

2 Vgl. Chakrabarty, Dipesh: Provincializing Europe. Postcolonial Thought and Historical Difference. Princeton 2000.

3 Cooper, Frederick: Kolonialismus denken. Konzepte und Theorien in kritischer Perspektive. Frankfurt a. M. 2012, S. 274.

4 Vgl. Osterhammel, Jürgen/Jansen, Jan C.: Kolonialismus. Geschichte Formen Folgen. München 2021, S. 22.

Perspektive der Unterworfenen Gewicht.[5] Einen anderen Begriff prägte Aníbal Quijano. Er sprach von „Kolonialität der Macht", um dem Fortwirken kolonialer Strukturen und Praktiken auch nach dem formalen Ende der iberischen Kolonialreiche Ausdruck zu verleihen. „Kolonialität der Macht" bezeichnet in Quijanos Sinn die Wechselwirkungen zwischen imperialen Herrschaftsstrukturen, weltweiten ökonomischen Abhängigkeitsverhältnissen zugunsten Europas und dem daraus erwachsenden europäischen Hegemonieanspruch. Den herrschenden Eurozentrismus – die unhinterfragte Übertragung europäischer Kategorien, Werte und Überzeugungen auf andere Kulturen – begriff er als wesentliches Produkt kolonialer Verhältnisse. Im europäischen Selbstverständnis der Überlegenheit, im rassifizierenden, dichotomischen Denken über Orient versus Okzident, primitiv versus zivilisiert, mythisch versus wissenschaftlich und so weiter erkannte Quijano eine hegemoniale europäische Wissensperspektive, die noch heute wirksam ist.[6]

Für die epochenübergreifende Auseinandersetzung mit kolonialem Erbe sind diese Begriffs- und Definitionsangebote hilfreich. Während es der Begriff der „Kolonialität der Macht" ermöglicht, Kontinuitäten kolonialer Praktiken bis in die Gegenwart bewusst zu machen – also das koloniale Erben –, erlaubt es der Begriff der „kolonialen Situation", auch die Ungleichzeitigkeit von kolonialen Praktiken und Strukturen zu analysieren. Denn nicht immer fielen koloniale Fantasien mit kolonialer Herrschaft, materielle Ausbeutung mit kolonialem Wissen zusammen.

Die frühneuzeitlichen Erscheinungsformen des Kolonialen machen diese Ambivalenzen besonders deutlich. Sieht man einmal von den Amerikas und den gewaltigen Landmassen Sibiriens ab, konnten die Europäer vor der Mitte des 18. Jahrhunderts in keiner Weltregion größere Territorien in eine Kolonialherrschaft zwingen. Obwohl sie durchaus koloniale Ambitionen besaßen und die europäische Expansion zweifellos mit dem Einsatz von Gewalt einherging, blieben die Europäer an den meisten Orten in Afrika und Asien auf Verhandlungen mit ihren Gegenübern angewiesen.[7] Ob sie in Westafrika Forts gründen konnten oder nicht, ob sie in Japan Handel treiben oder in China missionieren durften oder nicht, war eine Frage des guten Willens einheimischer Herrscher. In weiten Teilen Afrikas und Asiens konnten die Europäer im Laufe der Frühen Neuzeit nicht als Eroberer auftreten, sondern mussten mit souveränen Mächten verhandeln. Sie befanden sich in Grauzonen, Schwebezuständen und Widersprüchlichkeiten, wenn sie zwar koloniale Fantasien hegten, aber an politischen Wirklichkeiten scheiterten, wenn sie sich kulturell überlegen fühlten, aber als Bittsteller auftreten mussten.[8]

Auch dort, wo die koloniale Herrschaft der Europäer in der Frühen Neuzeit unbestritten ist, in den Amerikas, hat die Forschung der letzten Jahrzehnte die Prozesse des Austauschs, der *Métissage* und der widerständigen Aneignung hervorgehoben. Zugleich hat sie damit die *Agency* der kolonialisierten Menschen deutlich gemacht. Ein Beispiel: Zu den besonders symbolträchtigen Ereignissen der spanischen *Conquista* gehört die Eroberung und Zerstörung Tenochtitlans im Jahr 1521 – die Hauptstadt des Aztekenreichs. Auf den Trümmern von Tenochtitlan entstand Mexikostadt, nun Residenz der spanischen Vizekönige und Zentrum des Habsburgischen Kolonialreichs. Dass die Forschung lange Zeit vom Untergang Tenochtitlans gesprochen hat, ist auch dem langen Nachhall der Erzählung des Eroberers Hernán Cortés geschuldet, der in seinem dritten Brief an Kaiser Karl V. die physische Zerstörung der Stadt beschrieb. Tenochtitlan sei zerstört, ausgeplündert und niedergebrannt, die politischen Anführer seien getötet worden.[9] Die jüngere Forschung hat diese Erzählung gründlich dekonstruiert. Zwar ist die Zerstörung Tenochtitlans ein historischer Fakt, aber der Untergang der Stadt ist eben auch ein Mythos. Wesentliche Teile der präkolumbianischen Stadt bestanden fort: Die indigene Bevölkerung kehrte in den Jahrzehnten nach der Eroberung zurück, Teile der aztekischen Elite sicherten sich ihren Platz in der Stadt, 1537 wurde ein Nachfahre Moctezumas als Gouverneur

5 Vgl. Balandier, Georges: „Die koloniale Situation. Ein theoretischer Ansatz". In: Rudolf von Albertini (Hg.): Moderne Kolonialgeschichte. Köln u. a. 1970, S. 105–124.

6 Vgl. Quijano, Aníbal: Kolonialität der Macht. Eurozentrismus und Lateinamerika. Aus dem Spanischen von Alke Jenss und Stefan Pimmer, mit einer Einleitung von Jens Kastner und Tom Waibel. Wien u. a. 2019. Vgl. dazu auch Quintero, Pablo/Garbe, Sebastian (Hg.): Kolonialität der Macht. De/Koloniale Konflikte. Zwischen Theorie und Praxis. Münster 2013.

7 Vgl. Trakulhun, Sven: „Postkoloniale Frühe Neuzeit?". In: Isabelle Schürch/Matthieu Gillabert/Anja Rathmann-Lutz (Hg.): Vormoderne postkolonial? Moyen Âge postkolonial? [Themenheft]. Traverse 129 (2022), S. 63–80.

8 Vgl. Siebenhüner, Kim: Die Spur der Juwelen. Materielle Kultur und transkontinentale Verbindungen zwischen Indien und Europa in der Frühen Neuzeit. Köln u. a. 2018, S. 159–160; Siebenhüner, Kim: „Colonial Objects in the Cabinet of Curiosities? Christoph Weickmann's ‚outlandish things' in Ulm". In: Renate Dürr et al. (Hg.): Encountering the Global in Early Modern Germany. New York u. a. 2024 (in Druckvorbereitung).

9 Vgl. Cortés, Hernán: Die Eroberung Mexikos. Drei Berichte von Hernán Cortés an Kaiser Karl V. Aus dem Spanischen von Mario Spiro und C. W. Koppe. Frankfurt a. M. 1980, S. 196, 224–225.

eingesetzt, in den peripheren Stadtteilen blieb die alte Architektur unberührt, das überlebenswichtige, indigene Wassermanagement blieb erhalten.[10]

Die Geschichte von Tenochtitlan ist bezeichnend für die komplexen Wechselverhältnisse zwischen Eroberern und Eroberten und für die Entstehung transkultureller Beziehungen, Praktiken und Objekte in den kolonialen Kontaktzonen. Und sie weist insofern über die Frühe Neuzeit hinaus, als dass sich letztlich alle Imperien, ob kolonial oder nicht, gezwungen sahen, zur Ausübung und Stabilisierung ihrer Herrschaft die unterworfenen Eliten, Untergebenen und Mittelsleute heranzuziehen.[11]

Die wissenschaftlichen und öffentlichen Debatten über koloniale Vergangenheiten haben sich bislang auf das 19. und 20. Jahrhundert konzentriert. Das ist nicht nur naheliegend, weil die „klassische" deutsche Kolonialzeit erst in den 1880er Jahren und die globale Welle der Dekolonisierung erst in der Mitte des 20. Jahrhunderts einsetzte, sondern auch, weil sich die Europäer der großen Mehrheit der heute in ethnologischen Museen vorhandenen Objekte erst im 19. und 20. Jahrhundert bemächtigten. Der Fokus auf die Kolonialherrschaften des 19. und 20. Jahrhundert könnte aber den Eindruck einer Zäsur zwischen Vormoderne und Moderne erwecken, die es so nie gab. Auch wenn den frühneuzeitlichen Formen des Kolonialen vielerorts Grenzen gesetzt waren, ebneten sie manchen späteren Kolonialherrschaften den Weg. Der Fall Indiens zeigt, wie aus Kaufleuten Kolonialherren wurden: In den 1750er und -60er Jahren war es die Englische Ostindienkompanie, die in Bengalen die Herrschaftsrechte errang und damit den Grundstein zum werdenden Kolonialreich legte.[12]

Die europäische Kolonialgeschichte kann also „kaum sinnvoll ohne ihre europäische(n) Vorgeschichte(n) im Mittelalter und in der Frühen Neuzeit erzählt werden."[13] Epochenübergreifende Perspektiven machen nicht nur die lange Dauer kolonialer Vergangenheiten deutlich. Sie zeigen auch die Eigentümlichkeiten kolonialer Kontexte in unterschiedlichen Zeiten und Räumen auf und ermöglichen es, Kontinuitäten und Brüche zu untersuchen. Aus dem, was wir bislang über die lange Geschichte des Kolonialen wissen, folgt, dass die Vormoderne nicht einfach einer verlängerten Ursprungserzählung des modernen Kolonialismus einverleibt werden kann, dass sie aber auch ebenso wenig aus der umkämpften Erinnerungskultur der Gegenwart entlassen werden darf.

10 Vgl. Mundy, Barbara E.: The Death of Aztec Tenochtitlan. The Life of Mexico City. Austin, TX 2015.

11 Vgl. Cooper, Frederick: Kolonialismus denken. Konzepte und Theorien in kritischer Perspektive. Frankfurt a. M. 2012, S. 52.

12 Vgl. Bayly, Christopher Alan: Indian Society and the Making of the British Empire. Cambridge u.a. 2010 (1998), S. 45–55.

13 Schürch, Isabelle/Gillabert, Matthieu/Rathmann-Lutz, Anja: Editorial. In: Dies. (Hg.): Vormoderne postkolonial? Moyen Âge postkolonial? [Themenheft]. Traverse 129 (2022), S. 63–80.

KIM SIEBENHÜNER

Koloniales Erbe aus frühneuzeitlichen Sammlungen

2.2

Die südostasiatischen Dolche der Herzoglichen Kunstkammer in Gotha

Koloniale Verflechtungen vor 1800

Wie lang sind koloniale Vergangenheiten? Wie weit reicht Thüringens koloniales Erbe zurück? Seit der Mitte des 16. Jahrhunderts besaßen die Herrscherinnen und Herrscher im Heiligen Römischen Reich Deutscher Nation keine überseeischen Kolonien. Kaiser Karl V. (1500–1558) war der letzte Monarch des Heiligen Römischen Reichs, der zugleich über das spanische Kolonialreich herrschte. Der Kolonialbesitz der Nürnberger Patrizierfamilie Welser in Venezuela blieb eine Episode (1528–1545).[1] Anders als Engländer, Niederländer, Franzosen, Dänen und Schweden unterhielten die Deutschen auch keine langlebigen staatlichen Kompanien für den Handel im Atlantik und im Indischen Ozean. Die Brandenburgisch-Afrikanische Compagnie wurde 1682 vergleichsweise spät gegründet, nach gut drei Jahrzehnten wegen fehlender ökonomischer Erfolge wieder aufgelöst und das brandenburgisch-preußische Fort Groß Friedrichsburg im heutigen Ghana verkauft.[2] Das Habsburger Reich, das zu einem großen Teil innerhalb der Grenzen des Heiligen Römischen Reichs lag, war zwar ein vormodernes Imperium, aber eben kein koloniales. Wie also steht es um eine lange Geschichte des Kolonialen in Deutschland und zumal in Thüringen?

Die Absenz von Kolonien und Kompanien stand kolonialen Verflechtungen nicht im Weg. Überlegenheitsdenken, koloniales Wissen und Teilhabe an kolonialen Infrastrukturen existierten auch ohne eigenen Kolonialbesitz. Das eigentliche deutsche Kolonialreich bestand nur für wenige Jahrzehnte zwischen 1884 und 1919. Doch die Geschichte dieses Kolonialreichs ist eingebettet in eine gesamteuropäische Kolonialgeschichte, die weit in die Frühe Neuzeit zurückreicht und sich auch jenseits der Metropolen abspielt. Eine Geschichte des kolonialen Erbes in Thüringen kann also weder durch eine nationalstaatliche Brille noch ohne seine vormodernen Teile erzählt werden.

Als die europäische Expansion um die Mitte des 15. Jahrhunderts einsetzte, waren die vermeintlichen Peripherien von Anfang an einbezogen. Thüringische Akteure wirkten an den kolonialen Projekten unterschiedlicher europäischer Nationen mit, heuerten bei Handelskompanien an, machten Profite im Versklavungshandel und produzierten koloniales Wissen. Schon um 1500 war die Thüringer Montanindustrie an den kolonialen Kreisläufen der portugiesischen Expansion beteiligt. Thüringer Hütten lieferten Kupfer, das in der Rhein-Maas-Region weiterverarbeitet, über Antwerpen und Lissabon verschifft und an der afrikanischen Westküste gegen versklavte Menschen eingetauscht wurde.[3] Auch wenn die Portugiesen in Westafrika – mit Ausnahme von São Tomé und Angola – keine Kolonien besaßen und mit souveränen Herrschern verhandeln mussten, wurde der Handel mit versklavten Afrikanerinnen und Afrikanern zu einem zentralen Bestandteil kolonialer Ökonomie in den Amerikas.[4] Um 1500 waren die Thüringer Hütten ein kleines, aber feines Rädchen in diesem Kreislauf.

1 Vgl. Denzer, Jörg: Die Konquista der Augsburger Welser-Gesellschaft in Südamerika (1528–1556). Historische Rekonstruktion, Historiografie und lokale Erinnerungskultur in Kolumbien und Venezuela. München 2005; Simmer, Götz: Gold und Sklaven. Die Provinz Venezuela während der Welser-Verwaltung (1528–1556). Berlin 2000.

2 Vgl. Nagel, Jürgen: „Die Brandenburgisch-Africanische Compagnie. Ein Handelsunternehmen". In: Scripta Mercaturae 30 (1994), S. 44–94; Weindl, Andrea: „Die Kurbrandenburger im 'atlantischen System'. 1650–1720". In: Arbeitspapiere zur Lateinamerikaforschung 2 (2001), S. 3–90; Heyden, Ulrich van der: Rote Adler an Afrikas Küste. Die brandenburgisch-preußische Kolonie Großfriedrichsburg in Westafrika. Berlin 2001.

3 Vgl. Wenzel, Joseph: Vom Kupfererz zum kolonialen Kultobjekt. Eine Vernetzungsgeschichte des frühneuzeitlichen Metallhandels von den Hütten im Thüringer Wald bis zu den binischen Gelbgüssen Westafrikas. Unveröffentlichte Masterarbeit, Universität Jena 2023, S. 33–57, 69, 83–86.

4 Vgl. French, Howard W.: Afrika und die Entstehung der modernen Welt. Eine Globalgeschichte. Stuttgart u. a. 2023; Thornton, John K.: „The Portuguese in Africa". In: Francisco Bethencourt/Diogo Ramada Curto (Hg.): Portuguese Oceanic Expansion. Cambridge 2007, S. 138–160.

Im 17. und 18. Jahrhundert heuerten zahlreiche Männer aus den thüringischen Territorien bei europäischen Handelskompanien an.[5] Als Kaufleute, Handwerker, Soldaten, Offiziere oder Naturforschende waren sie in die vielfältigen kolonialen Unternehmungen der Handelskompanien verstrickt. Der Thüringer Weißgerber Ernst Christoph Barchewitz (1687–1758) verdingte sich zum Beispiel für die holländische Ostindienkompanie im Malaiischen Archipel, kämpfte auf den Banda-Inseln und übernahm Aufgaben in der kolonialen Verwaltung. Wie viele andere Ostindienreisende hinterließ er einen Reisebericht, der das ethnografische Wissen der Europäer erweiterte.[6] Zwar lassen sich die Erzählungen frühneuzeitlicher Weltreisender nicht unisono als koloniales Wissen charakterisieren. Weltreisende produzierten ethnografisches Wissen, waren aber nicht immer mit Kolonialherren oder kolonial Ambitionierten verstrickt. Doch die detaillierten Informationen über regionale Fauna und Flora, kulturelle Bräuche und Gesetze, Kleidung und Hautfarbe konnten für koloniale Zwecke in den Dienst genommen werden und ebneten nicht zuletzt zunehmend rassistischen Weltbildern den Weg.[7]

Auch wenn das Heilige Römische Reich kein Kolonialreich war, war es also mit den europäischen Kolonialprojekten der Frühen Neuzeit verflochten. Diese Verflechtungen beschränkten sich nicht auf meeresnahe Metropolen wie Hamburg, sondern erreichten auch das Hinterland. Durch bereitgestellte Ressourcen, Menschen, die migrierten, und Wissen, das in die Region zurückfloss, waren auch die vermeintlichen Peripherien in Prozesse der frühneuzeitlichen Globalisierung und Kolonisierung eingebunden.

Das Ausgreifen der Europäer in die Welt und die Zunahme globaler Kulturkontakte seit 1500 stieß bei den Daheimgebliebenen auf reges Interesse. Illustrierte Flugblätter und Reiseberichte informierten über die Kulturen Asiens, Amerikas und Afrikas. Viele Reiseberichte erfreuten sich großer Beliebtheit, wurden immer wieder neu aufgelegt und waren auch für weniger Betuchte erschwinglich. Enzyklopädien rezipierten und popularisierten das neue Weltwissen. Der Nordhäuser Pfarrer Friedrich Christian Lesser (1692–1754) verarbeitete zahlreiche Reiseberichte in seinen theologischen Werken, die auch der Nordhäuser Stadtgesellschaft nicht unbekannt gewesen sein dürften.[8] Vor allem aber legte er eine naturkundliche Sammlung mit Muscheln und Versteinerungen an, die er unter anderem von zurückkehrenden Asienreisenden geschenkt bekommen hatte.[9] Das Wissen über fremde Kulturen und ferne Welten war also auch in der Provinz präsent und wurde in gesammelten Objekten besonders sinnfällig. Naturalienkabinette und Kunstkammern wurden in besonderem Maß zu Orten, an denen frühneuzeitliche Zeitgenossen ihr Wissen über außereuropäische Kulturen ordneten, es ausstellten, inszenierten und sich insgesamt ein Bild von der Welt machten.

Kunst- und Wunderkammern und ihre außereuropäischen Objekte

Kunst- und Wunderkammern waren seit der Mitte des 16. Jahrhunderts an vielen Orten Europas entstanden. Sie hatten den Anspruch, ‚die Welt in der Stube' abzubilden und enthielten dementsprechend vielfältige Dinge: Kunstwerke, Bücher, Münzen, Instrumente, Kleidung, Waffen, Muscheln, Mineralien, Korallen, Mumien und vieles mehr. Begehrt war alles, was kostbar, kurios oder selten war. Die Vorlieben, Kontakte und nicht zuletzt die finanziellen Mittel ihrer Gründer verliehen den Kunstkammern eigene Profile und Geschichten. Fürstliche Sammlungen waren in der Regel kostspieliger als bürgerliche, Naturalienkabinette spezialisierter als enzyklopädische Kunstkammern. Davon abgesehen war das Sammeln eine regional und global vernetzende Praxis. Die Akquise und Vermittlung insbesondere außereuropäischer Objekte hing von Kontakten zu Reisenden, Kaufleuten oder Agenten ab.

5 Vgl. Kuhlbrodt, Peter: Einer von drei Männern kehrte nur zurück. Nordthüringer im Sold der Niederländischen und Englischen Ostindien-Kompanie (1680 bis 1800). Nordhausen 2017.

6 Vgl. Barchewitz, Ernst Christoph: Neu-vermehrte Ost-Indianische Reise-Beschreibung. Erfurt 1751.

7 Vgl. Rubiés, Joan-Pau: „Were early modern Europeans Racist?“ In: Amos Morris-Reich/Dirk Rupnow (Hg.): Ideas of ‚race' in the History of the Humanities. Cham 2017, S. 33–87; Oettinger, Johann Peter: „A German Barber-Surgeon in the Atlantic Slave Trade. The Seventeenth-Century Journal of Johann Peter Oettinger“. Hg. v. Craig Koslofsky and Roberto Zaugg. Charlottesville, VA u. a. 2020.

8 Vgl. Kuhlbrodt: Einer von drei Männern kehrte nur zurück, S. 152.

9 Vgl. Lesser, Friedrich Christian: Friedrich Christian Lessers Lithotheologie, das ist, Natürliche Historie und geistliche Betrachtung derer Steine, also abgefasst, dass daraus die Allmacht, Weisheit, Güte und Gerechtigkeit des grossen Schöpffers gezeuget wird, an bey viel Sprüche der Heiligen Schrifft erklähret, und die Menschen allesamt zur Bewunderung, Lobe und Dienste des grossen Gottes ermuntert werden. Hamburg 1751, Vorrede S. 26.

1653 hatte auch Herzog Ernst I. von Sachsen Gotha (1601–1675) im neu erbauten Schloss Friedenstein eine Kunstkammer gegründet. Sie wuchs im Laufe der Jahrzehnte zu einer umfangreichen Sammlung heran und bildet heute den Grundstock der Sammlung Stiftung Schloss Friedenstein.[10]

Den Einkauf „exotischer“ Objekte übertrug Herzog Ernst unter anderem seinem Kanzlisten Caspar Schmalkalden (1616–1673). Er hatte in der holländischen Ost- und Westindischen Kompanie gedient und kannte sich auf dem Amsterdamer Markt und mit den gewünschten Raritäten aus. 1659 kaufte der Herzog auch von einem Apotheker in Mühlhausen „exotische“ Muscheln, zwei Jahre später von einem Erfurter Händler eine Kokosnuss, Horn und die Haut eines Nashorns.[11] Diese Einkäufe vermitteln nicht nur einen Eindruck von den Netzwerken, in denen die begehrten Sammlerobjekte zirkulierten, sondern auch von deren weitläufigen Wanderungen. Vom Apotheker bis zum professionellen Kunstagenten waren vielfältige Akteure in die Beschaffung der Sammlerstücke involviert. Auf ihrem Weg von Asien, Afrika oder den Amerikas wanderten die Dinge durch viele Hände, bevor sie in eine Kunstkammer eingingen. Zu den heute in Gotha noch vorhandenen außereuropäischen Objekten gehören ein chinesisches Gewand, eine Keule aus Guayana, eine japanische Lanze, eine Opiumpfeife aus dem persisch-indischen Raum, Lederpantoffeln von der arabischen Halbinsel und Fächer, Köcher, Wasserflaschen und ein Schreibzeug aus dem Osmanischen Reich.[12]

Will man wissen, welche dieser Objekte aus kolonialen Kontexten stammen, muss man sich auf differenzierte Argumente einlassen. Denn anders als im 19. und 20. Jahrhundert standen weite Teile der frühneuzeitlichen Welt noch nicht unter europäischer Kolonialherrschaft. Vor allem in Asien hegten die Europäer zwar koloniale Ambitionen, scheiterten aber an den Widerständen lokaler Herrscher und der Unüberwindbarkeit der Großmächte. Ob die Europäer im China, Japan oder Indien Forts bauen, Handel treiben oder missionieren durften, war und blieb bis zur Mitte des 18. Jahrhunderts weitgehend eine Sache der Verhandlung, nicht der europäischen Stärke. Auch im Osmanischen Reich waren die Europäer als Kaufleute, Reisende und Gesandte akzeptiert, aber nicht als Tribut- oder gar Kolonialherren. Ein chinesisches Gewand oder ein osmanischer Fächer, der vor 1800 nach Europa kam, ist also kaum als koloniales Erbe zu qualifizieren. Für Südostasien stellt sich die Situation jedoch anders dar. Hier gelang es den Niederländern im 17. Jahrhundert, ein Netz kolonialer Stützpunkte zu errichten, durch das sie den Malaiischen Archipel zwar nicht beherrschten, bestimmte Räume zu Wasser und zu Land aber durchaus dominierten.

10 Vgl. Dettmann, Ingrid/Strehlau, Agnes (Hg.): Die Herzogliche Kunstkammer in Gotha. Band 1: Inventare; Band 2: Katalog. Petersberg 2021.

11 Vgl. Collet, Dominik: Die Welt in der Stube. Begegnungen mit Außereuropa in Kunstkammern der Frühen Neuzeit. Göttingen 2007, S. 55, 79.

12 Vgl. Dettmann/Strehlau: Die Herzogliche Kunstkammer. Bd. 2: Katalog, S. 324–341.

13 Ebd., Bd. 1: Inventare, S. 179 (Inventar 1717).

Die südostasiatischen Dolche der herzoglichen Kunstkammer in Gotha

Die Stiftung Schloss Friedenstein besitzt in ihrer Sammlung eine südostasiatische Dolchscheide, die mit dem dazugehörigen Dolch im Inventar der Herzoglichen Kunstkammer von 1717 so beschrieben wird:

„Ein Macassarischer Cruys oder Dolch mit einer Holtzern Scheide, welche mit roth und bunden Rothang ümbwunden, deßen Klinge damascirt, der Grieff aber von Buxbaumen Holtz auff Ost Indianische Arth künstlich geschnitten.“[13] |**Abb. 1**|

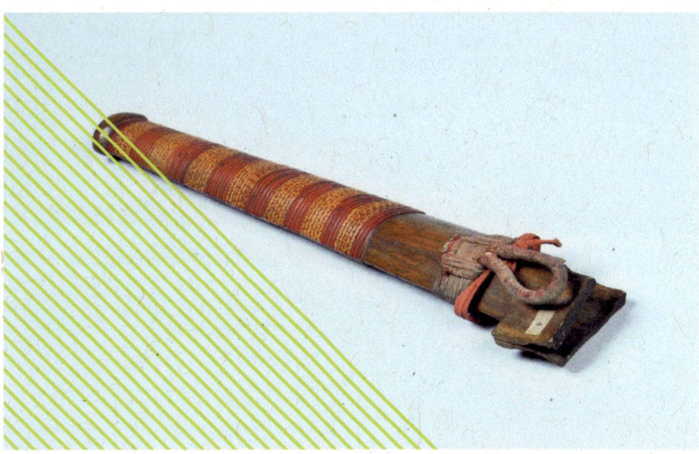

|**Abb. 1**| Kerisscheide, Südostasien/Makassar, vor 1717; Holz, Textil, Bast
SSFG, Inv. Nr. Eth25.

Die besagte hölzerne Dolchscheide ist etwa 36 Zentimeter lang und mit rot- und orangefarbenem Stoff und Bast umwickelt. Der dazugehörige Dolch ist in Gotha zwar nicht überliefert. Vergleichbare Objekte sind aber

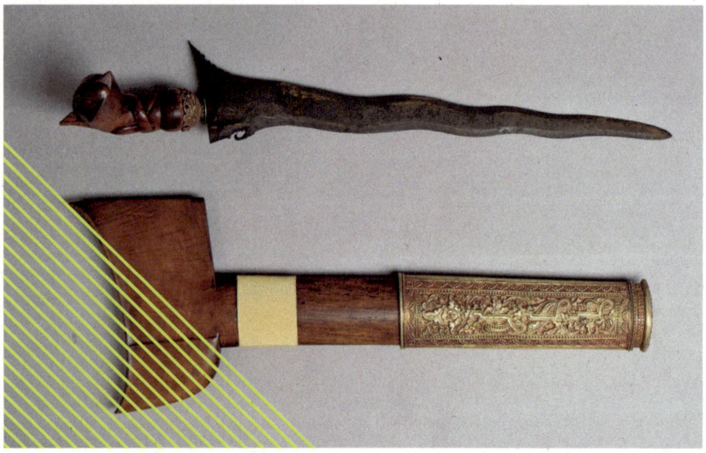

| **Abb. 2** | Dolch und Scheide, Malaysien, 18. Jh. (?), gekerbte gewellte Klinge mit vergoldeten Kupferbeschlägen, geschnitzter Holzgriff
VAM, Inv. Nr. IS 66&A – 1958.

in vielen ethnologischen Museen Europas vorhanden |**Abb. 2**|. Charakteristisch für diese im Malaiischen *Kerise* genannten Dolche ist die asymmetrische, oft gewellte und aus unterschiedlichen Metallen hergestellte Klinge. Durch die kunstvolle Schichtung der Metalle entsteht eine Struktur, die dem Damaszenerstahl ähnlich ist. Darüber hinaus variieren *Kerise* im Hinblick auf die Länge der Klinge, das Material des Hefts – etwa Holz, Elfenbein, Edelmetall oder Stein – und im Hinblick auf die Ästhetik und Symbolik von Klinge und Heft.

Die ältesten Hinweise auf *Kerise* stammen aus dem 14. Jahrhundert; spätestens seit dem 16. Jahrhundert waren sie im gesamten südostasiatischen Archipel verbreitet.[14] *Kerise* waren nicht einfach nur Waffen oder Accessoires. Vielmehr galten sie in einer Weise als Teil der männlichen Persönlichkeit, die dem westlichen Verständnis weitgehend fremd ist. Ein *Keris* war wie ein Double, ihm wurden eine Seele und magische Fähigkeiten zugesprochen. Stand er mit dem Charakter und Beruf seines Besitzers im Einklang, ergänzte der *Keris* ihn wie ein Alter Ego mit seinen inhärenten Kräften.[15] Die Weitergabe eines *Keris* von einer Generation zur nächsten verstärkte diese Eigenschaften. Als Erbstücke verkörperten *Kerise* die Ahnen und besaßen damit auch spirituelle und religiöse Bedeutung. Auch in sozialen Riten kam *Kerisen* eine tragende Rolle zu. Im Rahmen der Beschneidungszeremonie wurde jungen Männern als Zeichen ihrer Aufnahme in die Gemeinschaft der erwachsenen Männer ein *Keris* übergeben. Bei Hochzeiten durften Männer nicht ohne *Keris* erscheinen.[16] Außerdem war die Ästhetik der *Kerise* eng mit den kulturellen und religiösen Traditionen des Malaiischen Archipels verbunden. Viele Griffe alter *Kerise* weisen mythologische Formen auf, die auf den einst starken Einfluss der indischen Kultur hinweisen. Etliche Figuren können mit Hindu-Göttern identifiziert werden.[17] Nicht zuletzt waren die *Kerise* eng mit dem indonesischen Schattentheater verbunden; nicht selten tragen die Schattentheaterfiguren selbst einen *Keris*.[18]

Kerise besaßen also in den vormodernen Gesellschaften Südostasiens eine herausragende kulturelle und spirituelle Bedeutung – eine Bedeutung, die bis heute lebendig geblieben ist. Aus diesem Grund wurden *Kerise* im Jahr 2005 in die Liste des Immateriellen Kulturerbes der Menschheit der UNESCO aufgenommen.[19]

Die Herzogliche Kunstkammer auf Schloss Friedenstein besaß Anfang des 18. Jahrhunderts insgesamt sieben solcher *Kerise*.[20] Der erste davon wird schon im Inventar von 1657/59 genannt, die übrigen scheinen erst danach in die Kunstkammer eingegangen zu sein und tauchen in den Inventaren von 1717 und 1764 auf.[21] Obwohl die frühneuzeitlichen Herkunftsangaben zu solchen Objekten aus heutiger Sicht oft vage und manchmal einfach falsch sind, war den Sammlern geografisches Wissen keineswegs egal.[22] Die Einträge in den Inventaren 1657/59 und 1717 sind sogar recht genau: sie sprechen von Dolchen aus Malaysien, der Insel Java und der Insel Sulawesi beziehungsweise der dort gelegenen Stadt Makassar.[23] Die jüngste Forschung zu den überlieferten Scheiden der Dolche ist im Hinblick auf ihre geografische Herkunft dagegen sehr vorsichtig: Im 2021 erschienenen Katalog der Herzoglichen Kunstkammer werden die Scheiden lediglich in Südostasien verortet.[24]

Nun lässt sich die südostasiatische Welt des 16., 17. und 18. Jahrhunderts keineswegs unbesehen als kolonial bezeichnen. Manche Orte des Malaiischen Archipels standen seit 1500 unter kolonialer Herrschaft, andere jedoch nicht. Portugiesische, englische und niederländische Akteure standen souveränen Herrschern gegenüber, mit denen sie entweder verhandeln oder die sie besiegen mussten. Um zu ermes-

14 Vgl. International Foundation of Indonesian Culture and Asian Heritage: Götter-Schmiede. Balinesische Zeremonialklingen im kulturellen Kontext. Hollenstedt-Wohlesbostel 2015, S. 15.

15 Vgl. ebd., S. 9.

16 Vgl. Spielmann, Wolfgang: Der javanische Keris. Funktion und sozio-religiöse Symbolik. Bonn 1991, S. 119–123.

17 Vgl. Frey, Edward: The Kris. Mystic Weapon of the Malay World. Singapore u. a. 1988, S. 44.

18 Vgl. Musée Militaire Vaudois: Le monde du kris. Indonésie – Malaisie – Philippines. Morges 1997, S. 37; Frey: The Kris, S. 22.

19 Vgl. International Foundation of Indonesian Culture and Asian Heritage: Götter-Schmiede, S. 15; vgl. auch: https://ich.unesco.org/en/RL/indonesian-kris-00112 (Stand: 9.6.2023).

20 Inventar 1657/1659 und Inventar von 1717, in: Dettmann/Strehlau: Herzogliche Kunstkammer. Bd. 1: Inventare, S. 116 und 179. Die als „javanischer bauchschneider" und als „ein ander dergleichen Messer" bezeichneten Waffen sind Dettmann/Strehlau zufolge als Kerise zu deuten; vgl. ebd., Bd. 2: Katalog. Verzeichnis ungewisser Kunstkammerobjekte, S. 390 (VI.6 Eth 42 „Kris Scheide aus Holz mit Goldblech").

21 Das Inventar von 1764 nennt nur noch vier Kerise, macht aus dem „javanischen" einen „japanischen" Dolch und führt darüber hinaus „drey Indianische dolche" sen, ob und inwiefern die Dolchscheiden der Herzoglichen Kunstkammer Objekte aus kolonialen Kontexten stammen, ist also eine genaue historische Kontextualisierung nötig.

Die *Vereenigde Oostindische Compagnie*, die VOC, hatte seit dem frühen 17. Jahrhundert nach Südostasien ausgegriffen und Handelsstützpunkte gegründet. Diese Gründungen waren unterschiedlicher Natur: während die Niederländer den strategischen Hafen- und Umschlagplatz Malakka 1641 den Portugiesen abnahmen, war Batavia – ehemals Jakarta – eine Neugründung. Der herrschende Sultan von Banten war zunächst nicht bereit, den Ansprüchen der VOC nachzugeben, erreichte in militärischen Scharmützeln aber nicht mehr als den vorübergehenden Rückzug der Niederländer. 1619 wurde die urbane Siedlung durch die VOC zerstört und auf den Ruinen die niederländische Stadt Batavia und das zukünftige Hauptquartier der VOC errichtet.[25]

Ähnlich wie der portugiesische *Estado da Índia* im Indischen Ozean war auch das niederländische Kolonialreich in Südostasien kein kohärenter imperialer Raum. Vielmehr hat die Forschung den Netzwerkcharakter dieser kolonialen Gebilde herausgestellt, die sich einfachen Vorstellungen von Territorialität entziehen |**Abb. 3**|.[26] Das frühneuzeitliche niederländische Kolonialreich bestand in Südostasien aus einer Reihe von mehr oder weniger befestigten Handelsniederlassungen, umgeben von verschiedenen, kleinräumigen Sultanaten und lokalen Herrschern auf dem malaiischen Festland und den Inseln Sumatra, Java, Borneo, Sulawesi und den Molukken.[27] Es beruhte also vor allem auf kolonialen Stützpunkten, die einen maritimen Raum überspannten.

Neben dem eingangs erwähnten „macassarischen cruys“, zählt das Inventar der Herzoglichen Kunstkammer von 1717 einen malaiischen *Keris* zu den Besitzständen: „Ein Maleyischer dergleichen Cruys, deßen Klinge damascirt und mit gülden Blümlein oben eingelegt, der Hefft aber von Horn sauber gearbeitet, in einer Höltzern roth lacquirten Scheide.“[28] |**Abb. 4**|

Traut man diesen Herkunftsangaben, dann kamen die beiden Dolche aus sehr unterschiedlichen politisch-geografischen Kontexten. Das malaiische Festland und der Insel-Stadtstaat Makassar liegen rund 2000 Kilometer Luftlinie voneinander entfernt.

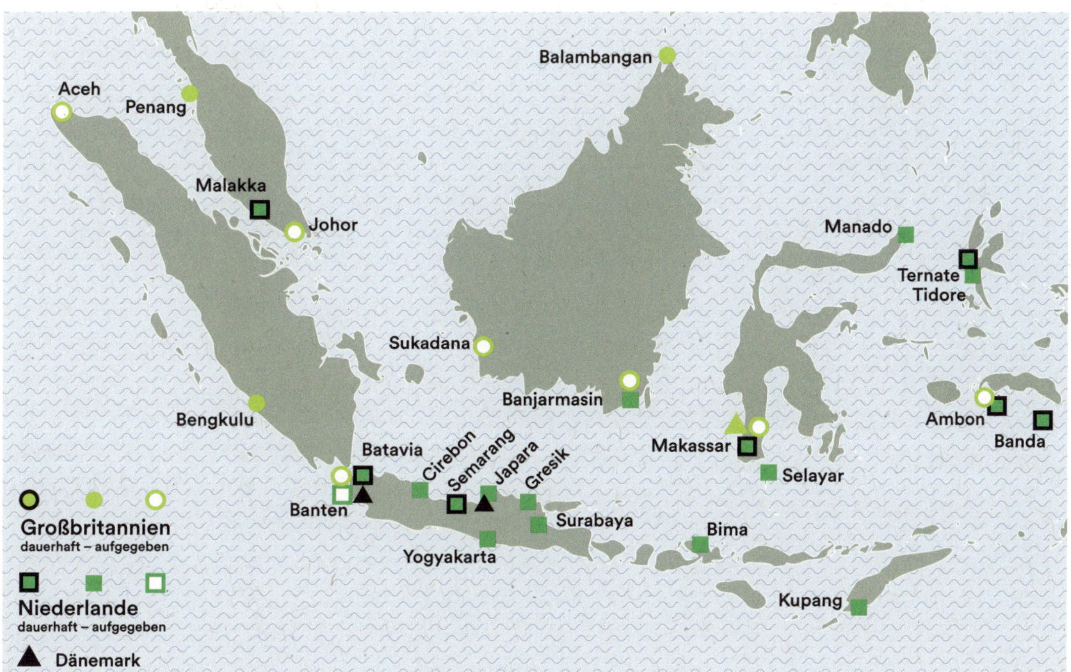

|**Abb. 3**| Niederlassungen der VOC in Südostasien
Karte auf der Grundlage von Jürgen Nagel, Abenteuer Fernhandel. Die Ostindienkompanien, Darmstadt 2011, S. 103.

auf. Ob damit die südostasiatischen Dolche gemeint waren, lässt sich nicht klären. Vgl. ebd., Bd. 1: Inventare, S. 300–302.

22 Vgl. Bleichmar, Daniela: „Seeing the World in a Room. Looking at Exotica in Early Modern Collections“. In: Dies. (Hg.): Collecting across Cultures. Material Exchanges in the early modern Atlantic World. Philadelphia, PA 2011, S. 15–30, S. 20.

23 Inventar von 1717: „ein macassarische Cruys …“, „ein Maleyischer dergleichen Cruys …“, „ein Javanischer dergleichen Dolch …“, „noch ein dergleichen Cruys …“: Dettmann/Strehlau: Herzogliche Kunstkammer. Bd. 1: Inventare, S. 179.

24 Vgl. ebd., Bd. 2: Katalog, S. 336–339.

25 Vgl. Nagel, Jürgen: Abenteuer Fernhandel. Die Ostindienkompanien. Darmstadt 2007, S. 61, 104; Reid, Anthony: A History of Southeast Asia. Critical Crossroads. Malden, MA u. a. 2015, S. 123–125; Emmer, Pieter C./Gommans, Jos J. L.: The Dutch Overseas Empire. 1600–1800. Cambridge u. a. 2021, S. 261–269.

26 Vgl. Biedermann, Zoltán: (Dis)connected Empires. Imperial Portugal, Sri Lankan Diplomacy and the Making of a Habsburg Conquest in Asia. Oxford 2018, S. 25; Emmer/Gommans: The Dutch Overseas Empire, S. 1–3.

27 Vgl. Reid: History of Southeast Asia, S. 142–156; Nagel, Jürgen G.: Der Schlüssel zu den Molukken. Makassar und die Handelsstrukturen des malaiischen Archipels im 17. und 18. Jahrhundert. Eine exemplarische Studie. 2 Bde. Hamburg 2003, Bd. 1, S. 127–130.

28 Dettmann/Strehlau: Herzogliche Kunstkammer. Bd. 1: Inventare, S. 179.

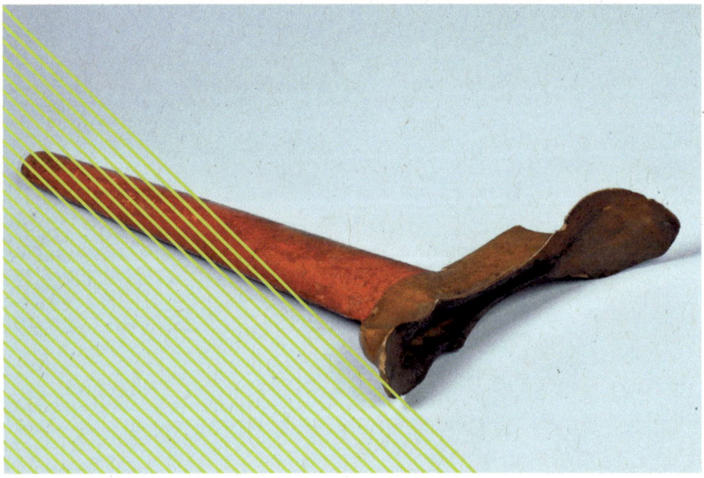

|**Abb. 4**| Kerisscheide, Südostasien/Malaysien, vor 1717, Holz
SSFG, Inv. Nr. Eth41.

Auf dem malaiischen Festland hatte die VOC wie erwähnt den Umschlagplatz Malakka unter ihre Kontrolle gebracht und besaß außerdem etwas weiter nördlich eine Faktorei in Pangkor im Reich Perag |**Abb. 5**|. Ein größeres koloniales Hinterland gab es im 17. und frühen 18. Jahrhundert jedoch nicht; Malakka war umgeben vom Sultanat Johor, das seinen Einflussbereich in der Hochzeit nach Süden bis auf die Insel Sumatra und im Norden auf die kleinen Reiche Pahang und Trengganu ausdehnte. Aber die Konkurrenz zwischen den malaiischen Reichen war groß: in der zweiten Hälfte des 17. Jahrhunderts verlor Johor seine hegemoniale Stellung, es geriet von Norden unter Druck durch das Thai-Reich Ayutthaya, und die kleineren Gemeinwesen an der Nordküste Sumatras und der Westküste des malaiischen Festlandes wurden mehr oder weniger unabhängig.[29]

Die Kleinteiligkeit dieser politischen Verhältnisse gepaart mit Informationslücken im Itinerar der Objekte macht die Provenienzforschung nicht leichter. Weder können wir die Herkunft und Herstellung des Dolchs genauer in den politischen Gebilden der Region verorten noch wissen wir etwas über die Erwerbsumstände. Die hier abgebildete Region bildete auf jeden Fall keinen kohärenten kolonialen Raum der VOC, auch wenn sie Malakka beherrschte und bestimmte maritime Handelsströme monopolisieren konnte. Inwiefern der „maleyische Cruys" ein Objekt des kolonialen Erbes ist, lässt sich also kaum ermitteln.

Ganz anders sieht es bei dem als „makassarisch" bezeichnete *Keris* aus. Aufgrund der Inventare wissen wir, dass er zwischen 1660 und 1717 in die Sammlung eingegangen sein muss. Genau in dieser Zeit wurde Makassar zu einer kolonialen Stadt der Niederländer. Die koloniale und gewaltsame Aneignung des Objekts durch die Akteure der holländischen Ostindienkompanie ist deshalb sehr wahrscheinlich.

Im Jahr 1669 ging ein jahrelanger militärischer Konflikt zwischen der VOC und der aufstrebenden Handelsstadt Makassar mit der Eroberung der Stadt durch die Kompanie und verbündete Truppen des südsulawesischen Reichs Wajo zugunsten der VOC zu Ende |**Abb. 6**|. Im Zuge dieser Militäroperation kam es zur weiträumigen Zerstörung der Stadt, zur Plünderung des Palasts des lokalen Herrschers durch die Soldaten der VOC und ihren Verbündeten und zu massiven Fluchtbewegungen.[30] Im Kapitulationsvertrag musste sich die besiegte Dynastie zu Reparationszahlungen im Wert von 250 000 Reichstalern verpflichten, zu entrichten in Form von Waffen, Handelsgütern, Gold und Juwelen.[31] Die Eroberung Makassars veränderte die regionale politische Ordnung nachhaltig. Die VOC trat nicht nur als neue Besitzerin von bestimmten Territorien auf die Bühne, sondern erschuf auch die Stadt neu. Wenngleich das „neue" Makassar die Züge einer südostasiatischen Stadt trug, entstand eine koloniale Stadt mit Institutionen zur konkreten Machtausübung, mit neuer Obrigkeit, Verwaltung und Festungsanlagen.[32]

Es ist also historisch plausibel, dass zahlreiche *Kerise* im Zuge der kriegerischen Auseinandersetzungen, Plünderungen oder Reparationsleistungen in die Hände der Niederländer fielen. Wie sie aus diesem Besitz nach Gotha kamen, wissen wir nicht. Das weitere Itinerar des besagten *Keris* liegt im Dunklen. Naheliegend ist aber, dass die *Kerise* über Angestellte der VOC in den europäischen Markt eingespeist und über die Netzwerke von Sammlern und Agenten weiterverteilt wurden, bis sie irgendwann in eine Kunstkammer eingingen, so wie in Gotha. Auch wenn wir also die Provenienz der Gothaer Dolchscheiden keineswegs lückenlos rekonstruieren können, lässt die historische Kontextualisierung nur den Schluss zu, dass es sich bei dem

29 Vgl. Cribb: Historical Atlas of Indonesia, S. 82–83; Emmer/Gommans: Dutch Overseas Empire, S. 282–285.

30 Vgl. Nagel: Schlüssel zu den Molukken. Bd. 1, S. 344; die Eroberung Makassars wurde in einem großformatigen Gemälde verherrlicht. Vgl. Romeyn de Hooghe: „The Conquest of the Sultanate of Macassar in 1669", kolorierter Kupferstich. Rotterdam, Van Stolk Atlas, inv. No. 2391. In: Kees Zandvliet (Hg.): The Dutch Encounter with Asia. 1600–1950 [Begleitband zur gleichnamigen Ausstellung im Rijksmuseum in Amsterdam. 10.10.2002 bis 9.2.2003]. Zwolle 2002, S. 114–115.

31 Vgl. Nagel: Schlüssel zu den Molukken, S. 347.

32 Vgl. ebd., S. 356–357.

als „makassarisch“ bezeichneten Dolch und seine Scheide um ein Objekt aus kolonialem Kontext handelt.

Fazit

Lange bevor das Deutsche Kolonialreich existierte, war der deutschsprachige Raum und mit ihm die Region des heutigen Freistaats Thüringen kolonial verflochten. Um 1500 wurde der transatlantische Versklavungshandel unter anderem mit Kupfererzen finanziert, die aus Thüringer Hütten stammten. Im 17. und 18. Jahrhundert verdingten sich zahlreiche Thüringer Männer für europäische Handelskompanien und ihre kolonialen Projekte. Weltweit waren einheimische und ausländische Akteure an der wachsenden Zirkulation von Gütern beteiligt, darunter die von Sammlern begehrten Dinge fremder Kulturen: Elfenbeinarbeiten und Federwerk, Nautilusgehäuse und Kokosnüsse, Opiumpfeifen und Götterstatuen–lauter als „exotisch“ wahrgenommene natürliche und menschengemachte Objekte, die die Naturalienkabinette und Kunstkammern in Europa zunehmend füllten. Wie viele dieser Objekte erbeutet, geraubt oder erpresst worden waren, bleibt weiterhin zu erforschen. Das Beispiel der Dolchscheiden in den Sammlungen auf Schloss Friedenstein zeigt, dass dabei differenzierte Perspektiven gefordert sind: denn während der „malaiische“ Dolch keiner eindeutig kolonialen Situation zuzuordnen ist, ist es der „makassarische“ Dolch und seine Scheide schon. Unterm Strich stellt sich Thüringens koloniales Erbe damit als komplexes Vermächtnis dar, dass sowohl immaterieller als auch materieller, sowohl neuzeitlicher als auch frühneuzeitlicher Natur ist. In diesem Vermächtnis sind die Gothaer Dolchscheiden ein anschaulicher Beleg der Tatsache, dass Thüringens koloniale Vergangenheit weit in die Frühe Neuzeit zurückreicht.

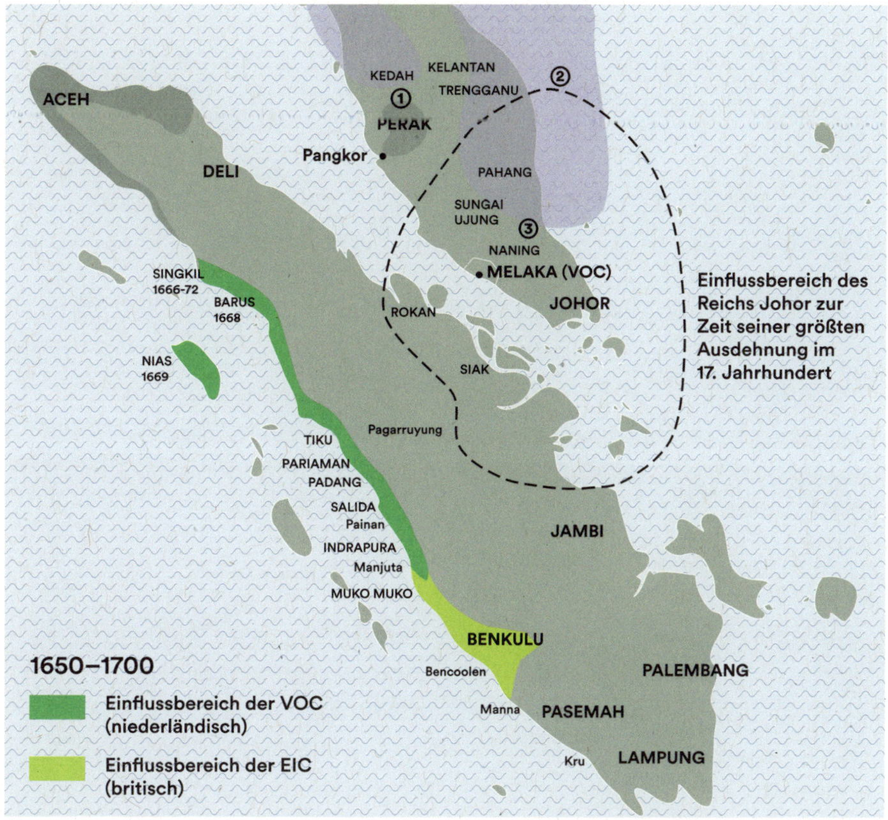

| **Abb. 5** | Standorte der VOC auf dem Malaiischen Festland (Malakka und Pangkor) und Einflussbereich des Sultanats Johor um die Mitte des 17. Jahrhundert. Auf Sumatra beschränkte sich der niederländische Einflussbereich auf einen Abschnitt des westlichen Küstenstreifens.
Karte auf der Grundlage von Robert B. Cribb, Historical Atlas of Indonesia, Honolulu, Hawai'i 2000, S. 82.

① Perak war dynastisch verbunden mit Aceh. Um ihr Zinnmonopol in Perag zu erhalten, unterhielt die VOC zwischen 1670 und 1690 ein Fort in Pangkor.

② Einflussbereich der Thai-Reiche vor 1700.

③ Um 1679 übernahm die VOC Kontrolle über die Siedlungen von Naning.

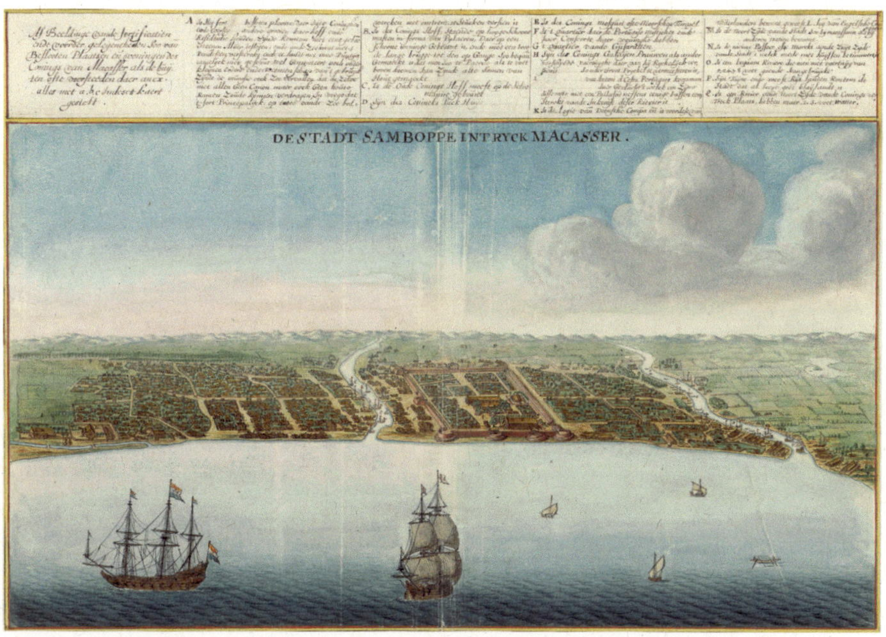

| **Abb. 6** | Makassar wenige Jahre vor der niederländischen Eroberung; Johannes Vingboons, Makassar und das Fort Sombaopu, ca. 1665.
https://www.atlasofmutualheritage.nl/en/page/4128/bird-s-eye-view-of-makassar-and-its-royal-fort-sombaopu

2.3

ULRIKE LÖTZSCH / KRISTINA SCHEELEN-NOVÁČEK / CARSTEN STARK

Vom „Kammer-M*“ zum Anatomieskelett

Wahrnehmung und Deutung kolonialer *Human remains* in der Anatomischen Sammlung Jena

Seit dem Jahr 2020 wird das koloniale Erbe des Anatomischen Instituts und der Anatomischen Sammlung der Universität Jena aufgearbeitet. Die Sammlung besteht seit Beginn des 19. Jahrhunderts als Lehr- und Forschungssammlung. Schon in den frühesten Verzeichnissen von 1804 sind zwei präparierte Stücke schwarzer Menschenhaut dokumentiert. Mitte des 19. Jahrhunderts wurde eine sogenannte „Raçenschädel“-Sammlung eingerichtet. Die meisten Jenaer Anatomen griffen ab dieser Zeit rassifizierende[1] und rassistische Tendenzen der anatomisch-anthropologischen Forschung auf. An nicht-europäische tierliche und menschliche Überreste oder an Abgüsse davon gelangten sie über Kollegen, Händler oder eigene Forschungsreisen. Die entsprechenden Bestände der Anatomischen Sammlung wurden vor allem durch Schenkungen weiter vermehrt, zuletzt 1997. In knapp zwei Jahrhunderten gingen auf diesen Wegen sterbliche Überreste von etwa 100 sowie Abgüsse und Büsten von etwa 50 Menschen ein, für die ein kolonialer Hintergrund anzunehmen ist. Nur ein Teil davon lässt sich heute noch in der Anatomischen Sammlung identifizieren. Inzwischen konnte ein erstes Forschungsprojekt abgeschlossen werden, das vom Deutschen Zentrum Kulturgutverluste (DZK) finanziert wurde.[2] Darin versuchten die Autor:innen, Fragen nach der Herkunft und dem Schicksal von 13 Menschen aufzuklären, die wahrscheinlich aus ehemaligen deutschen Kolonien in Afrika und Ozeanien stammten. Ihre Überreste sollen nach Möglichkeit in ihre Herkunftsländer Namibia und Papua-Neuguinea zurückkehren.

Im Projekt wurde deutlich, dass die in der Anatomischen Sammlung aufbewahrten Überreste nicht-europäischer Menschen im Laufe der Zeit teils einen merklichen Wandel in ihrer Wahrnehmung und Bedeutung erfuhren. Wie die oben erwähnte Haut Schwarzer Menschen, waren sie zuerst wohl aufgrund ihrer vermeintlichen „Exotik“ für die Sammlung attraktiv. Zugleich existierte ein akademisches Interesse, das die empfundene Andersartigkeit von Individuen und Gruppen mit einer gelehrten Beschreibung ihrer Überreste zu einer wissenschaftlichen Tatsache erklärte. Die Idee von „Menschenrassen“ setzte das Vorhandensein klar abgrenzbarer Unterschiede zwischen Menschengruppen als gegeben voraus und bereitete den Boden für rassifizierende und rassistisch motivierte Forschung. *Human remains*[3] oder deren Abformungen wurden nun teils gezielt angeschafft und als eigene Kategorie von den übrigen Präparaten der Sammlung im Bestand „Raçenschädel“ abgesondert. Während der Zeit des deutschen Kolonialismus bis zum Ersten Weltkrieg wurden die Überreste nicht-europäischer Menschen erneut für entsprechend ausgerichtete Forschungsarbeiten herangezogen. Bereits wenige Jahrzehnte später wurde der separate Bestand allerdings aufgehoben und in die vorhandenen Kategorien eingegliedert. Die als Belegstücke für vermutete „Rassen“-Merkmale gesammelten Schädel und Skelette kamen nun als Lehrpräparate für die Allgemeine Anatomie zum Einsatz. Sofern nicht direkt auf ihren Überresten notiert, ging das Wissen um die außereuropäische Herkunft der Individuen größtenteils verloren. Den mit ihrer ethnischen oder geografischen Herkunft sichtbar beschrifteten Schädeln und Abfor-

1 Rassifizierung beschreibt einen Prozess, bei dem „rassistisches Wissen erzeugt“ und dieses strukturell, beispielsweise in Form von institutionellem Rassismus, verankert wird. Dabei werden Gruppen zur Einteilung von Menschen aufgrund einzelner sichtbarer und nicht-sichtbarer Merkmale konstruiert, insbesondere aufgrund der Hautfarbe, aber beispielsweise auch hinsichtlich Lebenseinstellungen sowie sozialen Merkmalen. Damit geht immer eine Homogenisierung, Stereotypisierung und Hierarchisierung einher. Vgl. „Rassifizierung“ im Glossar des Informations- und Dokumentationszentrum für Antirassismusarbeit e.V., https://www.idaev.de/recherchetools/glossar (Stand: 2.5.2024).

2 Das DZK fördert seit 2019 Projekte zur Erforschung von Kulturgut und menschlichen Überresten aus kolonialen Kontexten, siehe Webseite unter https://kulturgutverluste.de. Eine Kurzfassung der Projektergebnisse ist auf der Webseite der Anatomischen Sammlung Jena unter https://www.uniklinikum-jena/sammlung abrufbar (Stand: 2.11.2023).

3 Der englische Begriff Human Remains, der sich mittlerweile in der deutschen Debatte etabliert hat, steht hier für menschliche Überreste im engeren Sinne, wie Gebeine, Haare, Haut, oder Zähne. Dazu zählt auch menschliches Gewebe, das im Rahmen kultureller Praktiken bearbeitet oder in (Ritual-)Objekte eingearbeitet worden ist. Darüber hinaus kann der Begriff aber auch weiter ausgelegt werden und alles einschließen, was von einem Menschen nach seinem Tod bleibt, etwa Abbildungen oder Erinnerungen, denen in manchen Gesellschaften die gleiche Bedeutung zukommt, wie den sterblichen Überresten einer Person. Zur Orientierung vgl.

mungen hingegen wurde Mitte der 1990er Jahre erneut der Status von „Exotika“ zugewiesen, indem sie in einer Ausstellung für die Fachöffentlichkeit ohne weitere Kontextualisierung als „Rassenschädel“ präsentiert wurden. Inzwischen werden am Jenaer Institut für Anatomie diejenigen *Human remains*, bei denen eine koloniale Herkunft vermutet wird oder wahrscheinlich ist, aus ethischen Gründen nicht mehr ausgestellt oder in der Lehre eingesetzt.

Geradezu beispielhaft sind die beschriebenen Änderungen in der Wahrnehmung und Deutung menschlicher Überreste an einem der im Projekt untersuchten Skelette nachvollziehbar. Während einer Durchsicht der Sammlungsbestände für die neu einzurichtende Dauerausstellung war die Aufschrift „158“ auf der rechten Beckenschaufel des Skeletts aufgefallen. Unter dieser Nummer gibt es einen Eintrag im ältesten Sammlungsverzeichnis, der es unter Verwendung des N–Worts als Skelett eines Schwarzen Mannes ausweist.[4] Auch auf dem linken Oberschenkelknochen findet sich das handschriftlich aufgebrachte N–Wort, das in stark verblasster Tinte erst unter Schwarzlicht sichtbar wurde. Angaben zur Herkunft oder Identität der Person macht das Verzeichnis nicht. In einer Präparateliste des Anatomieprofessors Johann Friedrich Fuchs ist aber vermerkt, dass am 8. Oktober 1807 eine Quittung für die Präparation dieses Skeletts ausgestellt wurde.[5] In enger zeitlicher Nähe gingen elf weitere Präparate von (männlichen) Schwarzen Individuen in die Anatomische Sammlung ein: ein Herz, ein Skalp, ein Penis, ein Fleischgeschwür aus der Leistengegend, ein Stück Haut, zwei männliche Brüste, die Haut eines Fußes mit den Fußnägeln, die Haut von Unterarm und Hand mit den Fingernägeln, ein umgestülpter Mastdarm sowie eine vollständige Gesichtshaut. Die letzten drei Präparate hatte Fuchs selbst ausgearbeitet, alle übrigen waren vom damaligen Prosektor der Jenaer Anatomischen Anstalt, Carl Ludwig Homburg, angefertigt worden.[6]

Allem Anschein nach handelte es sich um den Körper einer einzigen Schwarzen männlichen Person. Deutlich wird, dass die Überreste des Mannes allein deshalb präpariert und der Anatomischen Sammlung hinzugefügt wurden, weil seine Zeitgenossen ihn als andersartig empfanden. Das Interesse richtete sich vordergründig auf die augenfällige „Schwärze“ der Haut: Fuchs wies bei zwei Präparaten auf die klaren Übergänge der kräftig pigmentierten Haut zu den nicht pigmentierten Schleimhäuten hin, womit diesen eine Art „wissenschaftlicher“ Belegstatus zukommt. Unerwähnt blieben hingegen die ebenfalls deutlich sichtbaren Knochenveränderungen an den Unterschenkelknochen beider Beine. Sie sind mit hoher Wahrscheinlichkeit auf schwere entzündliche Prozesse als Folge einer Tuberkulose-Erkrankung zurückzuführen. Zu Beginn des 19. Jahrhunderts war Tuberkulose weit verbreitet und führte in bis zu 50 Prozent der Fälle zum Tod,[7] weshalb die Pathologien am Skelett des Schwarzen Mannes eben nichts „Anderes“ in Abgrenzung zum „Gewöhnlichen“ darstellten. In einem um 1825 parallel angelegten systematischen Sammlungsverzeichnis wurden die krankhaft veränderten Knochen erstmals erwähnt und das Skelett unter den pathologisch veränderten osteologischen Präparaten eingeordnet. Dieser Rückgriff auf das Offensichtliche ist auch als Reaktion darauf zu verstehen, dass das wesentliche „Erkennungsmerkmal“ für die angebliche Andersartigkeit des Mannes, nämlich seine Hautfarbe, in Hinsicht auf seine Knochen versagte.

Ab Ende der 1830er Jahre hielt unter Institutsdirektor Emil Huschke die Idee der menschlichen „Rassen“ Einzug in die Jenaer Anatomie. Wie viele seiner Zeitgenossen versuchte Huschke, zuverlässig messbare anatomische Unterschiede zwischen als verschieden wahrgenommenen Menschengruppen zu ermitteln.[8] Er hatte erkannt, dass er dafür empirische Datenreihen benötigte und neuartige Methoden zur einheitlichen Schädel- und Gehirnvermessung entwickelt. Auch den Schädel des Schwarzen Mannes unterzog Huschke diesen Messungen. Wie er später in der zugehörigen Publikation schrieb, waren die Stichproben viel zu klein und die ethnische Zugehörigkeit der Individuen häufig zu unsicher für verlässliche Aussagen.[9]

Deutscher Museumsbund (Hg.): Leitfaden zum Umgang mit menschlichen Überresten in Museen und Sammlungen. Berlin 2021, S. 14–15, wenngleich der Museumsbund den englischen Begriff in seiner Ausarbeitung nicht verwendet.

4 Vgl. Sammlungsverzeichnisse des Museum Anatomicum Jenense: Catalogus Musei Ducatis anatomici (SV VI). Jena ca. 1807–1810. Online unter: https://collections.thulb.uni-jena.de/rsc/viewer/HisBest_derivate_00018794/SV_VI_021.tif (Stand: 2.11.2023).

5 Vgl. Sammlungsverzeichnisse des Museum Anatomicum Jenense: Verzeichniß derer von mir, für das Herzogl. anatomische Museum unentgeltlich gefertigten und demselben e(i)nverleibten Präparate (SV V). Jena 1807. Online unter: https://collections.thulb.uni-jena.de/rsc/viewer/HisBest_derivate_00018793/SV_V_009.tif (Stand: 2.11.2023). Fuchs (1771–1828) war 1806–1820 Sammlungsverantwortlicher.

6 Vgl. Catalogus (SV VI). Online unter: https://collections.thulb.uni-jena.de/rsc/viewer/HisBest_derivate_00018794/SV_VI_022.tif (Stand: 2.11.2023). Homburg (1760–1825) war 1795–1819 an der Jenaer Anatomie tätig.

7 Vgl. Zink, Albert/Maixner, Frank: „Spezifische Infektionen. Tuberkulose, Lepra und Syphilis mit spezieller Paläogenetik bei Infektionskrankheiten“. In: Jochen Weber/Joachim Wahl/Albert Zink (Hg.): Osteologische Paläopathologie. Ein Handbuch für Anthropologen, Mediziner und Archäologen. Berlin 2022, S. 355–388, S. 356–357.

8 Vgl. Huschke, Emil: Schaedel, Hirn und Seele des Menschen und der Thiere nach Alter, Geschlecht und Raçe. Dargestellt nach neuen Methoden und Untersuchungen. Jena 1854. Huschke (1897–1858) war von 1820–1858 Direktor des Anatomischen Instituts.

9 Ebd. S. 3, 23.

Für den Schwarzen Mann beispielsweise lag ihm einzig dessen überlieferte Bezeichnung mit dem keineswegs klar definierten N-Wort vor. Entsprechend willkürlich war die vorgenommene Zuordnung zur ersten von zwei Unterkategorien für Menschen aus Afrika südlich der Sahara. Dessen ungeachtet sortierte und interpretierte Huschke die über viele Jahre ermittelten Daten später derart, dass sie die damals gängigen diskriminierenden und rassistischen Voannahmen wissenschaftlich zu bestätigen schienen. Wie viele seiner Kollegen richtete er damit die Erforschung jedes nicht-*weißen* Menschen gezielt daraufhin aus, die konstruierten „Rassen"-Schemata „wissenschaftlich" zu verfestigen.

Mit Huschkes Dienstende 1857/58 wurden ganz neue, systematisch sortierte Kataloge angelegt, in denen an erster Stelle der neue Bestand „Raçenschädel" auftauchte. Obwohl auch ein eigener Bestand „Skelett" existierte, findet sich das Skelett des Schwarzen Mannes unter „Raçenschädel" und sollte demnach vordergründig entsprechender Forschung und Demonstration dienen.[10] Einige Publikationen belegen, dass es auch in diesem Sinne Verwendung fand: Im Jahr 1879 zeigte der Jenaer Gynäkologe Carl Eduard Martin die Überreste des Mannes während eines Vortrags über „Rassenbecken" im Anthropologischen Localverein Jena. Wenig später, im Jahr 1886, publizierte der Prosektor der Jenaer Anatomischen Anstalt, Karl von Bardeleben, eine Besonderheit an dessen Fußskelett.[11] Sein Nachfolger Heinrich von Eggeling sowie der Anatom Walter Gersch beschrieben Anfang der 1920er Jahre ebenfalls ihre Beobachtungen am Skelett, wobei die von ihnen verwendeten rassistisch-abwertenden Begriffe und Formulierungen anscheinend bereits zur üblichen Fachsprache gehörten.[12] Gemeinsam ist diesen Arbeiten, dass ihnen weiterhin jedes unvoreingenommene Erkenntnisinteresse an der Varianzbreite der menschlichen Anatomie fehlt und sie sich unter Verallgemeinerung winziger Stichproben stattdessen auf vage „Rassen"-Kategorien berufen.

Die zum Teil recht genauen historischen Beschreibungen des Skeletts lieferten für das aktuelle Forschungsprojekt allerdings hilfreiche Informationen, da sich Abweichungen zu den heutigen Befunden ergaben. So stellte sich heraus, dass auf der rechten Körperseite im Laufe des 20. Jahrhunderts einige Knochen anderer Individuen kunstvoll eingepasst wurden. Vermutlich war das Skelett zuvor auf die Seite gestürzt und dabei zum Teil zerstört worden. Diese für menschliche Anatomieskelette bis vor wenigen Jahrzehnten durchaus übliche Praxis, die Knochen verschiedener Individuen bei Bedarf nach dem „Baukastenprinzip" zusammenzufügen, stellt den Höhepunkt ihrer Objektifizierung dar. Der alltägliche Umgang mit menschlichen Überresten an den Anatomien war eher von Pragmatismus, als von ethischen Bedenken oder einem besonderen Interesse an den Menschen hinter den Leichnamen gekennzeichnet. Dass es als wichtig erachtet worden war, das Skelett wieder zu vervollständigen, spricht für einen Wandel in seiner Bedeutung: Die Überreste des Mannes waren vom anthropologischen „Forschungsmaterial" zum anatomischen „Lehrmittel" geworden. Das Schwarzsein des Mannes, das ursprünglich der Grund für die Präparation seines Leichnams war, spielte keine Rolle mehr. Es scheint sogar völlig in Vergessenheit geraten zu sein, denn bei einer Neuinventarisierung der Anatomischen Sammlung Mitte der 1990er Jahre wurde es beim Eintrag zum Skelett nicht mehr erwähnt. Seit dieser Zeit war es zusammen mit anderen menschlichen Skeletten in einer Vitrine vor dem Hörsaal der Anatomie ausgestellt. Ein Schildchen wies auf Besonderheiten des Brustbeins und die unterschiedliche Länge der Oberschenkelknochen hin, ohne Wissen darum, dass es sich dabei um Überreste anderer Individuen handelt.

Während heute am Jenaer Institut für Anatomie mit Informationsveranstaltungen, Gedenkfeiern und nicht zuletzt durch ethische Richtlinien sowie eine lückenlose Dokumentation versucht wird, einer Entmenschlichung der Körperspenderinnen und Körperspender entgegenzuwirken, bleiben die *Human remains* in der Anatomi-

10 Vgl. Sammlungsverzeichnisse des Museum Anatomicum Jenense: Catalog d. Grossherzogl. Anatomischen Museum. I. Anthropotomische Sammlung. (UAJ, S. Abt. XXXVIII 44). Jena ca. 1858–1943. Online unter: https://collections.thulb.uni-jena.de/rsc/viewer/HisBest_derivate_00018796/SV_XVI_016.tif (Stand: 2.11.2023). Die übrigen Präparate vom Körper des Schwarzen Manns sind in den neuen Katalogen nicht mehr eingetragen und wurden wahrscheinlich um diese Zeit ausgesondert.

11 Zu Martin (1838–1907) vgl. Correspondenz-Blatt d. dt. Ges. f. Anthropologie, Ethnologie u. Urgeschichte. Nr. 3, März 1881, S. 23. Zu Bardeleben (1849–1918) vgl. Bardeleben, Karl von: „Über neue Bestandteile der Hand- und Fußwurzel der Säugethiere, sowie die normale Anlage von Rudimenten ‚überzähliger' Finger und Zehen beim Menschen". In: Medizinisch-naturwissenschaftliche Gesellschaft zu Jena (Hg.): Jenaische Zeitschrift für Naturwissenschaft, Bd. 19, Supplement-Heft 3, Sitzung vom 30. Oktober 1885. Jena 1886, S. 149–164.

12 Zu Eggeling (1869–1954) vgl. Eggeling, Heinrich von: „Die Gabelung der Halswirbeldornen und ihre Ursachen". In: Anatomischer Anzeiger. Centralblatt für die gesamte wissenschaftliche Anatomie, Bd. 55, Nr. 2/4. Jena 1922, S. 33–94. Zu Gersch (Lebensdaten nicht ermittelt) vgl. Gersch, Walter: „Zur Anthropologie des Brustbeines". In: Anatomischer Anzeiger. Centralblatt für die gesamte wissenschaftliche Anatomie, Bd. 54, Nr. 16. Jena 1921, S. 347–351.

13 Vgl. Zink/Maixner, Spezifische Infektionen, S. 355–388.

14 Vgl. Kloosterhuis, Jürgen et al. (Hg.): Militär und Gesellschaft in Preußen. Quellen zur Militärsozialisation 1713–1806. Archivalien in Berlin, Dessau und Leipzig. Teil III Indices und Systematiken. Berlin 2015; Otele, Olivette: Afrikanische Europäer. Eine unerzählte Geschichte. Berlin 2022; Schuhmacher, Yves: Sklaven und Hofmohren. Afrikaner in Europa zwischen dem 15. und 19. Jahrhundert. Zürich 2021.

schen Sammlung nach wie vor weitgehend anonyme Präparate. Häufig kann allenfalls die Geschichte eines Präparats in Teilen rekonstruiert werden, nicht aber die des einstigen Individuums. Daher legte das vorgestellte Forschungsprojekt auch einen Schwerpunkt auf die Forschung zu den Individualbiografien der 13 Menschen. Auf invasive Untersuchungsmethoden, wie sie beispielsweise für eine DNA-Analyse erforderlich gewesen wären, wurde in Übereinstimmung mit den ethischen Richtlinien des DZK verzichtet. Dem osteoanthropologischen Befund nach stammt das Skelett tatsächlich von einem Mann, der etwa 165 Zentimeter groß und zum Zeitpunkt seines Todes etwa 24 bis 36 Jahre alt war. Die Skelettmorphologie passt zu einer Herkunft aus dem südlich der Wüste Sahara gelegenen Gebiet Afrikas. Neben den Zerstörungen an seinen Unterschenkelknochen fanden sich vor allem am Brustkorb weitere Hinweise darauf, dass der Mann an einer schweren Tuberkulose litt. Unbehandelt breitet sich diese von den Atemwegen über das Kreislaufsystem bis auf das Skelett aus. Nach ersten Symptomen, wie Müdigkeit, Appetitlosigkeit, Gewichtsverlust und leichtem Fieber oder Husten, treten in schweren Fällen später blutiger Husten, starker Gewichtsverlust und Blutarmut auf, bis der Patient der Krankheit letztendlich erliegt.[13] Somit könnte der schlechte Gesundheitszustand des Mannes infolge der Tuberkulose zu seinem frühen Tod geführt haben.

Wer aber war er und wie kam er in die Jenaer Anatomie? Da sein Körper 1807 in Jena präpariert wurde, musste der Mann im Jahr 1806 oder Anfang 1807 in der Stadt oder ihrer Umgebung verstorben sein. In dieser Zeit, am 14. Oktober 1806, fand die Schlacht bei Jena und Auerstedt statt. Aus Frankreich wird seit der Französischen Revolution von Soldaten mit afrikanischen Wurzeln berichtet und auch auf preußischer Seite sind vereinzelt Schwarze Soldaten belegt.[14] Untersuchungen an Skeletten von Soldaten aus den Napoleonischen Kriegen ergaben typischerweise ein junges Sterbealter mit gleichzeitig stark ausgeprägten Krankheitsbildern, die sich vor allem auf lange Fußmärsche, mangelhafte Ernährung und miserable hygienische Bedingungen zurückführen lassen.[15] Das im Projekt untersuchte Skelett könnte demnach von einem Schwarzen Mann stammen, der als Soldat oder Heeresbegleiter gedient und den Kampf nicht überlebt hat. In den zahlreichen Quellen über die Schlacht bei Jena und Auerstedt gibt es allerdings keinerlei Hinweise auf die Beteiligung Schwarzer Menschen.

Da sich in Gotha und Weimar nahe Jena zwei Fürstenhöfe befanden, wäre eine weitere mögliche Biografie die eines sogenannten „Kammer-M*“, also eines Schwarzen Dieners. Für Gotha ist ein als „Lakai“ und „M*“ geführter Heinrich Ludwig Sardam nachweisbar, der allerdings bereits 1803 verstarb.[16] Auch Herzog Carl August von Sachsen-Weimar hatte um die fragliche Zeit zwei Schwarze Männer als Diener seiner Frau Louise angestellt: François Leveillé, über dessen Herkunft und Leben einige Details bekannt sind, die allerdings nicht zum gesuchten Sterbezeitraum passen, und Domain la Fortune.[17] Aus dem *Handbuch der in Jena [...] dahingeschiedenen [...] bemerkenswerthen Personen* von 1819 ist zu erfahren, dass La Fortune am 10. Juli 1806 mit 24 Jahren in Jena starb.[18] Dies bestätigt ein entsprechender Eintrag im Jenaer Kirchenbuch, der zusätzlich die Todesursache „Lungensucht“, also Tuberkulose, benennt.[19] Wurde ein Leichnam nicht bestattet, sondern auf die Anatomie gebracht, ist dies üblicherweise auch im Kirchenbuch vermerkt. Bei Domain la Fortune hingegen ist die Entrichtung des Entgelts für eine bescheidene Bestattung am 12. Juli 1806 eingetragen. Da die Kosten aber vor allem für den Gottesdienst entstanden, könnte sein Leichnam nach der Trauerfeier trotzdem an den ganz offensichtlich interessierten Anatomieprofessor Fuchs abgeliefert worden sein. Für Kassel beispielsweise ist überliefert, dass Ende des 18. Jahrhunderts Schwarze Menschen nach ihrem Tod grundsätzlich auf die dortige Anatomische Anstalt gebracht wurden.[20] Es gibt somit starke Indizien dafür, dass es Domain la Fortunes Körper war, der in Jena präpariert worden ist. Über sein Leben und seine Herkunft

15 Grumbkow, Philipp von: Das Leben in der napoleonischen Armee – interdisziplinäre Untersuchung eines Massengrabs aus Kassel. Göttingen 2013, S. 6–7, 113–114; Flux, Anna Lena: Anthropologische Bearbeitung der Bestattungen napoleonischer Soldaten aus Frankfurt-Rödelheim zur Rekonstruktion der Lebensbedingungen in der Grande Armée. Göttingen 2023.

16 Schon 1783 wird außerdem ein Johann Sardam als Schwarzer Diener im Gefolge der Herzogin erwähnt, vielleicht sein Vater oder Bruder. Staatsarchiv Gotha, Archivalien-Signatur: 2047, Bestandssignatur: 2-99-4005, Datierung: 1783–1803 und Archivalien-Signatur: 9278, Bestandssignatur: 2-99-4005, Datierung: 1783. Online unter https://www.archive-in-thueringen.de/de/findbuch/view/bestand/27867 (Stand: 2.11.2023).

17 Vgl. Hochfürstlich Sächsisch Weimar- und Eisenachischer Hof- und Adreßcalender auf das Jahr 1806. Jena 1806, S. 155, 162; Kuhlmann-Smirnov, Anne: „Globalität als Prestigemerkmal? Die Hofmohren der Cirksena und ihres sozialen Umfeldes“. In: Heike Düselder et al. (Hg.): Adel und Umwelt. Horizonte adeliger Existenz in der Frühen Neuzeit. Köln u. a. 2008, S. 287–309; Freyer, Stefanie: Der Weimarer Hof um 1800. Eine Sozialgeschichte jenseits des Mythos. München 2013, S. 202–205; Schuhmacher: Sklaven und Hofmohren, S. 196.

18 Spangenberg, Johann Christian Jakob: Handbuch der in Jena seit beinahe fünfhundert Jahren dahingeschiedenen Gelehrten, Künstler, Studenten und andern bemerkenswerthen Personen theils aus den Kirchenbüchern, theils aus andern Hülfsquellen gezogen und nach dem Jahre 1819 geordnet. Jena 1819, S. 127.

19 Vgl. Landeskirchenarchiv Eisenach, Kirchenarchiv Jena, Jena, Kirchenbuch Bestattungen 1806, S. 195.

20 Vgl. Schübler, Walter: Johann Heinrich Merck 1741–1791, Biographie. Weimar 2001, S. 296 Anm.

konnten keine weiteren Einzelheiten in Erfahrung gebracht werden. Letztlich lässt sich nicht restlos klären, um wen es sich bei dem Schwarzen Mann, dessen Überreste Teil der Jenaer Anatomischen Sammlung wurden, tatsächlich gehandelt hat. Obwohl ein im weiteren Sinne kolonialer Kontext wahrscheinlich ist, liegen zu wenige Informationen über den Menschen vor, um eine Kontaktaufnahme zu seinen Nachfahren zu gewährleisten. Entsprechend gibt es zunächst nur den Versuch, sein Skelett im Sammlungsdepot möglichst würdig unterzubringen und dessen Geschichte zu erzählen. Sie zeigt eindrücklich, wie sehr es vom zeitgenössischen und individuellen Blick abhängt, wie eine Sammlung zusammengestellt wurde, wie menschliche Gebeine zu wissenschaftlichen „Objekten" gemacht und als solche beschrieben wurden, ob und wie sie präsentiert und auch, ob und wann sie gegebenenfalls aus der Sammlung oder Ausstellung genommen wurden. Die oft behauptete „objektive wissenschaftliche Perspektive" entpuppt sich damit schlicht als eine mögliche Betrachtungsweise unter anderen.

IRIS SCHRÖDER

Wissen dekolonisieren

2.4

Die Sammlung Perthes Gotha, die Archive des Kolonialismus und die vielen Möglichkeiten des Kartenlesens

Koloniales Wissen steht bereits seit geraumer Zeit auf der Agenda historischer Forschung, denn das koloniale Projekt beförderte die Wissenschaften im 19. und 20. Jahrhundert nicht nur erheblich, sondern schrieb sich darüber hinaus kategorial in diese ein.[1] Ob es sich dabei um die sich im 19. Jahrhundert ausbildenden naturwissenschaftlichen Disziplinen wie Biologie, Geologie, Meteorologie und Geografie handelte oder um Spezialfelder wie die Akklimatisationsforschung, die sich ebenfalls mit wissenschaftlichem Gestus profilierende tropische Landwirtschaft und die Ethnologie: Alles in allem verbanden sich in Europa weite Teile wissenschaftlicher Forschung eng mit der kolonialen Landnahme.[2] Mehr noch, mit der Zeit diffundierte koloniales Wissen zusehends in weite gesellschaftliche und kulturelle Bereiche hinein und verband sich so auch mit Belletristik sowie mit einer Fülle an anderen populären Medien – von Fotografien, ersten Filmproduktionen, Postkarten und Reklametafeln, über Ausstellungen aller Art bis hin zu Shows und Varietés.[3] All die dazugehörigen Wissensbestände sorgten nahezu für die Allgegenwart der seitens der europäischen Kolonialmächte beanspruchten Herrschaft über weite Teile der Erde. Koloniales Wissen machte genau diesen Herrschafts- und Besitzanspruch greifbar, anschaulich und konsumierbar, wobei es zugleich die dazugehörigen Fantasien, wenn nicht sogar Allmachtsfantasien, beflügelte.[4]

Mit Blick auf das koloniale Erbe Thüringens liegt es auf der Hand, sich mit den kolonialen Dimensionen der in der Sammlung Perthes bewahrten Überlieferungen zu befassen.[5] Zweifelsohne war der Verlag Justus Perthes Gotha als Spezialverlag für Kartografie nicht außen vor, wenn es um koloniales Wissen oder auch um das Geschäft mit dem Kolonialismus ging. Werke wie der von Paul Langhans in den 1890er Jahren herausgebrachte *Deutsche Kolonial-Atlas* werden in diesem Zusammenhang schon jetzt häufiger genannt |**Abb. 1**|, war Langhans doch aufgrund seines Engagements im Alldeutschen Verband und als späterer Herausgeber der Zeitschrift *Deutsche Erde*, die zwischen 1902 und 1915 bei Justus Perthes Gotha erschien, einer der unübersehbaren Propagandisten, wenn es darum ging, die kolonialen Aktivitäten im Deutschen Kaiserreich zu fördern und zwar in einem Umfang, der weit über die formal deklarierte „Schutzherrschaft" des Deutschen Reiches hinausging.[6] Dennoch greift es zu kurz, die Bedeutung kolonialen Wissens in der Sammlung Perthes lediglich an einem für seinen Kolonialenthusiasmus bekannten Kartografen festmachen zu wollen. Daher stellt sich die Frage, was jetzt vordringlich zu erforschen ist, wenn wir die Sammlung Perthes in ihre kolonialen Entstehungszusammenhänge rücken: Welche Formen kolonialen Wissens standen hier zur Debatte? Welches Wissen und welche Praktiken rückten in den Mittelpunkt? Wie wurde koloniales Wissen produziert, wie verbreitet? Wie groß ist die Reichweite dieses Wissens zu veranschlagen? Und welches Geschäft verband sich schließlich damit, all dieses Wissen in Kartenform zu verkaufen? Im Falle der Sammlung Perthes sind die epistemischen Spezifika von Kartografie mit einzubeziehen, und zu fragen, wie sich diese in koloniale Zusammenhänge einschrieben. Überdies gilt es nicht zuletzt in lokal- und

1 Zum Diskussionsstand vgl. die Skizze bei Przyrembel, Alexandra: „Koloniales Wissen in Europa. Konzepte, transnationale Netzwerke und Museen". In: Geschichte in Wissenschaft und Unterricht 74 (2023), S. 477–489 und die dazugehörigen Beiträge in dem Themenheft.

2 Vgl. die Beiträge in Habermas, Rebekka/Przyrembel, Alexandra (Hg.): Von Käfern, Märkten und Menschen. Kolonialismus und Wissen in der Moderne. Göttingen 2013 sowie speziell auf die deutschsprachige Geografie bezogen: Gräbel, Carsten: Die Erforschung der Kolonien. Expeditionen und koloniale Wissenskultur deutscher Geographen, 1884–1919. Bielefeld 2016.

3 Auch die Malerei der klassischen Moderne blieb hier nicht außen vor, vgl. zuletzt: Habermas, Rebekka: „Die Suche nach Ethnographica und die kunstsinnigen Kannibalen der Südsee. Oder: Was die koloniale Nostalgie im Kaiserreich mit der kolonialen Aphasie heute zu tun hat". In: Historische Zeitschrift 311 (2020), S. 351–386.

4 Mit dem Blick auf das Wissen (populär-)kultureller Genres und dessen Zusammenspiel mit geografischem Wissen vgl. Struck, Wolfgang/Kuhn, Kristina: Aus der Welt gefallen. Die Geographie der Verschollenen. Paderborn 2019.

5 Vgl. für einen weiteren Ansatz mit Blick auf die Sammlung Perthes: Weigel, Petra: „Koloniale Kontexte in der geographisch-kartographischen Sammlung Perthes der Forschungsbibliothek Gotha". Vortrag, geh. im Rahmen des Workshops Koloniale Kontexte in Bibliotheken. Berlin, 6.–7. November 2023, Ms., S. 2.

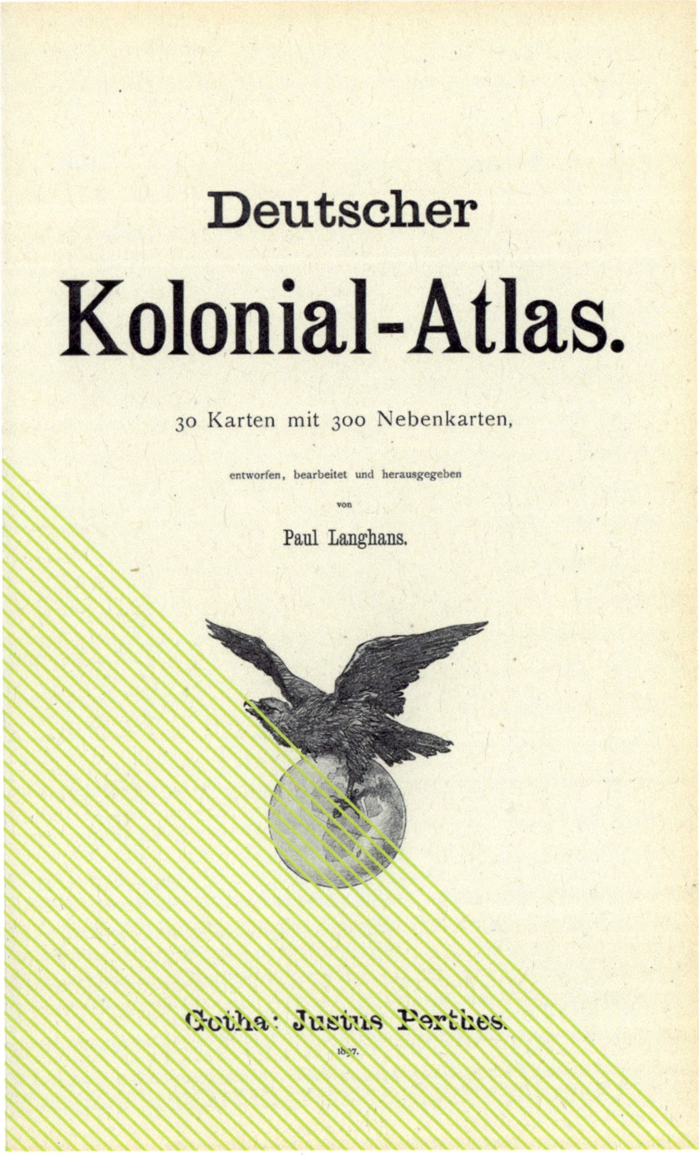
Deutscher
Kolonial-Atlas.
30 Karten mit 300 Nebenkarten,
entworfen, bearbeitet und herausgegeben
von
Paul Langhans.
Gotha: Justus Perthes.
1897.

|**Abb. 1**| Paul Langhans, *Deutscher Kolonial-Atlas. 30 Karten mit vielen Hundert Nebenkarten,* 1897, Gotha
Forschungsbibliothek Gotha, Sammlung Perthes Gotha, SPA 2° 00205.

unternehmensgeschichtlicher Hinsicht zu ermitteln, wie umfangreich und wie einschlägig das Geschäft mit dem Kolonialismus für den Gothaer Perthes Verlag war.

Koloniales Wissen im Falle der Sammlung Perthes zu erforschen, verbindet sich daher mit einem Katalog an Fragehorizonten, doch zugleich mit einer Reihe von Forschungspositionen und -kontroversen. Diese verknüpfen sich derzeit sowohl mit den mit neuer Intensität geführten Restitutionsdebatten als auch mit der Frage nach einer kolonialen Amnesie oder einer Aphasie: Schließlich wird das koloniale Projekt oft nur in Ansätzen in seiner umfänglichen Gewalthaftigkeit erinnert, die von epistemischer bis hin zu physischer Gewalt reichte.[7] Historische Forschung tut also not, und es gilt von jenen Positionen postkolonialer Theoriebildung ebenso wie von globalhistorischen Ansätzen und Perspektiven zu profitieren, die die kolonialen Archive gegen den Strich zu lesen suchen.[8] Damit rücken andere Lesarten auf die Forschungsagenda. Sie verschränken sich mit dem Vorhaben, Wissen zu dekolonisieren und für künftige kritische *Area Histories* fruchtbar zu machen.

Mit Blick auf die Sammlung Perthes können an dieser Stelle die so nur sehr knapp evozierten Forschungsfragen und -perspektiven allerdings kaum angemessen diskutiert werden. Stattdessen geht es im Folgenden darum, einige erste Eckpunkte für künftige Arbeiten zu benennen. Denn erstaunlicherweise haben Fragen nach einer Kolonialkartografie im engeren Sinne hierzulande bislang wenig Aufmerksamkeit erfahren.[9] Was es gibt, sind allgemein gefasste Thesen, die von einem überaus eng gedachten Nexus von kolonialer Landnahme einerseits und Kartografie andererseits ausgehen. Karten, so ließe sich diese These zugespitzt formulieren, waren zentral für das koloniale Projekt, vor allem für die dazugehörige koloniale Eroberung. Dies gilt insbesondere für die europäischen Kolonialherren: Ohne den Blick auf Karten wäre für sie das koloniale Projekt nicht denkbar, ja, auch nicht durchführbar gewesen.[10] Doch so einleuchtend diese generelle These auf den ersten Blick wirken mag, in Anbetracht der Vielfalt kartografischer Produktionen dürfte sie entschieden zu kurz greifen. Schließlich misslang die gewünschte Orientierung, die die Karten europäischer Provenienz zu bieten versprachen, vor Ort zumindest in vielen Fällen. Das in Europa produzierte Kartenmaterial führte häufig genug in die Irre; und so mehrte sich zeitgenössisch der Eindruck, dass das Versprechen der Kartografen, den zu kolonisierenden Raum handhabbar und beherrschbar zu machen, ein falsches gewesen sein könnte.[11]

Im Folgenden möchte ich meine Überlegungen in dreierlei Hinsicht weiter ausführen: Dabei geht es mir zum einen, wie oben angedeutet, um die oft unterschätzten Praktiken des Kartenlesens sowie, zum zweiten, um das Karten machen. Beides gilt es mit Blick auf die Sammlung Perthes hinsichtlich der vielschichtigen Bedeutungen kolonialen Wissens, die sich in die Gothaer Überlieferungszusammenhänge eingeschrieben haben, genauer zu fassen. Drittens geht es mir um die Möglichkeit, für künftige Forschungen mit den Beständen der Sammlung Perthes gegenläufige Lesarten zu entwickeln. Diese lenken den Blick weg von Europa und der europäischen

6 Vgl. Meyer, Philipp: Kartographie und Weltanschauung. Visuelle Wissensproduktion im Verlag Justus Perthes 1890–1945. Göttingen 2021, der in seiner Doppelbiografie auch die Rolle Hermann Haacks erforscht, ohne näher auf dessen Kolonialkarten einzugehen, vgl. den abwägenden Abschnitt zur Schulgeografie, S. 135–138, und zu Langhans, S. 64–89, sowie die Kolonialkarten bei den Abbildungen. Für einen neueren Beitrag, der ebenfalls ausschließlich auf Langhans' Wirken abhebt, vgl. Çapan, Zeynep Gülşah/dos Reis, Filipe: „Creating Colonisable Land. Cartography, 'Blank Spaces', and Imaginaries of Empire in Nineteenth-Century Germany". In: Review of International Studies 50 (2023), S. 1–25.

Imperialgeschichte hin zu den seitens der europäischen Kolonialmächte nahezu durchgehend unterschätzten politischen Gemengelagen in den zur Eroberung vorgesehenen Regionen. In all diesen Zusammenhängen erweisen sich die in der zweiten Hälfte des 19. Jahrhunderts produzierten Karten Nordostafrikas als besonders aufschlussreicher Glücksfall der Überlieferung, denn sie greifen die dortigen imperialen Konkurrenzen und transimperialen Zusammenhänge explizit auf. Eine genauere Lektüre der Karten ermöglicht es daher, den Spuren afrikanischen Raumwissens innerhalb des Gothaer Überlieferungszusammenhangs nachzugehen und damit Perspektiven zu entwickeln, die kartografisches Wissen zu dekolonisieren erlauben.[12]

Karten lesen in Zeiten kolonialer Globalität – eine erste Annäherung

Die Sammlung Perthes gehört zu den herausragenden Sammlungen zur Kartografiegeschichte. Sie vereint die Überlieferungen des Justus Perthes Verlages und seiner Nachfolger als eines der im europäischen Maßstab bedeutendsten kartografischen Verlagsunternehmen des 19. und 20. Jahrhunderts.[13] 1785 wurde der Verlag von Justus Perthes in Gotha gegründet, 1885 feierte er sein hundertjähriges Jubiläum. Es war vermutlich kein Zufall, dass der Verlag anlässlich dessen eine 10-Blatt Spezial-Karte von Afrika auf den Markt brachte.[14] Diese sollte die führende Rolle der Gothaer Kartografen in der Afrikakartografie dokumentieren und zugleich das im Hause vorhandene kartografisch-geografische Wissen über Afrika einprägsam vor Augen führen.[15]

1885 ist freilich das Jahr der Kongo-Konferenz. Diese tagte seit November 1884 in Berlin; ihre Schlussakte sollte im nachfolgenden Februar veröffentlicht werden. Die Kongo-Konferenz war jene Konferenz, auf der Vertreter der europäischen Großmächte, des Osmanischen Reiches und der USA auf Einladung des deutschen Reichskanzlers Bismarck zusammentrafen, um über Interessenssphären auf dem afrikanischen Kontinent zu beraten. Irrtümlich gilt sie als der Startschuss für die koloniale Eroberung, die tatsächlich längst begonnen hatte, sich zu dieser Zeit aber rasant in das afrikanische Binnenland erweiterte. Bei der Konferenz und in den nachfolgenden gut anderthalb Jahrzehnten, in Zeiten des sogenannten *Scramble for Africa*, dürften Karten vermutlich eine große Rolle gespielt haben – bislang ist allerdings nicht belegt, ob und in welcher Weise die Abgesandten anhand von Karten argumentierten. In der Historiografie ist dessen ungeachtet von der sogenannten *Paper Partition* die Rede, der Aufteilung Afrikas auf dem Papier.[16]

Der Perthes Verlag hatte sich bis in die 1880er Jahre hinein in Sachen Afrikakartografie einen Namen gemacht. Entsprechend galt die Spezial-Karte als große Syntheseleistung, zumal sie das bisherige geografisch-kartografische Wissen auf zehn Blättern in einem ungewohnten Großformat auf gut zwei mal zwei Metern zusammenfügte. Wie zahlreiche Rezensionen sowohl in namhaften überregionalen Zeitungen als auch in der geografischen Fachpresse belegen, war die Karte überaus willkommen – und das bei Kolonialenthusiasten wie etwa dem Leipziger Geografieprofessor Friedrich Ratzel allemal.[17] Dessen ungeachtet gilt es, angesichts der euphorischen Rezeption bei den zahlreichen zeitgenössischen Kartenlektüren genauer zu sein. Daher ist zu fragen, wer überhaupt die Karte lesen konnte und wie diese Lesarten tatsächlich beschaffen waren. Denn in einem Maßstab von 1 : 4 000 000 verkleinerte die Karte, trotz ihres großen Formats, in geradezu ungeheuerlicher Art und Weise die räumlichen Verhältnisse Afrikas. Nur die wenigsten der begeisterten Kartenleser:innen dürften sich dieser immensen Verkleinerung eines gesamten Kontinents bewusst gewesen sein. Und so evozierte die Karte offenbar eine eigentümliche Handhabbarkeit. Diese sorgte dafür, dass sich die Vorstellung, sich einen ganzen Kontinent aneignen zu können, in den Köpfen mit einer vermeintlichen Machbarkeit verband.[18]

7 Vgl. beispielhaft Habermas, Rebekka: „Restitutionsdebatten, koloniale Aphasie und die Frage, was Europa ausmacht“. In: Aus Politik und Zeitgeschichte 69 (2019), S. 17–22. Online unter: https://www.bpb.de/shop/zeitschriften/apuz/297595/restitutionsdebatten-koloniale-aphasie-und-die-frage-was-europa-ausmacht/ (Stand: 15.5.2024); ferner, für eine Studie, die die Vielschichtigkeit kolonialer Gewalt explizit fokussiert: Moyd, Michelle R.: Violent Intermediaries. African Soldiers, Conquest, and Everyday Colonialism in German East Africa Athens, OH 2014.

8 Vgl. Stoler, Ann Laura: Along the Archival Grain. Epistemic Anxieties and Colonial Common Sense. Princeton 2009, die vor einer affirmativen Lektüre der kolonialen Archive warnt, zumal sie das koloniale Projekt reifizieren.

9 Und auch Gräbel: Die Erforschung der Kolonien, behandelt Kartografie nur am Rande; anders dagegen die internationale Debatte zu Kolonialkartografie, vgl. u. a. Akerman, James R. (Hg.): The Imperial Map: Cartography and the Mastery of Empire. Chicago, IL u. a. 2009; Blais, Hélène/Deprest, Florence/Singaravélou, Pierre (Hg.): Territoires impériaux. Une histoire spatiale du fait colonial. Paris 2011.

10 Für eine Formulierung dieser These, vgl. beispielhaft Van Laak, Dirk: Über alles in der Welt. Deutscher Imperialismus im 19. und 20. Jahrhundert. München 2005, bes. S. 24, der den zeitgenössischen Anspruch, Geografie als „‚imperiale‘ Metawissenschaft“ zu verstehen, betont, jedoch nur allgemein auf Karten rekurriert.

11 Für ein Beispiel, dass Karten vor Ort in die Irre führten vgl. Schröder, Iris u. a.: „Die Welt im Meer. Globalität in der europäischen Kartographie der Meere des 19. Jahrhunderts“. In: Werkstatt Geschichte 83 (2021), S. 69–83, bes. S. 81; eine geringe Bedeutung für die imperiale Inbesitznahme Afrikas konstatieren ebenfalls Burbank, Jane/Cooper, Frederick: Empires in World History, Power and the Politics of Difference [2019]. Dt.: Imperien der Weltgeschichte, Das Repertoire der Macht vom Alten Rom und China bis heute. Frankfurt a. M. 2012, S. 392–403.

Doch dies ist nur eine erste affirmative Lesart der Karte, die Praktiken des Verkleinerns, wenn nicht sogar das Minimierens, räumlicher Zusammenhänge und deren Repräsentation auf Karten als genuin mit kolonialen Ansprüchen verbunden ausweist – war die allfällige Verkleinerung der Welt doch eine Voraussetzung, wenn nicht gar eine grundlegende Operation kolonialer Eroberungspolitiken.[19] Eine solche Lesart der Spezial-Karte müsste allerdings weiter kontextualisiert werden, und das auch im Vergleich mit anderen zeitgenössischen Gesamtansichten des afrikanischen Kontinents. Nur kurze Zeit später, gegen Ende der 1890er Jahre, hatten vor allem jene Karten Konjunktur, die „Afrika im Harlekingewand" zeigten, wie der senegalische Historiker Joseph Ki-Zerbo mit spöttischem Gestus formulierte. Karten wie diese dürften heutzutage in erster Linie als Fantasiekarten zu lesen sein, schließlich verlief die Eroberung vor Ort eben nicht mit jener Vollständigkeit und Geschlossenheit, die die Karten suggerierten. In Europa schufen diese neuen Karten mithilfe eines Flächenkolorits jedoch ein einprägsames Bild des Kontinents. Demzufolge sollte die europäische Herrschaft über nahezu alle Gebiete des Kontinents als eine vollendete Tatsache anzusehen sein. Genau dieses Bild Afrikas erwies sich als folgenreich: Und so reichte die Vorstellung eines vollständig unter den europäischen Kolonialmächten aufgeteilten Kontinents bis in die Zeit der Dekolonisation hinein, wie der Beschluss der *Organization of African Unity* nahelegt, die Kolonialgrenzen zu belassen, um den Aufbau der postkolonialen Staaten nicht zusätzlich zu gefährden.[20]

Für den Gothaer Perthes Verlag bedeutete das expandierende Deutsche Kolonialreich zunächst durchaus ein einträgliches Geschäft, obwohl er zunehmend in Konkurrenz zu den anderen Kartenverlagen geraten sollte, die sich seit den 1880er Jahren vor allem in der Buchhandelsstadt Leipzig und in der Reichshauptstadt Berlin etabliert hatten.[21] Das Kartengeschäft, das die Kolonien mit sich brachten, sollte dennoch nicht unterschätzt werden und das nicht nur aufgrund der erwähnten Aktivitäten eines Paul Langhans. Auch andere Gothaer Kartografen zogen eifrig nach, in dem sie die Produktpalette des Verlags anpassten. Überdies profilierte sich auch die verlagseigene Zeitschrift *Dr. A. Petermann's Mitteilungen aus Justus Perthes' Geographischer Anstalt* sowie selbstredend die ebenfalls in Gotha produzierte Zeitschrift *Deutsche Erde* kontinuierlich in aktueller kolonialer Berichterstattung.[22] Besonders beliebt war in dem Zusammenhang das Genre der sogenannten Gelegenheitskarten: ob zu den Ereignissen des Burenkriegs oder des sogenannten Boxeraufstands.[23] Noch ertragreicher erwies sich die Kolonialkartografie für den Bereich der Schulgeografie. Hier waren es nicht nur die für den Schulunterricht eigens geschaffenen Zeitschriften wie der 1899 begründete *Geographische Anzeiger*, sondern auch und vor allem Wandkarten, die das Deutsche Kolonialreich einprägsam vor Augen führten |**Abb. 2**|.[24] Insbesondere der gegen Ende der 1890er Jahre in den Verlag eingetretene Hermann Haack entwickelte die Produktlinie der Wandkarten auch über den Schulgebrauch hinaus weiter. Sowohl Haacks als auch zuvor schon Langhans' überzeugende Visualisierungen kolonialer Warenströme warben unmissverständlich für den Ausbau des Deutschen Kolonialreichs, kamen sie doch in einem gekonnt ins Bild gesetzten Großformat daher, dass das Geschäft mit kolonialen Gütern in aufgehübschter farbenprächtiger Manier präsentierte.[25] Bei all diesen zuletzt genannten Verlagsprodukten fällt auf, in welchem Umfang die neuen Karten mit großer Aufmerksamkeit für die visuellen Zusammenhänge gestaltet werden sollten.[26]

Karten machen in Gotha und das Wissen über Afrika – eine zweite Annäherung

Der Ruf des Perthes Verlags als Spezialverlag für Afrikakartografie verband sich, um hier eine lange Geschichte kurz zu machen, mit einem ausgeklügelten System

12 In der vorliegenden Skizze setze ich den Schwerpunkt auf die sogenannte Gothaer Verlagsproduktion, ungeachtet der Tatsache, dass sich in der Kartensammlung der Sammlung Perthes eine Fülle von Karten von Fremdverlagen befinden, die die Gothaer Kartografen für ihre eigenen Produkte nutzten. Überdies liegt ein Schwerpunkt meines Beitrags im Besonderen auf den Kartografien Nordostafrikas.

13 In Zahlen ausgedrückt umfasst die Sammlung – also die Überlieferung des Justus Perthes Verlags und seiner beiden Nachfolger, des VEB Hermann Haack und des Verlags Justus Perthes Darmstadt – drei große Bereiche: Diese betreffen die Kartensammlung von rund 185.000 Karten, die Verlagsbibliothek von 120.000 Bänden sowie das Verlagsarchiv mit rund 800 laufenden Metern Akten. Alle drei Bereiche sind eng aufeinander bezogen, insofern birgt die Sammlung einen überaus einzigartigen Überlieferungszusammenhang, den es für die Forschung fruchtbar zu machen gilt: Vgl. Weigel, Petra: Die Sammlung Perthes Gotha. Forschungsbibliothek Gotha. Berlin 2011.

14 Habenicht, Hermann/Domann, Bruno/Lüddecke, Richard: Spezial-Karte von Afrika im Maßstab von 1 : 4.000.000. Gotha 1885, Forschungsbibliothek Gotha, Sammlung Perthes Gotha, SPB lg2° 4010.00123. Online unter: https://nbn-resolving.org/urn:nbn:de:urmel-adfe0682-f123-45fe-9df3-0779b8706de67 (Stand: 10.6.2024).

15 Bodenstein, Wulf: „Hermann Habenicht's Spezialkarte von Afrika – A Unique Cartographic Record of African Exploration 1885–1892". In: Terrae Incognitae 44 (2012), S. 139–162.

16 Der Zusammenhang zwischen dem vielzitierten *Scramble for Africa* und der Gothaer Kartenproduktion gehört zu den Desideraten der Forschung, insofern sind die vorliegenden knappen Ausführungen als Einladung zu verstehen, dem Thema weiter nachzugehen. Anregend dazu aus der Geschichte der Afrikahistoriografie: Asiwaju, Anthony Ijaola: „The Conceptual Framework". In: Ders. (Hg.): Partitioned Africans. Ethnic Relations Across Africa's International Boundaries, 1884–1984. Lagos 1985, S. 1–18;

der Informationsbeschaffung. Sie beruhte auf einem nahezu global ausgreifenden Netzwerk an Korrespondenten und den dazugehörigen weit aufgefächerten Wissenspraktiken. Die Karten verknüpften sich dabei zum einen mit einer umfänglichen Sammlung zeitgenössischer Wissensbestände, die von Fachliteratur bis hin zu Tageszeitungen, Fahrplänen und Prospekten reichte. Dazu kamen zum anderen ausgedehnte Korrespondenzen mit zeitgenössischen Experten. Zu ihnen zählten neben Vertretern geografischer Gesellschaften und weiterer aufstrebender Spezialverlage auch die ersten an Universitäten beschäftigten Geografen, Geologen sowie die Vertreter anderer Wissenschaften. Hinzu kam der Austausch mit einer Vielzahl von *Men on the Spot*, mit Forschungsreisenden sowie mit all jenen, die sich, wie Missionare, Handelsleute oder Kolonialbeamte, mit ihrer Expertise, also den von ihnen im Feld erhobenen geografischen Daten, an den Verlag wandten, der diese seinerseits zu Karten verarbeitete. In der 1855 gegründeten hauseigenen Zeitschrift, den später nach ihrem ersten Herausgeber benannten *Petermanns geographische Mitteilungen* fanden all diese Expertisen ihren Ort. Schließlich war es ein Gütekriterium der Gothaer Kartenproduktion, dass die Mitteilungen stets die neuesten geografischen Forschungsergebnisse präsentierten, wie das einschlägige Vorwort im ersten Heft des Jahres 1855 werbewirksam festhielt.[27]

Gotha gehörte demnach neben London, Paris, Wien, St. Petersburg und New York für einige Zeit zu den veritablen *Hot Spots* geografischen Wissens, mithin zu den Orten der Wissensakkumulation. Und einen Brief oder bisweilen auch sogar nur eine Postkarte von welchem Weltteil auch immer ausgehend an „Justus Perthes Gotha, Germany" zu adressieren, war kein Wagnis. Für das wachsende Netz des Weltpostvereins war es offenbar ein Leichtes, wie zahlreiche Briefe und Postkarten in der Sammlung Perthes belegen, selbst spärlich adressierte Sendungen nach Gotha auszuliefern. Die so nur knapp evozierte Konjunktur zunehmender Globalität, und damit die seit dem letzten Drittel des 19. Jahrhunderts immer üblicher werdende Rede von Weltverkehr, war dabei stets mit dem kolonialen Projekt der Europäer eng verknüpft.

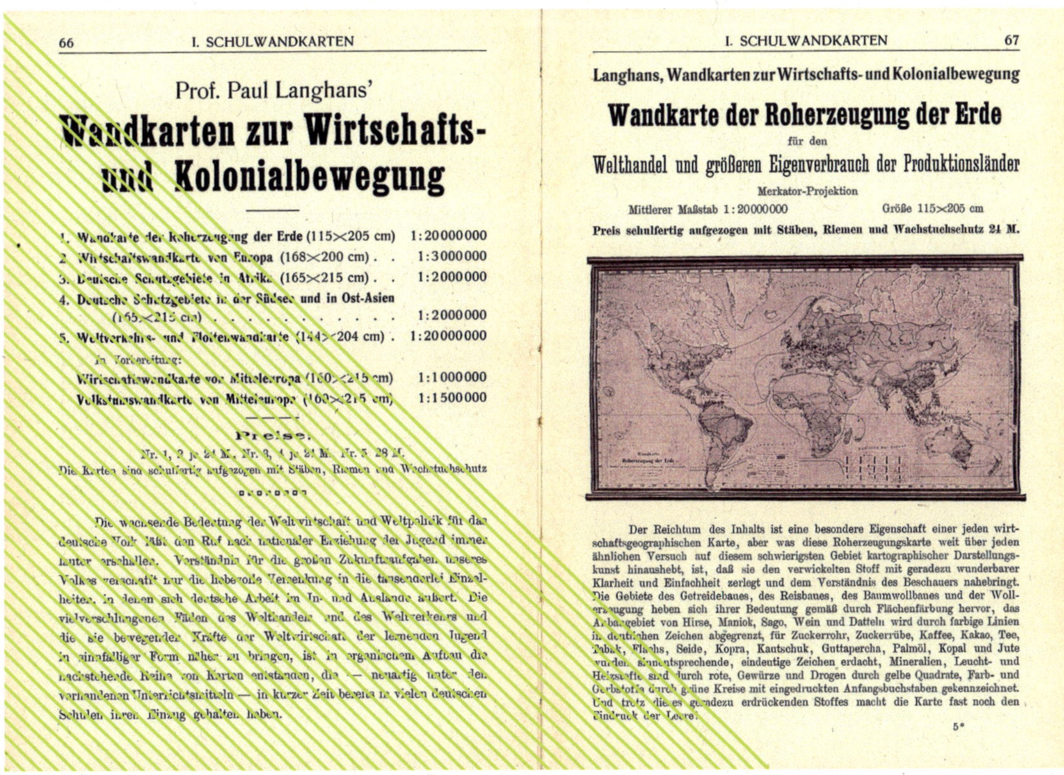

66 I. SCHULWANDKARTEN

Prof. Paul Langhans'

Wandkarten zur Wirtschafts- und Kolonialbewegung

1. Wandkarte der Roherzeugung der Erde (115×205 cm) 1:20000000
2. Wirtschaftswandkarte von Europa (168×200 cm) . . 1:3000000
3. Deutsche Schutzgebiete in Afrika (165×215 cm) . . 1:2000000
4. Deutsche Schutzgebiete in der Südsee und in Ost-Asien (165×215 cm) 1:2000000
5. Weltverkehrs- und Flottenwandkarte (144×204 cm) . 1:20000000

In Vorbereitung:

Wirtschaftswandkarte von Mitteleuropa (160×215 cm) 1:1000000
Volkstumswandkarte von Mitteleuropa (160×215 cm) 1:1500000

Preise:

Nr. 1, 2 je 24 M., Nr. 3, 4 je 24 M., Nr. 5 28 M.
Die Karten sind schulfertig aufgezogen mit Stäben, Riemen und Wachstuchschutz

Die wachsende Bedeutung der Weltwirtschaft und Weltpolitik für das deutsche Volk läßt den Ruf nach nationaler Erziehung der Jugend immer lauter erschallen. Verständnis für die großen Zukunftsaufgaben unseres Volkes verschafft nur die liebevolle Versenkung in die tausenderlei Einzelheiten, in denen sich deutsche Arbeit im In- und Auslande äußert. Die vielverschlungenen Fäden des Welthandels und des Weltverkehrs und die sie bewegenden Kräfte der Weltwirtschaft der lernenden Jugend in sinnfälliger Form näher zu bringen, ist in organischem Aufbau die nachstehende Reihe von Karten entstanden, die — neuartig unter den vorhandenen Unterrichtsmitteln — in kurzer Zeit bereits in vielen deutschen Schulen ihren Einzug gehalten haben.

I. SCHULWANDKARTEN 67

Langhans, Wandkarten zur Wirtschafts- und Kolonialbewegung

Wandkarte der Roherzeugung der Erde

für den

Welthandel und größeren Eigenverbrauch der Produktionsländer

Merkator-Projektion

Mittlerer Maßstab 1:20000000 Größe 115×205 cm

Preis schulfertig aufgezogen mit Stäben, Riemen und Wachstuchschutz 24 M.

Der Reichtum des Inhalts ist eine besondere Eigenschaft einer jeden wirtschaftsgeographischen Karte, aber was diese Roherzeugungskarte weit über jeden ähnlichen Versuch auf diesem schwierigsten Gebiet kartographischer Darstellungskunst hinaushebt, ist, daß sie den verwickelten Stoff mit geradezu wunderbarer Klarheit und Einfachheit zerlegt und dem Verständnis des Beschauers nahebringt. Die Gebiete des Getreidebaues, des Reisbaues, des Baumwollbaues und der Wollerzeugung heben sich ihrer Bedeutung gemäß durch Flächenfärbung hervor, das Anbaugebiet von Hirse, Maniok, Sago, Wein und Datteln wird durch farbige Linien in deutlichen Zeichen abgegrenzt, für Zuckerrohr, Zuckerrübe, Kaffee, Kakao, Tee, Tabak, Flachs, Seide, Kopra, Kautschuk, Guttapercha, Palmöl, Kopal und Jute wurden sinnentsprechende, eindeutige Zeichen erdacht, Mineralien, Leucht- und Heizstoffe sind durch rote, Gewürze und Drogen durch gelbe Quadrate, Farb- und Gerbstoffe durch grüne Kreise mit eingedruckten Anfangsbuchstaben gekennzeichnet. Und trotz dieses geradezu erdrückenden Stoffes macht die Karte fast noch den Eindruck der Leere!

5*

| **Abb. 2** | *Prof. Paul Langhans' Wandkarten zur Wirtschafts- und Kolonialbewegung.* In: Justus Perthes Gotha, Wandkarten, Atlanten, Bücher und Zeitschriften für den geographischen Unterricht, für Lehrer und Lernende. Gotha 1913, S. 66–67.

für einen auf die deutsche Perspektive beschränkten Ansatz: Hafeneder, Rudolf: Deutsche Kolonialkartographie, 1884–1915. Euskirchen 2008.

17 Vgl. dazu Bodenstein: Hermann Habenicht's Spezialkarte, der auch auf die in der Sammlung Perthes vorhandenen Sammlungen von Rezensionen und auf das im Archiv überlieferte Auslieferungsbuch hinweist.

18 Die Gothaer Kartografen selbst waren sich der immensen maßstäblichen Verkleinerung bewusst, vgl. dazu Haack, Hermann: „Der Kartenmaßstab. Erläuterungen für Laien". In: Haupt-Katalog von Justus Perthes Gotha, Geographische Anstalt und Verlagsbuchhandlung. Gotha 1915, Anhang.

19 Siehe dazu die Überlegungen bei Schröder, Iris/Höhler, Sabine: „Welt-Räume: Annäherungen an eine Geschichte der Globalität im 20. Jahrhundert". In: Dies (Hg.): Welt-Räume. Geschichte, Geographie und Globalisierung seit 1900. Frankfurt a. M. 2005, S. 9–47, S. 31–36.

20 Wie ungleich und brüchig die europäische Herrschaft über Afrika war, haben Afrikahistoriker wie Joseph Ki-Zerbo stets betont, vgl. Ki-Zerbo, Joseph: Histoire de l'Afrique noire [1978]: dt.: Die Geschichte Schwarz-Afrikas. Frankfurt a. M. 1992, S. 450. Die Landnahme erfolgte zunächst auf dem Papier, doch auch später dominierten vor Ort meist von Gewalthaftigkeit getragene „Inseln von Herrschaft". Vgl. Pesek, Michael: Koloniale Herrschaft in Deutsch-Ostafrika. Expeditionen, Militär und Verwaltung seit 1880. Frankfurt a. M. 2005.

21 Vgl. Demhardt, Imre Josef: Die Entschleierung Afrikas. Deutsche Kartenbeiträge von August Petermann bis zum Kolonialkartographischen Institut. Gotha 2000, S. 46, 65–73.

22 Eine genauere Auswertung der Zeitschriften gehört ebenfalls zu den Desideraten der Forschung. Vgl. daher nur beispielhaft Ratzel, Friedrich: „Entwurf einer neuen politischen Karte von Afrika, nebst einigen allgemeinen Bemerkungen über die Grundsätze der politischen Geographie". In: Dr. A. Petermann's Mitteilungen aus Justus Perthes' Geographischer Anstalt 31 (1885), S. 245–250;

Schließlich waren es genau jene Infrastrukturen, die nicht nur den Verkehr befördern sollten, sondern auch den Welthandel, der sich erheblich mit dem von zahlreichen Machtasymmetrien durchzogenen Freihandelsimperialismus verschränkte.[28]

Der Befund, dass weite Teile der Gothaer Kartenproduktion auf genau diesen Infrastrukturen beruhten, ist nicht zu unterschätzen. Dessen ungeachtet aber stellt sich die Frage, welches Wissen in diesen Zusammenhängen nach Gotha gelangte. Wie schon ein erster Blick in das Verlagsarchiv zeigt, bergen die in Gotha überlieferten Korrespondenzen mit den zahlreichen *Men on the Spot* – und es waren in der Tat in erster Linie Männer – auch einen privilegierten Zugang zu lokalem Wissen |**Abb. 3**|. Dieses fand als zumeist ko-konstruiertes Wissen in den Briefen seinen Niederschlag, schließlich waren die vor Ort reisenden Europäer beständig auf ihre lokalen Informanten angewiesen, die ihnen als *Partner Researchers* dienten.[29] Diese Angewiesenheit auf lokale Informanten, auf lokale Gelehrte und Wegbegleiter sowie deren Wissen galt für europäische Reisende sowohl in Zeiten vor als auch während der

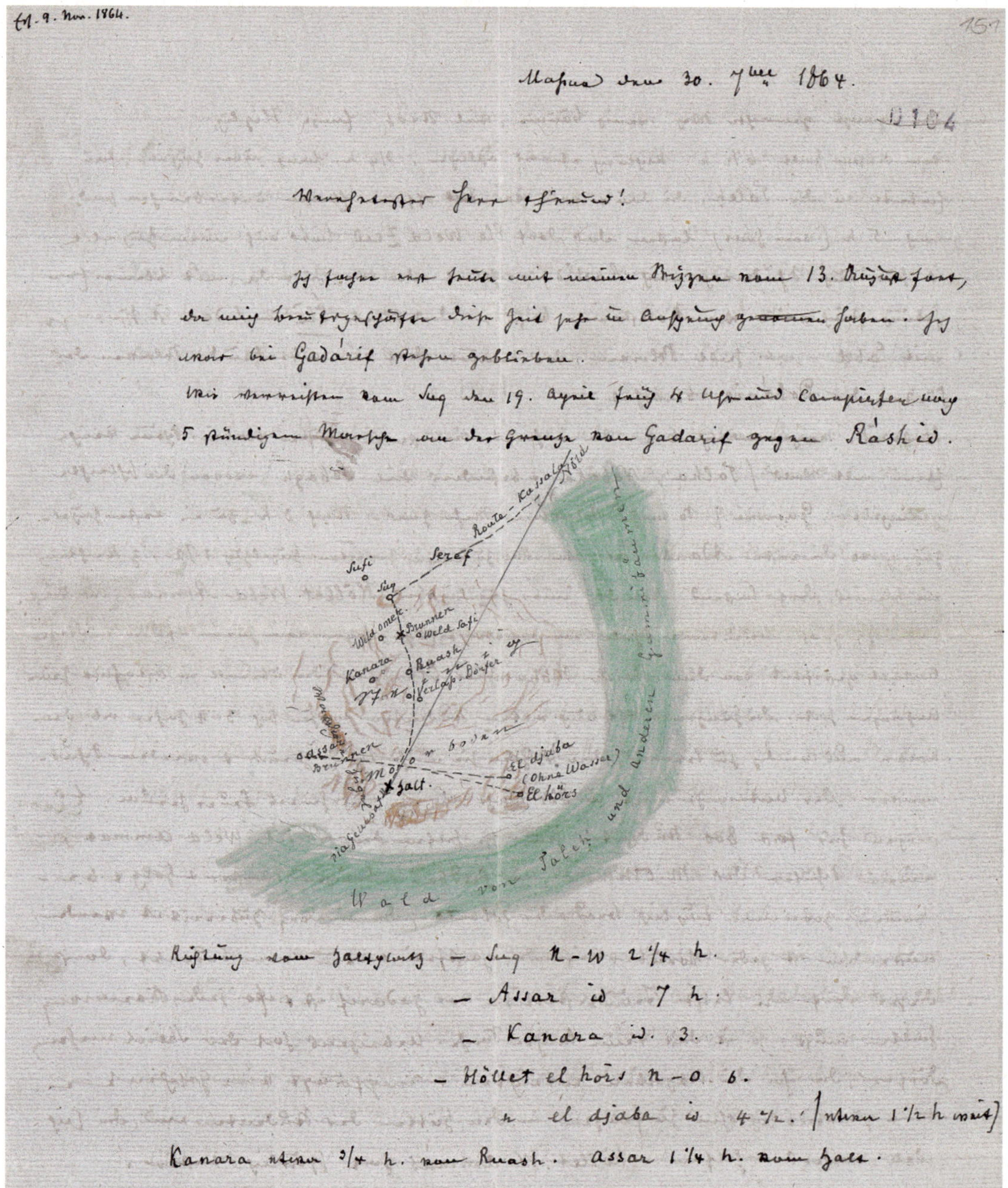

|**Abb. 3**| Brief von Werner Munzinger an August Petermann
Forschungsbibliothek Gotha, Sammlung Perthes Gotha, SPA ARCH PGM 072/01, Blatt 151.

Hahn, Friedrich Gustav: „Deutschlands Anteil an der Afrikaforschung“. In: Deutsche Erde 5 (1906), S. 202–206.

23 Langhans, Paul: Politisch-militärische Karte von Süd-Afrika. Zur Veranschaulichung der Kämpfe zwischen Buren und Engländern bis zur Gegenwart. Gotha 1899, Forschungsbibliothek Gotha, Sammlung Perthes Gotha, SPA 2° 00718. Online unter: https://nbn-resolving.org/urn:nbn:de:urmel-2f315412-ef60-4925-aae2-b0fe50d1f1e38 (Stand: 10.6.2024) sowie Ders., Politisch-militärische Karte von Ost-Asien zur Veranschaulichung der Kämpfe in China, Korea und Japan bis zur Gegenwart. Mit statistischen Begleitworten. Gotha 1900, Forschungsbibliothek Gotha, Sammlung Perthes Gotha, SPA 2° 00192. Online unter: https://nbn-resolving.org/urn:nbn:de:urmel-124c0f27-744b-454d-90e4-c019b378fca31 (Stand: 10.6.2024).

24 Vgl. Haupt-Katalog, 1915, u.a. S. 60, S. 138, 151, sowie Meyer, Kartographie, S. 135–140.

25 Dazu grundlegend: Brogiato, Heinz Peter: Wissen ist Macht – Geographisches Wissen ist Weltmacht. Die schulgeographischen Zeitschriften im deutschsprachigen Raum (1880–1945) unter besonderer Berücksichtigung des Geographischen Anzeigers. Trier 1998. Analysen zu all diesen Produktlinien stehen aus – vor allem die Frage, wie wirtschaftliche Planszenarien kartografisch umgesetzt werden sollten, ist ein Desiderat.

26 Vgl. Meyer, Kartographie, S. 128–134, der auch Haacks „ausgeprägtes Gespür für Visualität“ betont (S. 134).

27 Vgl. Petermann, August: „Vorwort“. In: Mittheilungen aus Justus Perthes' Geographischer Anstalt über wichtige neue Erforschungen auf dem Gesammtgebiete der Geographie 1 (1855), S. 1–2. Zu den Gothaer Verfahren der Kartenherstellung vgl. die Beiträge in: Siegel, Steffen/Weigel, Petra (Hg.): Die Werkstatt des Kartographen. Materialien und Praktiken visueller Welterzeugung. München u. a. 2011.

28 Zu den Voraussetzungen, die all dies ermöglichten, zu den Wellen zunehmender Globalität, den wachsenden globalen Infrastrukturen und den Formen inter-

oftmals gewaltvollen kolonialen Eroberung. Und so kam lokales Wissen auch in Bezug auf jene Territorien zur Sprache, denen es, wie dem Reich des Mahdi in den 1880er Jahren oder dem imperial immer weiter ausgreifende Kaiserreich Äthiopien unter Menelik II., gelang, eigene Machtansprüche gegenüber den Europäern (zumindest zeitweilig) zu verteidigen.[30]

Entsprechend ist es ein erstes Gütekriterium der Gothaer Überlieferung, dass sich in den dazugehörigen umfänglichen Korrespondenzen zahlreiche Spuren lokalen Wissens finden, die sich auf die politischen Gemengelagen vor Ort beziehen.[31] In den Briefen aus dem Feld waren die politischen Verhältnisse Nordostafrikas nachvollziehbar, wurden beständig dokumentiert und gedeutet, und nicht nur, wenn zunächst geplante Reiserouten verwehrt wurden. Lokale Herrschaftsbereiche, politische Grenzen aber auch Unruhen, gewaltvolle Auseinandersetzungen und Kriege, die die Freizügigkeit der Europäer vor Ort bisweilen erheblich beschränkten, avancierten fortlaufend zu mitteilungswürdigen Gegenständen des Austauschs zwischen Reisenden und Kartografen. In Teilen zumindest wurden sie über die *Geographischen Mitteilungen* einem breiteren Publikum bekannt gemacht sowie, ebenfalls in Teilen, in Karten visualisiert |**Abb. 4**|.[32] Überdies gaben die Briefe neben den politischen Verhältnissen bisweilen ausgiebig Auskunft über soziale und ökologische Zusammenhänge: Das Vorkommen und die Verbreitung von Pflanzen und Tieren, die Bedeutung der Hydrografie, der Verlauf von Flüssen, sowie die Existenz von Wasservorkommen überhaupt gehörten damit ebenfalls zu den als berichtenswert erachteten Dingen |**Abb. 5**|. Alles in allem fällt mit Blick auf die Karten geradezu unmittelbar ins Auge, in welchem Umfang der hier gezeichnete afrikanische Kontinent der Vorstellung eines imaginären menschenleeren Raums diametral entgegenstand, die ein Großteil der Kolonialenthusiasten so werbewirksam zu verbreiten versucht hatte.[33]

Es gibt also womöglich eine Differenz zwischen jenem Wissen, das sich als kolonial gewinnbringend einsetzen ließ, und jenem, das im Falle der Gothaer Kartenproduktion zunächst geradezu um seiner selbst willen in Briefen aus dem Feld aufgegriffen und dann später kartiert werden sollte.[34] Demzufolge bleibt hier der ambivalente Befund festzuhalten, dass die zeitgenössisch vieldiskutierten Anfänge der gewaltvollen kolonialen Eroberung durch das afrikanische Raumwissen, das die Gothaer Kartografen in ihren Karten präsentierten, nicht uneingeschränkt befördert, sondern stattdessen vielmehr verkompliziert werden sollten. Denn dass es sich im Falle Afrikas um ein von jeglichen politischen Herrschaftsansprüchen freies Territorium handeln könnte, zeigten die Gothaer Karten nicht. Und auch die bereits erwähnte 10-Blatt Spezial-Karte von Afrika war hier keine Ausnahme, wie Fesseha Berhe Gebregergis überzeugend argumentiert.[35] Diesen ersten Befund gilt es weiter zu beforschen. Schließlich sollten sich mit der wachsenden europäischen Präsenz vor Ort und den dazugehörigen stark expandierenden Besitzansprüchen, die vorrangig aus der Ferne erhoben wurden, auch die Gothaer Karten verändern. Kolonialkartografie war auch für die Gothaer Kartenmacher offenbar eine zu einträgliche Sache, um sie anderen Kartenverlagen vollständig zu überlassen.[36] Dies zeigt schon ein flüchtiger Blick in den ersten 1915 in Gotha publizierten Hauptkatalog des Verlags, der genauer zu untersuchen sein dürfte.[37]

Wissen dekolonisieren? Kolonialkartografien, Afrikakarten als Ko-Produktionen von Wissen und weitere Ansätze, die Gothaer Überlieferung neu zu lesen

Es besteht kein Zweifel, dass laufende Forschungen zur Sammlung Perthes in ihrer engen Verschränkung mit den Archiven des Kolonialismus eine Fülle an produktiven Einsichten für das koloniale Erbe Thüringens hervorbringen. Schließlich war das Geschäft mit dem Kolonialismus auch für die Gothaer Kartenmacher profitabel,

nationaler Organisationen, soll hier nur der kurze Hinweis auf den Weltpostverein genügen. Der Verlag seinerseits hatte auch an dieser Konjunktur Teil, indem er u.a. eine Karte des Weltverkehrs, die „Chart of the World" in Umlauf brachte, die genau diese Konjunktur des Freihandelsimperialismus visualisierte, vgl. dazu Schröder, Iris: „Eine Weltkarte aus der Provinz. Die Gothaer Chart of the World und die Karriere eines globalen Bestsellers". In: Historische Anthropologie 25 (2017), S. 353–376; Siegel, Steffen/Weigel, Petra: „Der ‚Mercatorgeist' des 19. Jahrhunderts. Reflexionen der globalen Ordnung in Hermann Berghaus' ‚Chart of the World' (1863–1924)". In: Ute Schneider/Stefan Brakensiek (Hg.): Gerhard Mercator. Wissenschaft und Wissenstransfer. Darmstadt 2015, S. 197–230.

29 Vgl. dazu die Überlegungen von Feierabend, Albert: „Von ‚Kollaborateuren' zu ‚intermediaries'. Zur Forschung über die außereuropäische Kooperation in kolonialen Kontexten". In: Geschichte und Gesellschaft 48 (2022), S. 649–674.

30 Vgl. Donham, Donald Lewis/James, Wendy (Hg.): The Southern Marches of Imperial Ethiopia. Essays in History and Social Anthropology. Oxford 2002.

31 Vgl. beispielhaft Munzinger, Werner: „Abessinien". In: Mittheilungen aus Justus Perthes' Geographischer Anstalt über wichtige neue Erforschungen auf dem Gesammtgebiete der Geographie 13 (1867), S. 397–413.

32 Vgl. beispielhaft Hassenstein, Bruno: Der Kriegsschauplatz im Aegyptischen Sudan, 1883 & 1884 Gotha 1884. Forschungsbibliothek Gotha, Sammlung Perthes Gotha, SPA 4° 00415 (35). Online unter: https://nbn-resolving.org/urn:nbn:de:urmel-2d22bbbf-f175-421d-b5b5-609-decd905275 (Stand: 10.6.2024).

33 Vgl. beispielhaft dazu Menges, Josef: „Itinerar-Aufnahmen im ägyptisch-abessinischen Grenzgebiet". In: Dr. A. Petermann's Mitteilungen aus Justus Perthes' Geographischer Anstalt 30 (1884), Tafel 8 sowie ders.: „Jagdzug nach dem Mareb und obern Chor Baraka, März und April 1881". In: Ebd., S. 162–169; vgl. ferner kritisch zu den Annahmen eines

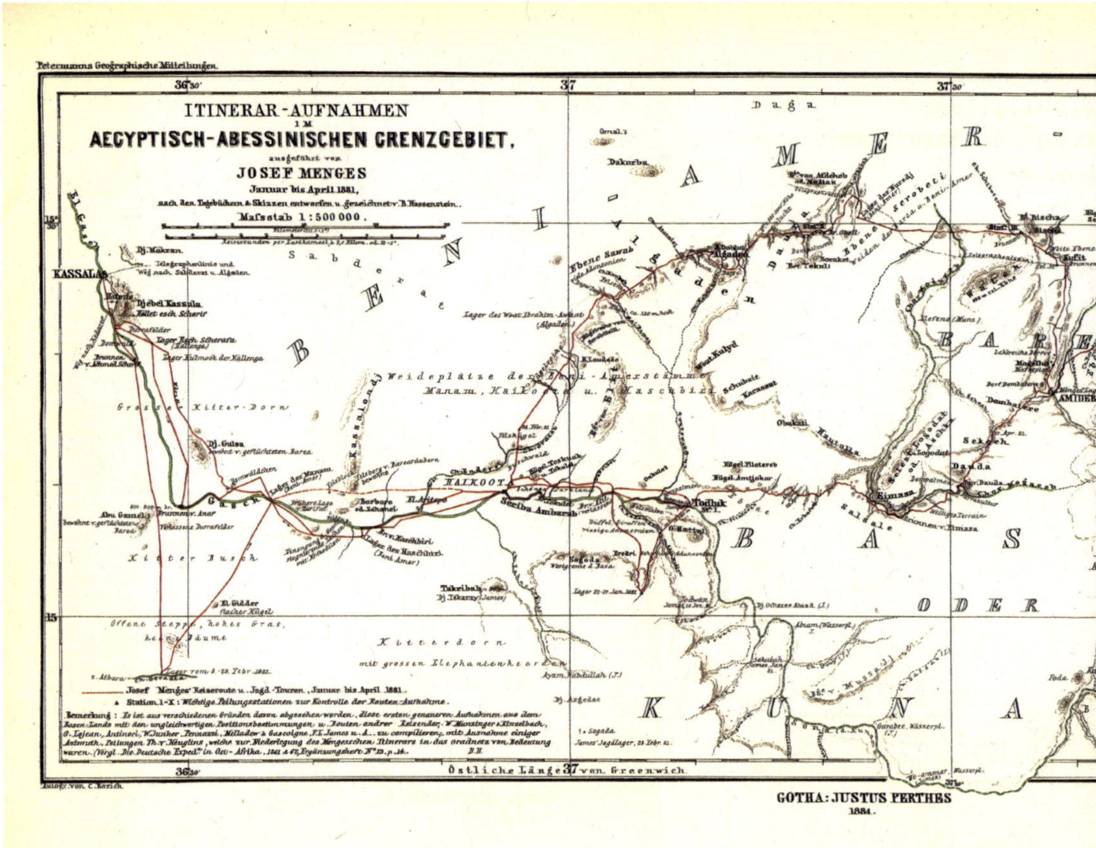

|**Abb. 4+5**| Josef Menges/Bruno Hassenstein: „Itinerar-Aufnahmen im Aegyptisch-Abessinischen Grenzgebiet", 47×19 cm. In: Dr. A. Petermann's Mitteilungen aus Justus Perthes' Geographischer Anstalt 30 (1884), Tafel 8

Forschungsbibliothek Gotha, Sammlung Perthes Gotha, SPA 4° 00100 (030).

wie schon erste Stichproben in den überlieferten Geschäftsbüchern des Verlags nahelegen. Unübersehbar ist, dass Kolonialkartografie auch im Gothaer Fall zeitlich weit über das vergleichsweise abrupte Ende der Kolonialherrschaft des Deutschen Reiches hinausreichte: Kolonialrevisionismus war in Gotha jedenfalls das Gebot der Stunde.[38] Wie weit dieser Kolonialrevisionismus jedoch trug, wie er sich in Karten artikulierte und inwieweit er die Kartenproduktion der Nachkriegszeit und auch deren Rezeption bis in die 1930er Jahre hinein bestimmte, muss an dieser Stelle offenbleiben.[39]

Die Liste weiterer Forschungsdesiderate ist lang. Fest steht zunächst, dass der Ansatz, Karten als Medien kolonialen Wissens zu lesen, mit Blick auf die Sammlung Perthes vielversprechend sein dürfte, vor allem was die Kartenproduktion seit Beginn des 20. Jahrhunderts anbelangt. Für das 19. Jahrhundert, so scheint es, sind die Befunde ambivalenter: Zu offensichtlich ist es, dass die Gothaer Karten auf vor Ort ko-produzierten Wissensbeständen beruhten, die sich nicht immer unmittelbar mit kolonialen Belangen verknüpften. Diese genuin transkulturell zu verstehende Dimension des Gothaer Kartenbestands gilt es anzuerkennen, und das auch in ihren unterschiedlichen Bearbeitungsstufen, ihren Vereindeutigungen und programmatischen Verengungen, die sich in das Kartenmaterial im Laufe der nachfolgenden Jahrzehnte einschreiben sollten.[40] Die inzwischen in der Forschung vielzitierten „verborgenen Geschichten der Exploration" sind hierbei ebenso einzubeziehen wie vor allem auch die der vielen bislang freilich meist namenlosen Akteur:innen vor Ort.[41] Die dazugehörigen Mikrogeschichten des jeweiligen Felds dürften es gleichwohl erlauben, Karten in ein neues Licht zu rücken: als Artefakte einer in ihrer engen Verflechtung oft unterschätzten relationalen Wissensgeschichte zwischen Afrika und Europa.[42]

menschenleeren Kontinents die knappe editorische Notiz August Petermanns, die den Artikel von Werner Munzinger rahmt, Munzinger: Abessinien, S. 397. Vgl. für das Gegenmodell eines menschenleer gedachten Kontinents: Fisch, Jörg: „Africa as ‚terra nullius'. The Berlin Conference and International Law". In: Stig Förster (Hg.): Bismarck, Europe and Africa. The Berlin Africa Conference 1884–1885 and the Onset of Partition. Oxford u. a. 1988, S. 347–376.

34 Knecht, Michi: „Vor Ort ‚im Feld?' Zur Kritik und Reakzentuierung des Lokalen als europäisch-ethnologischer Schlüsselkategorie". In: Österreichische Zeitschrift für Volkskunde 113 (2010), S. 23–49.

35 Vgl. Fesseha Berhe Gebregergis: The Depiction of the Peoples of Abyssinia and Adjacent Regions in Hermann Habenicht's Spezialkarte von Afrika, in dem hier vorliegenden Band.

36 Für eine unstrittig koloniales Wissen propagierende Karte vgl. Peters, Carl: „Werthschätzungs-Karte des Deutsch-ostafrikanischen Schutzgebietes". gez. von Otto Herkt. München 1895 sowie den dazugehörigen Essay: Schröder, Iris: „Carl Peters, die Geowissenschaften und der Versuch, den Wert der Kolonie Deutsch-Ost-Afrikas zu kartieren". In: Daniel Burckhardt/Thomas Meyer/Claudia Prinz (Hg.): „…nur darf das Ganze keine zusätzliche Arbeit hervorrufen" – Unermüdlichkeit und Digitalisierung. Festschrift für Rüdiger Hohls, Online-Publikation 2021. Online unter: https://www2.hu-berlin.de/festschrift-ruediger-hohls/beitrag/schroeder-carl-peters/ (Stand: 15.5.2024).

37 Vgl. Haupt-Katalog 1915.

38 Vgl. den als programmatischen Auftakt zu verstehenden Text von Marquardsen, Hugo: „Das Schicksal der deutschen Kolonien". In: Dr. A. Petermann's Mitteilungen aus Justus Perthes' Geographischer Anstalt 66 (1920), S. 21–23 sowie für weiterführende Thesen zu den verlagsinternen Klassifikationen, die den ehemaligen Kolonialbesitz als solchen hervorheben, Weigel: Koloniale Kontexte, Ms., S. 4–5.

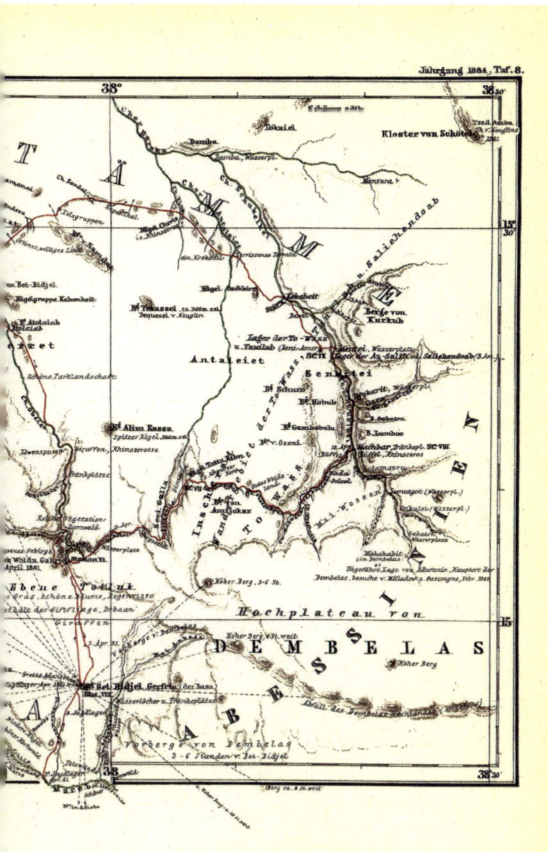

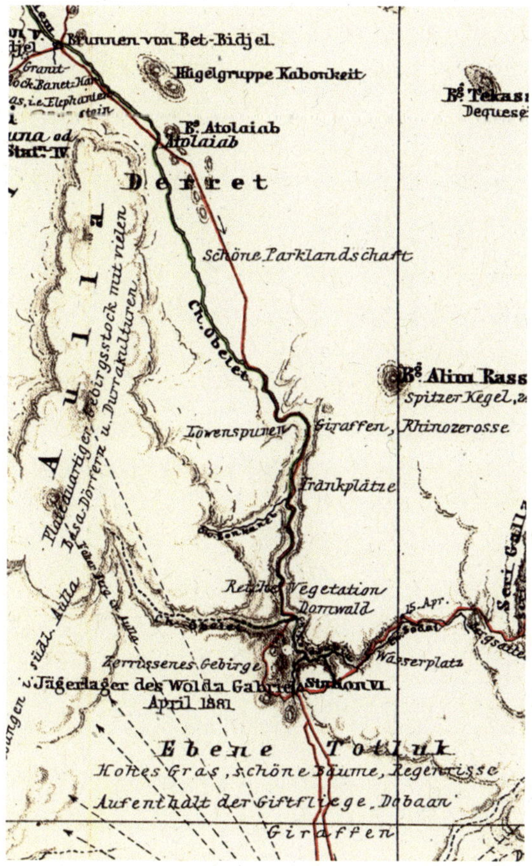

Das weiterreichende Projekt einer umfassenden Dekolonisierung von Kartenwissen ist damit nicht erschöpft: Weitere Zugänge könnten darin bestehen, Karten noch expliziter als bisher zumeist geschehen, mit afrikanischem Raumwissen zu konfrontieren, um beispielsweise genuin andere Vorstellungen politischer Grenzen und Grenzzonen auszumachen.[43] Denkbar ist ferner, Karten im Zeitalter der Dekolonisation genauer zu untersuchen. Hierzu gehören auch jene Werke, die die jeweiligen Nationalbewegungen nicht erst in der Zeit nach dem Zweiten Weltkrieg, sondern schon weit davor ihrerseits medial bekräftigen sollten.[44]

Vor diesem Hintergrund ist der Ansatz, das Wissen in der Sammlung Perthes als Wissen in kolonialen Kontexten zu begreifen, auch als Teil einer umfassenden Auseinandersetzung über die Möglichkeiten kultureller, wissensbezogener Dekolonisation zu verstehen. Schließlich gilt es die Archive des Kolonialismus nicht weiter zu vervollständigen und fortzuschreiben, sondern sie gegen den Strich zu lesen.

39 Vgl. für einen ersten Eindruck beispielhaft Eckert, Max: Die Kartenwissenschaft. Forschungen und Grundlagen zu einer Kartographie als Wissenschaft. 2 Bde. Leipzig/Berlin 1921–1925, Bd. 1, S. 247–248.

40 Insofern ist auch in Sachen Kartografie der Aufforderung James Cliffords zu folgen, der mit Blick auf das späte 20. Jahrhunderts zeigt, wie eng Reisepraktiken mit Dimensionen von Transkulturalität und Übersetzungspraktiken verschränkt sind, vgl.: Clifford, James: Routes. Travel and Translation in the Late Twentieth Century. Cambridge u. a. 1997.

41 Driver, Felix/Jones, Lowri: Hidden Histories of Exploration: Researching the RGS-IGB Collections. London 2009.

42 In eine solche Richtung weist das derzeit von der Gerda Henkel Stiftung geförderte Forschungsprojekt „Geographie und Politik zwischen Nordostafrika und Europa“, das ein differenzierteres Verständnis europäisch-afrikanischen Raumwissens zu entwickeln und damit den Zugang zu einer relationalen Geschichtsschreibung zwischen Afrika und Europa zu profilieren sucht, Hinweise hierzu online unter: https://www.uni-erfurt.de/forschungskolleg-transkulturelle-studien/forschung/forschungsprojekte/ drittmittel-projekte-und-verbundvorhaben/geographie-und-politik-zwischen-nordostafrika-und-europa (Stand: 15.5.2024).

43 Vgl. für ein solches Vorgehen den Blogbeitrag von Samuel Kidane Haile: „Milash as a Border-Marking Concept in the Setting of the Geohistory of Northern Ethiopia: The Case of Mereb-Milash“. In: Mapping Africa and Asia. Online unter: https://doi.org/10.58079/vrp4 (Stand: 15.5.2024).

44 Vgl. die klassische Studie von Winichakul, Thongchai: Siam Mapped: A History of the Geo-Body of a Nation. Honolulu 1994 sowie daran anknüpfend Dym, Jordana: „Democratizing the Map: The Geo-Body and National Cartography in Guatemala, 1821–2010“. In: James R. Akerman (Hg.): Decolonizing the Map: Cartography from Colony to Nation. Chicago, IL u. a. 2017, S. 160–204.

2.5

FESSEHA BERHE GEBREGERGIS

The Depiction of the Peoples of Abyssinia and Adjacent Regions in Hermann Habenicht's *Special Map of Africa*

Introduction

The nineteenth century was a major cartographic watershed for Africa. Previously, European maps of the continent had revealed little about its interior. While Abyssinia was the exception that proved the rule, cartographic knowledge about it during this period was not always accurate and the characterization of certain peoples in the region was replete with stereotypes. This began to change in the nineteenth century, when European interest in and knowledge about Africa grew exponentially. European cartography of Africa underwent a concomitant boom, which was linked to a new development – increasing European exploration of Africa, which paved the way for the continent's colonization by the European powers.

This article analyses references to and the characterization of the peoples of Abyssinia in nineteenth-century European cartography published during this period of heightened European interest in Africa. The map selected for this study is the "Special Map of Africa" (*Spezial-Karte von Afrika*)[1] published in Gotha by the Justus Perthes publishing house in three editions between 1885 and 1893.

I examine how the peoples of Abyssinia[2] and the adjacent regions are depicted in this cartographic material and seek to establish whether this was distinguishable from the portrayal of the rest of Sub-Saharan Africa. I also investigate what data (whose knowledge or non-knowledge) were incorporated into the map. The European cartography of Africa in the nineteenth century, I argue, became an instrument used by colonial powers to establish their dominance over the continent. In line with this, I scrutinize whether, in the context of colonialism, the map was used to reinforce Europeans' notions of superiority and justify their subjugation of the peoples of this part of Africa.

Hermann Habenicht's *Special Map of Africa*, 1885–1893

Justus Perthes, one of the leading publishers in the field of "explorative cartography",[3] resolved to produce a large map of Africa by the end of 1884. This plan was realized with the publication of the first part of the *Special Map of Africa* in 1885 |**Fig. 1**| and a complete ten-sheet wall map |**Fig. 2**| "by April 1886, less than a year and a half after the launch of the project – a major achievement by any standards of the time and testament to the capabilities of the cartographic enterprise in Gotha",[4] with two supplements being added to the first edition in April 1886.

It was no coincidence that the publishing house embarked on such a major project at this time: it marked its centennial in September 1885.[5] During a period of growth in the publishing field, Justus Perthes also used this opportunity to attract public attention, enhance its commercial appeal and increase its market share.

1 My profound thanks to the Gerda Henkel Foundation for sponsoring my stay at the Forschungskolleg Transkulturelle Studien/Sammlung Perthes, Universität Erfurt under the Res-ScholarGE initiative. I am deeply grateful to Professor Wolbert Smidt for making me part of the initiative and to Prof. Dr. Iris Schröder for hosting me at the Centre. I would also like to thank them for their valuable input into the draft of the present paper and their all-round support. My sincere thanks to Dominic Keyßner, Forschungskolleg Transkulturelle Studien/Sammlung Perthes, Universität Erfurt, for helping me locate the three editions of the map and prepare the images for publication. I also thank Prof. Dr. Kim Siebenhüner and Prof. Dr. Christiane Kuller for their comments on the draft of the essay, the editors for translating the online version of the text into German and for their overall support, and Alex Skinner for the English proofreading.

2 Although the official self-denomination of the Christian State in the Ethiopian highlands was *Ityop'ya*/Ethiopia (from Greek *Aithiopia*), in nineteenth-century political geography Europeans consistently called this state Abyssinia, which is why the term is used in this article. The term Abyssinia is derived from the older self-denomination of the northern Ethiopian Aksumite kingdom, which was *ard Habashat wa Aksuman*, then called *al-Habasha* in Arabic, from which the terms *Habassia*, *Habessinia*, then Abyssinia were derived (See Smidt, G.C. Wolbert: "The Term Ḥabäša: An Ancient Ethnonym of the 'Abyssinian Highlanders'". In: Hatem Elliesie [ed.]: Multidisciplinary Views on the Horn of Africa. Cologne 2014, p. 37–69).

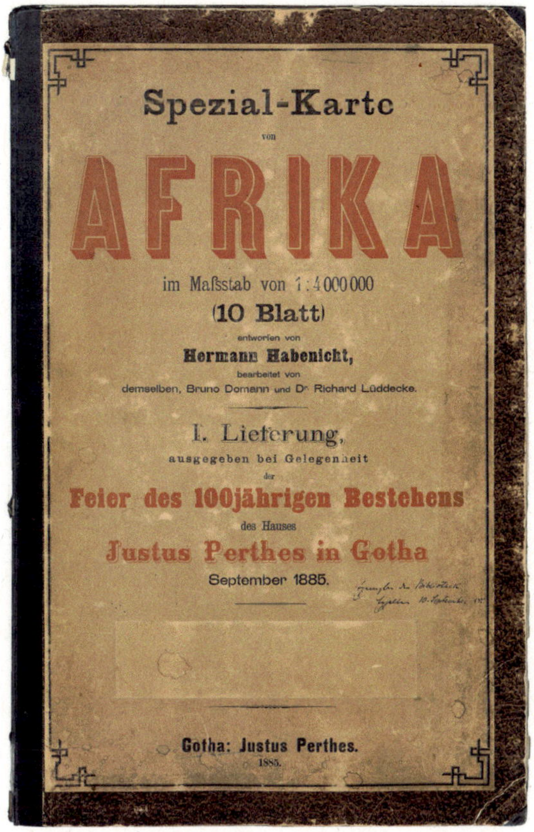

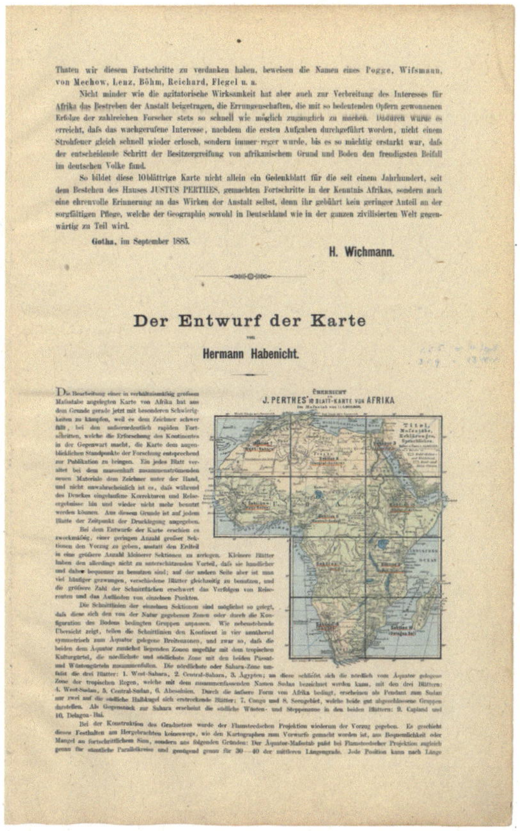

|**Fig. 1+2**| Habenicht, Hermann/Domann, Bruno/Lüddecke, Richard: *Spezial-Karte von Afrika* im Maßstab 1:4.000.000 (10 Blatt). Gotha 1885
Forschungsbibliothek Gotha, Sammlung Perthes, SPB lg2° 4010.00123.

The conception and publication of this cartographic material was also bound up with the growing European colonial interest in Africa. European powers' race for colonial possessions, commonly referred to as the "Scramble for Africa", reached its climax with the occupation of Egypt by Britain in 1882 and the growing interest of King Leopold II (1835–1909), ruler of Belgium from 1865 to 1909, in the Congo Basin. The Berlin Congo Conference of 1884/85 was therefore convened in the hope of quickly de-escalating the conflict brewing among the European powers due to their intensifying colonial rivalry, which also drove the growing demand for up-to-date maps of Africa, including Justus Perthes' *Special Map of Africa*.[6]

The map went through three editions, the last of which was printed in 1893. Each section of the *Special Map* measures 49 cm in width and 62 cm in length and bears the name of its author as well as the place and date of publication. The map features an elaborate legend and a large-scale ratio (1:4,000,000). It is accompanied by detailed notes that describe "how the map was compiled and [list] the sources used."[7]

The full title of the *Special Map of Africa*[8] reveals that it was designed and drawn mainly by Hermann Habenicht. Born in Gotha on 3 March 1844, Habenicht joined the Justus Perthes publishing house as an apprentice in 1859, studying under eminent cartographer August Heinrich Petermann (1822–1878). After the death of his mentor Petermann in 1878, he began to independently initiate and design maps and atlases, including the map in question here. Habenicht worked at Justus Perthes for 55 years, before retiring in 1914 at the age of 70.[9] He died on 30 March 1917 in Gotha, where he is buried.

Habenicht and his colleagues created the *Special Map of Africa* based on a guideline he had drawn up for the selection of sources from the many available to them.[10] The present article focuses on the sixth section of this ten-sheet wall map

3 Demhardt, Imre Josef: "Exploration in the Nineteenth Century". In: Terrae Incognitae 44(2) (September 2012), p. 85–88, p. 88.

4 Bodenstein, Wulf: "Hermann Habenicht's *Specialkarte von Africa* – A Unique Cartographic Record of African Exploration 1885–1892". In: Terrae Incognitae 44(2) (September 2012), p. 139–162, p. 145.

5 Ibid., p. 139.

6 Ibid., p. 144–45; Demhardt: "Exploration in the Nineteenth Century", p. 88.

7 Bodenstein: "Hermann Habenicht's *Specialkarte von Africa*", p. 139; Schröder, Iris: Mapping Ethiopia in Times of Change. Hermann Habenicht's Far-fetched Knowledgeability and the Art of Compilation in his 10-Sheet Map of Africa, 1880s–early 1890s. Unpublished paper presented at the 2nd International Workshop of the Ethiomap Project: Ethiopia and its Neighbors on Maps: Local Knowledge, Territorial Constructions and International Map Making, 25–27.10.2017 at the Forschungszentrum/Forschungsbibliothek Gotha (publication in preparation); Schröder, Iris: New observations on the Habenicht map. Unpublished paper presented at the 3rd International Ethiomap Workshop on 7.10.2018 in Wuqro, Tigray, Ethiopia (publication in preparation).

8 The full title of the map is "Special Map of Africa at a scale of 1:4,000,000 (ten sheets), designed by Hermann Habenicht, prepared by the same, Bruno Domann, and Dr Richard Lüddecke. Gotha: Justus Perthes, 1885" (*Spezial-Karte von Afrika im Massstab von 1:4,000,000 (10 Blatt) entworfen von Hermann Habenicht, bearbeitet v[on] demselben, Bruno Domann und Dr. Richard Lüddecke. Gotha: Justus Perthes, 1885*). As the title shows, the map was designed by Habenicht and prepared by him together with two other cartographers at Justus Perthes: Bruno Domann (1854–1920) and Dr. Richard Lüddecke (1859–1898). Attempts were made in the Ethiomap project to create a database that indexes and describes the written information on the map. For the database created for the third edition of the section six of the map, see https://ethiomap.huma-num.fr/public/?id_article=2, in:

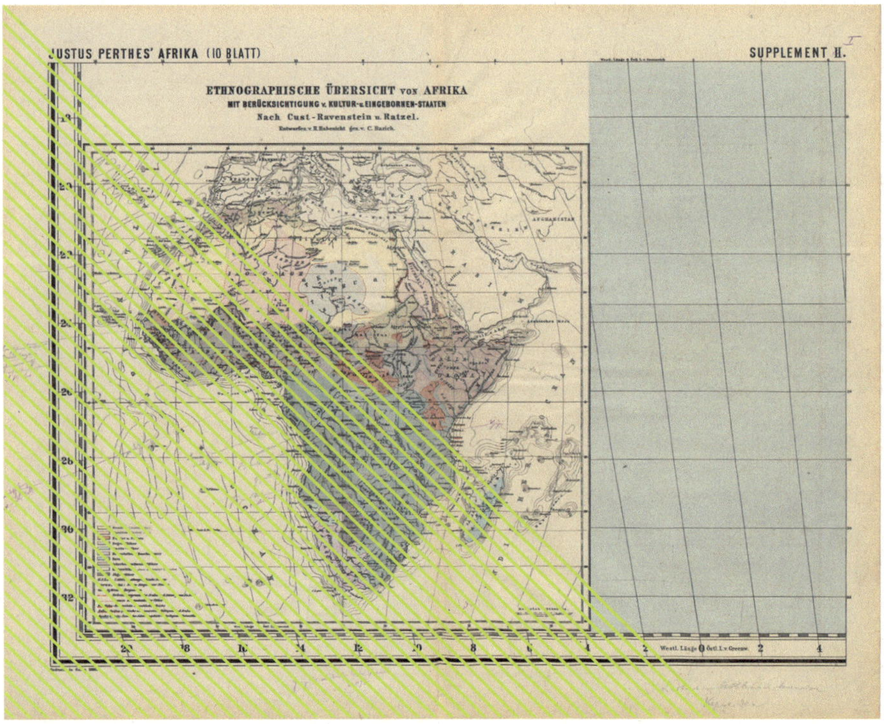

|**Fig. 3**| Habenicht, Hermann: „Ethnographische Übersicht von Afrika mit Berücksichtigung v. Kultur- u. Eingeborenen-Staaten". In: ders./Bruno Domann/Richard Lüddecke: *Spezial-Karte von Afrika* im Maßstab 1:4.000.000 (10 Blatt) Gotha 1885, Forschungsbibliothek Gotha, Sammlung Perthes, SPB lg2° 4010.00123.

of Africa and a supplementary map titled *Ethnographic Overview of Africa* |**Fig. 3**|. I will scrutinize the first editions of both, discussing the further editions whenever necessary to bring out key changes.

Abyssinia at the time of the map's publication

Valuable insights can be gleaned from examination of the Abyssinian state (and the Horn of Africa) along with political developments in the region at the time the map was published. This background both informs the present analysis as a whole and is of direct relevance to key points I will be making later on. This is because crucial developments occurred in the then Abyssinia that shaped the region's political landscape between the map's conception and the publication of its three editions.

The map was produced in the wake of the Treaty of Adwa (also known as the Hewett Treaty) signed between Britain, Egypt and Ethiopia on 3 June 1884. This agreement ended a protracted conflict between Ethiopia and Egypt, but in a roundabout way enabled Italian colonial expansion in northern Abyssinia, which led to the official establishment of *Colonia Eritrea* in 1890. This development should also be seen in the context of the increasing colonial control of the region by Europeans, namely the founding of French Somaliland (1884), Italian Somaliland (1889/90), British Somaliland (1884), and Anglo-Egyptian Sudan (1899).

The map was drawn and published during the height of European colonial rivalry in the Horn of Africa. Significantly, it appeared a few years after Emperor Menelik II (1844–1913) had launched his campaign of territorial expansion, which eventually led to the "creation of the modern empire-state" of Ethiopia in 1898. In the late 1870s, Menelik II began to expand his empire from the central kingdom of Shewa (of which he was still king at this point) to the south (that is, to the south, east and west of present-day Ethiopia, into the then independent territories of the Gurage, various Oromo kingdoms and territories, as well as those of the Kaficho, Wolaytta, Sidamaa and other peoples). Some of these peoples and polities were absorbed peacefully, while others were incorporated through military conquest.[11]

Menelik's southward territorial expansion was called *ager maqnat* by the subjugators. According to Ethiopian historian Teshale Tibebu, this "refers to colonization, cultivation, (and christianization) of land defined as 'empty,' waiting to be made use of."[12] The south was characterized by the expansionist forces as *dar ager* (frontiers), empty land to be occupied. This characterization has led some scholars to draw an analogy between Menelik's expansion and the European Scramble for Africa, which Teshale describes as a "mistake", since "[t]he former was not racist, the latter was." He goes on to argue that despite some similarities between the two, there were no culturally demarcated settlements in the south as under European colonialism.[13] However, some research suggests that this process of expansion and occupation featured racist narratives.[14]

Eloi Ficquet and Wolbert Smidt (eds.): ethiomap.huma-num.fr (2017) (map database, edited in cooperation with Stéphane Ancel, Simon Imbert-Vier, Fesseha Berhe and Karl Johann Offermann).

9 Bodenstein: "Hermann Habenicht's Specialkarte von Africa", p. 161.

10 Ibid., p. 152.

11 Donham, Lewis Donald/James, Wendy (eds.): The Southern Marches of Imperial Ethiopia: Essays in History & Social Anthropology. Oxford 2002.

12 Teshale Tibebu: The Making of Modern Ethiopia: 1896–1974. Lawrenceville, NJ 1995, p. 40.

13 Ibid., p. 40–45.

14 For example, see Hultin, Jan: "Perceiving Oromo. 'Galla' in the Great Narrative of Ethiopia". In: P.T.W Baxter et al., (eds.): Being and Becoming Oromo. Uppsala 1996, p. 81–91.

15 Teshale Tibebu: The Making of Modern Ethiopia, p. 41.

16 The full title of the supplementary map is "Ethnographic Overview of Africa with Consideration of Cultural and Native States

Be that as it may, the European colonial powers and the expanding empire-state under Menelik started vying for territory, prompting the latter to send letters to a number of European governments. Teshale writes:

"As Emperor Menelik himself said in his now infamous 1891 circular letter to the European powers: 'While tracing today the actual boundaries of my Empire, I shall endeavour, if God gives me the strength, to reestablish the ancient frontiers of Ethiopia up to Khartoum, and as far as Lake Nyanza with all the Gallas', and the 'Arussi country up to the limits of the Somalis, including also the Province of Ogaden.'"[15]

The possible impact of early editions of Habenicht's map on Menelik's letter and vice versa should be a subject of inquiry for the future. In any case, as we will see, the German mapmaker seems to have had a decent grasp of the complexities and dynamics in the region, portraying them in the three editions of section six with, for the most part, reasonable accuracy.

Depiction of the peoples of Abyssinia and adjacent regions

I begin this section with an analysis of the supplementary map (*Ethnographic Overview of Africa*),[16] which provides crucial background to my core argument. Although the supplementary map was ostensibly centred on the ethnography of Africa, its depiction of the peoples and cultures of the continent was meagre when compared with the ten sections of the *Special Map of Africa*. For instance, if we focus on the Horn of Africa, only a handful of population groups were described in the supplementary map. Meanwhile, section six of the *Special Map of Africa* |**Fig. 4**| alone listed more than fifty peoples (and in some cases ethnic sub-groups). The supplement may have been intended to provide a general overview of the continent's population rather than specifying the names of groups. This seems to be the only explanation for the small number of peoples it identifies.

Nonetheless, the supplement attempts to classify the peoples of Africa into ten categories, shown on the map through colour coding: "Semites (Arabs, etc.)" ("Semiten [Araber etc.])", "Hamites (Berbers, etc.)" ("Hamiten [Berber etc.])", "Nubians and Fellata" ("Nubier u. Fellata"), "N peoples" ("N-Völker"),[17] "Bantu peoples" ("Bantu-Völker"), "Hottentots and Bushmen" ("Hottentotten u. Buschmänner"), "Hova", "agricultural peoples" ("Ackerbautreibende Völker"), "pastoral peoples" ("Hirtenvölker"), and "hunters" ("Jägervölker"). The latter three categories were based on livelihood while the rest seem to be rooted in contingent linguistic, anthropological, and cultural features and other traits such as skin colour, hair type, and so on. The inclusion of these classifications on the map is particularly interesting when related to the nascent academic discussion on the subject at the time. Some of the categories are hypothetical language families now discredited by scholars, while others, such as "N peoples" and "Hottentots and Bushmen", are now rejected and viewed as racialized, derogatory terms.

The supplementary map indicated that almost all areas of present-day Ethiopia and Eritrea were inhabited by "Semites" and "Hamites"; the exceptions were the Berta and the Nuer, who were classified under "Nubians and Fellata" and "N peoples" respectively (today, we know that both the Nuer and the Berta speak Nilo-Saharan languages). Parts of today's Eritrea, almost all of Tigray, most of the central highlands of Abyssinia including Shewa, and some territories southwest of Shewa were shown as inhabited by "Semites". The rest of the region was described as populated by "Hamites". In line with this, the ᶜAfar, Oromo and Somali were rightly placed under one heading, namely "Hamites" (currently, both the ᶜAfar, Oromo and Somali come under the category of "East Cushitic").

The territories south, west and east of Shewa, up to the shores of the Indian Ocean, were depicted as inhabited by the "Galla" and the Somali. Of the many Omotic-

According to Cust, Ravenstein and Ratzel. Drafted by H. Habenicht, drawn by V. C. Barich" (*Ethnographische Übersicht Von Afrika Mit Berücksichticung v. Kultur-u. Eingebornen-Staaten Nach Cust - Ravenstein u. Ratzel. Entworfen v. H. Habenicht gez. V. C. Barich*).

17 The N-word is a colonial racist term for black people. It is still used in everyday language, mainly as an everyday insult. The abbreviation N-word is used to avoid reproducing the racist term, as it was never meant to be neutral. Rooted in racial theories and the enslavement of black people, it degrades black people. See Neue Deutsche Medienmacher*innen: "N-Wort. Wörterverzeichnis der Neuen deutschen Medienmacher*innen (NdM) mit Formulierungshilfen, Erläuterungen und alternativen Begriffen für die Berichterstattung in der Einwanderungsgesellschaft". Online at: https://glossar.neuemedienmacher.de/glossar/n-wort/ (6.6.2024).

18 More than 60 separate ethnic groups are known to inhabit the region today.

19 Smidt, G.C. Wolbert: "Lake Ḥashenge and Archaeological Sites in 19th Century Cartography – From a Documentation of Local Traditions to Claims of Exactness". In: Michela Gaudiello/ Paul A. Yule (eds.): Mifsas Baḥri: A Late Aksumite Frontier Community in the Mountains of Southern Tigray: Survey, Excavation and Analysis, 2013–2016. Oxford 2017, p. 66–71, p. 61.

20 Ethiopia has a rich history stretching back thousands of years. It was widely believed in Europe that an ancient Christian state existed in this part of the world, and Europeans were keenly interested, from the high Middle Ages onwards, in what they and its own emperors viewed as a "Christian realm". Among other things, Europeans were keen to ally with a Christian power as they sought to defeat their Muslim "enemies", but in reality Abyssinia was a country of Christians, Muslims and other religions (the same goes for present-day Ethiopia). The legend of "Prester John", which captured the imagination of Europeans during the medieval and early modern periods, also fed European geographers' and

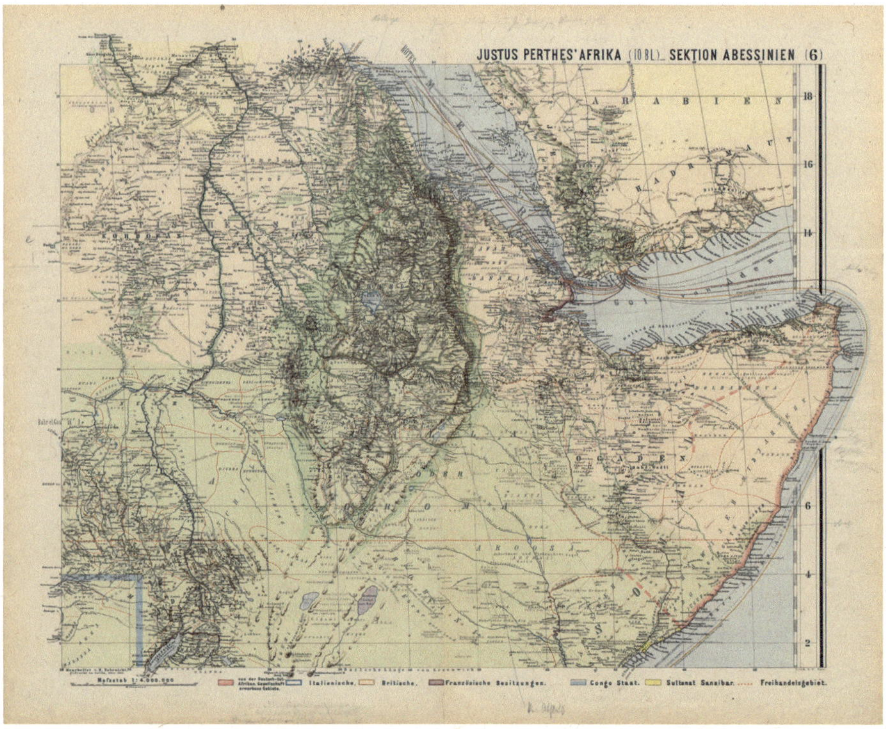

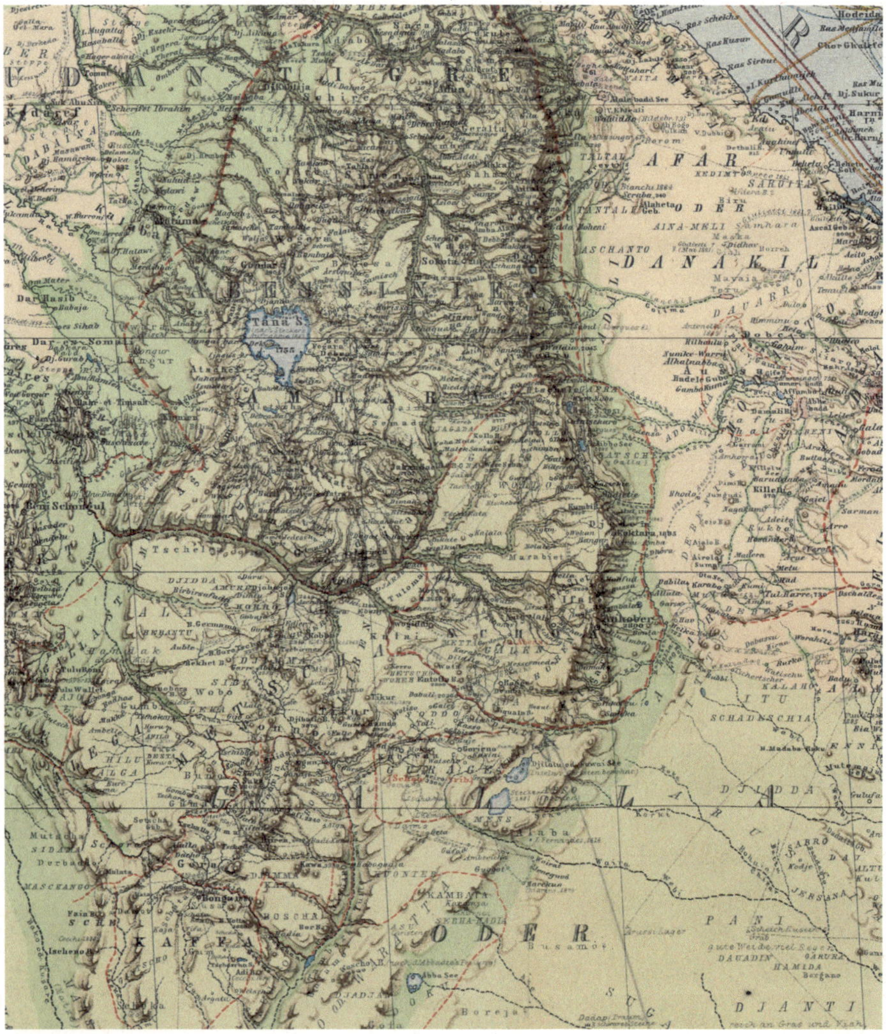

|**Fig. 4+5**| Habenicht, Hermann: „Sektion Abessinien (6)". In: ders./Bruno Domann/ Richard Lüddecke: *Spezial-Karte von Afrika* im Maßstab 1:4.000.000 (10 Blatt). Gotha 1885

Forschungsbibliothek Gotha, Sammlung Perthes, SPB lg2° 4010.00123

speaking and Cushitic-speaking peoples inhabiting large parts of the southern and southwestern parts of present-day Ethiopia,[18] only two peoples, the Kaficho and Dawuro, were shown in the supplement, in addition to the Oromo. This contrasted with the *Special Map of Africa*. As described below, it included many peoples (and major polities) – a considerable achievement for the time.

It is revealing to look at the supplement and all the sections of the *Special Map of Africa* with a view to the depiction of the peoples of Abyssinia compared to the rest of Sub-Saharan Africa. The only major difference is that more detail is provided on the former than the latter, simply because a relatively rich body of information on Abyssinia and its adjoining regions was available to the Gotha mapmakers. According to German ethnohistorian Wolbert Smidt, "the peak of north-east African cartography was in the 19th century [...] due to the activities of the Perthes publishing house in Gotha, whose maps were used worldwide."[19] Ethiopia and its surroundings were a subject of great interest to geographers and cartographers at a quite early stage, with detailed information on names of regions, major settlements, ethnic groups and boundaries of local provinces, kingdoms and states being documented via a variety of sources and informants from as early as the mid-17th century – in contrast to other regions of Africa, which became 'visible' in one way or another only in the late 19th century. Abyssinia became a captivating subject for European geographers and cartographers early on, among other things because of its rich and ancient history, its religion and its geography.[20] But let's set aside the supplement and turn our attention to the *Special Map of Africa*.

Section six of the *Special Map of Africa* |**Fig. 5**| depicts many aspects of the subcontinent, including states, regions, districts, settlements, bodies of water, relief, explorers' activities, routes, including slave trade routes, natural resources and land use, battlefields, ancient sites,[21] local boundaries, and of course peoples.

In rare cases, the map also shows borders between groups. For instance, the mapmaker inserted the following note: “approximate border between the Galla [Oromo] and Somali.” The map also shows the borders between the major divisions of the Somali and a number of other groups. More than 50 population groups are depicted in section six. In some cases, the map even provides a general description of a given region in terms of its population. The description “N tribes [peoples]” (“N-Stämme”)[22] is a case in point. In other instances, not only does it mention the people inhabiting the territory but also their livelihood. Examples include “Aroosa (Arussi) Galla [Oromo] farmers and cattle breeders” and “Borana (Galla) [Oromo] agriculture and livestock breeding” (“Aroosa [Arussi] Galla Ackerbauer und Viehzüchter” and “Borana [Galla] Ackerbau u. Viehzucht”). The map is less successful than certain cartographic products published a decade or two prior when it comes to depicting the diverse peoples in the north and northwestern part of Abyssinia and its adjacent territories. But it marks a great leap forward in its designation of “frontier” peoples, which had typically been left out of account or marked with a general appellation.

The map not only mentions groups of people but in some cases also shows areas named after peoples, as well as the major political boundaries within a particular group. The Somali, for example, are divided into different clans, each with its own territory. The clans do in fact play an important role in the culture and politics of Somali society. Remarkably, the main Somali divisions are shown on the map with their own clearly defined borders. In the southern and south-western parts of what is now Ethiopia, some peoples and the polities named after them are shown,[23] including “Bosha”,[24] “Dawro or Waratta”, “Gurage”, “Jangaro”[25] and “Kaffa”. The map clearly shows that some of the polities consisted of more than one group. For example, we find that according to the map the “Dawro” polity included groups such as the “Konta”, “Kullo”,[26] “Gofa”, “Tambaro”, “Walamo”,[27] “Kambata”, and so on.[28]

The way these peoples and their areas are described in the different editions of the map reflects the political dynamics in the region at the time of publication. For instance, the “Gurage” were presented from the start as “Shoa trib. [tributaries]”, which shows that the author knew of the Shewan expansion into Gurage land in the 1870s. The other areas mentioned above were marked as “Shoa tributaries” only in the third edition, while the various groups (mostly Oromo) to the north-east of these regions are shown as “Godjam tributaries”, pointing to a political reality prior to the Battle of Embabo on 6 June 1882.[29] Moreover, the third edition no longer showed all these kingdoms, except Kaffa, as independent polities, but reduced them to ethnonyms and/or names of provinces and districts, reflecting their loss of autonomy due to Menelik’s expansion. The independent kingdom of Kaffa would follow suit after its incorporation into the Ethiopian empire-state in 1897.

Another point worth discussing is the naming of peoples (and sub-groups) on the map. I now examine certain groups in depth: “Afar or Danakil”, “Basa”, “Galla or Oromo”, and “Walamo”. It is important to note at the outset that some of the names of groups shown on the map are autonyms and are properly written, though sometimes on the basis of German pronunciation. It is a different story when it comes to those cases considered here.

The ᶜAfar and some of their clans appear on the map as “Afar or Danakil”. Habenicht knew that the ᶜAfar were also called “Danakil”. Instead of using “Danakil” and “Afar” as names for two different groups (as in almost all previous maps), he understood that these are different names applied to one group, the ᶜAfar. He did not achieve this level of understanding when it comes to the terms “Adal” and “Taltal or Tantali”. The mapmaker seems to have understood these as separate groups having nothing to do with the ᶜAfar (or possibly understood them as sub-groups of the ᶜAfar).

ᶜAfar, “Danakil”, “Adal” and “Taltal” are all names for one people (the ᶜAfar) but have been used by different people in varying contexts.[30] Though the ᶜAfar people

cartographers’ immense fascination with Abyssinia, as it was believed that it might be the home of this mythical figure. Its unique geography also played a role. Due to its strategic location on the Red Sea, it was positioned along ancient trade routes connecting Africa, Asia and Europe. The belief that the source of the Nile might lie in this part of Africa also heightened European interest in the region.

21 For instance, the map mentions “Sheikh Husein’s tomb” and pyramids.

22 It should be noted that in the supplementary map the author used the term “N peoples” (“N-Völker”) to categorize some of the peoples of Africa.

23 As exonyms, often with derogatory and pejorative connotations, some of the names mentioned below are outdated and have ceased to be used.

24 This suggests a misreading of local sources. “Bosha” was a separate kingdom before the Oromo expanded into the area in the 17th century. Its political existence was challenged by the Oromo in the ensuing centuries, and it was finally conquered by the kingdom of Jimma in the 1860s and 1870s (see Braukämper, Ulrich: “Boša”. In: Siegbert Uhlig et al. (eds.): Encyclopaedia Aethiopica, vol. 1 (A–C). Wiesbaden 2003, p. 609b–610a). When the map was published, the people now named “Garo” lived in the Kingdom of Jimma. Hence, no political realm named “Bosha” existed when the map was produced.

25 Old terminology. This group now call themselves “Yam”.

26 This is an antiquated and derogatory term for the Dawuro people.

27 This people refer to themselves as “Wolaytta”.

28 Wolaytta was a separate kingdom until it was defeated and conquered by Menelik’s force in 1895 but does not appear as such on the map.

29 Bahru Zewde: A History of Modern Ethiopia, 1855–1974. Oxford 2001, p. 45, 60.

prefer to call themselves "^{c}Afar", their neighbours have used a variety of names. The ^{c}Afar's Arab neighbours who were active in the Red Sea region have often used the term Dankali to refer to them (actually the name of a major subdivision of the ^{c}Afar). Their Tigrayan highland neighbours, meanwhile, called them "Taltal". This has a derogatory connotation and the ^{c}Afar resent its use by the Tigrayans. The southern ^{c}Afar were known as "Adal" in Amharic (especially among the highlanders of Wallo and Shewa).

On the map, the size of the areas shown as inhabited by the Oromo seems somewhat exaggerated if we assume that the term "Galla" is being used to refer to the Oromo only. But in nineteenth-century praxis, the term "Galla", which is a generally derogatory exonym, often referred to populations speaking a variety of Cushitic languages, not only the Oromo.[31] The map thus creates the false impression that there was one large, unified people called the "Galla" at the time.

Nonetheless, the mapmaker has taken great pains to depict the Oromo to the best of his knowledge, based on the data available to him. This is reflected in the various editions of the map. From the first edition onwards, the word "Galla" was not the only term used to refer to the Oromo, as was common at the time; through the inclusion of the phrase "Galla or Orma", the map revealed that this people had another name. Interestingly, in later edition the latter term ("Orma") was rightly corrected to "Oromo".[32]

Virtually every traveller's report and map from the Jesuits onwards referred to the Oromo as "Galla", a derogatory term used by their non-Oromo (Christian) highlander neighbours.[33] There are a few exceptions. Antoine d'Abbadie (1810–1897) and Guglielmo Massaia (1809–1889), who lived among this people, used the word "Oromo", their self-designation, in some of their publications. The use of the phrase "Galla or Oromo" on the map spoke to these two realities. It also indicates that the cartographer was in contact with researchers in the field collecting first-hand data from the people themselves or updated his knowledge with the help of their accounts.

The Kunama people, who inhabited the southwestern lowlands of Eritrea and some parts of western and northwestern Tigray, are referred to on the map as "Basa" (with the letter "s" corresponding to its German pronunciation), as their neighbours, the Tigre and Hedareb, called them, and not as "Kunama" as they referred to themselves. The same applies to the Wolaytta, who the map identifies as "Walamo", a word used by "Others" to refer to them.

The cases above bring out the clear contrast between exonyms and autonyms, and in some cases, they highlight certain groups' stereotypes about those to whom they had applied a name, usually with derogatory and pejorative connotations. Likewise, these cases show that local information had reached mapmakers via European travellers who had been in the field. But what reached Gotha occasionally was an understanding of 'Others' held by a particular group of people (or better, the 'othering' terminology used by important power groups in the region). This shows that local sources were important to the map's creators, even though, within Habenicht's hierarchy of sources, they were relegated to the fringes, next to sea charts, official surveys, and travellers' itineraries. As the Habenicht map lays bare, local information was crucial to the Gotha cartographers, though they sometimes tried to conceal this centrality.[34]

The map in question is an interesting example of the exchange of data between European learned societies, publishers and individual travellers, even during periods when the European powers were embroiled in deep colonial rivalry. As evident in the list of sources the cartographers used to create the map (which they explained in the several pages of notes accompanying it), they benefited greatly from the works of many non-German explorers and other publishers.[35] Conversely, there are numerous indications that the map was used by colonial powers other than Germa-

30 Morin, Didier: Dictionnaire historique afar (1288–1982). Paris 2004.

31 Baxter, P.T.W: "Galla". In: Siegbert Uhlig et al. (eds.): Encyclopaedia Aethiopica, vol. 2 (D–Ha). Wiesbaden 2005, p. 660b–661b.

32 The names of some major subdivisions of the Oromo were corrected as well: "Borani" and "Aroosa" in the first edition, for instance, were changed to "Borona" and "Arussi" in the later editions.

33 Cf. the reference to the Oromo in Menelik's 1891 circular.

34 Schröder, Iris: "Karten sammeln, Karten lesen. Für eine Verschränkung von Sammlungsforschung und Kartographie". In: Susanne Friedrich/Jana Mangold/Susanne Rau (eds.): Wandlungen des Sammelns. Praktiken, Wissen, Anordnungen. Bielefeld 2024, p. 154–163.

35 ibid.

ny to establish their dominance over the region under study. This is consistent with Bassett's assertion that "[f]ar from being neutral representations of African human and physical geography, they [the maps] contributed to empire by promoting, assisting, and legitimating the extension"[36] of European power into Africa. And it is not only the European powers that are relevant in this context: Menelik II is likely to have used early editions of the map when formulating his territorial claims, which he announced in his famous circular of 1891.[37]

In this context, it is relevant to note that the post-1884 editions of the Habenicht map show both the local boundaries of existing African states and other territories in the region, as known from previous maps, together with the artificial straight lines imposed by colonial powers. The map therefore documents colonial claims while concurrently making it abundantly clear that the colonial narrative that there were no governments or states in Africa (*terra nullius*) was baseless.[38]

That said, there are no direct indications on the map that it served to reinforce the European sense of superiority and thus justify the subjugation of the peoples of the region, on which this article focuses. The map applies no terms such as "primitive", "uncivilized" or "heathen" to any group in the region, though it does use the term "N tribes" (*N-Stämme*) to describe certain peoples residing in what is now western Ethiopia. These groups may have been labelled in this way because they were physically (and linguistically) different from their neighbours in present-day Ethiopia. Present-day linguistics categorize their language as "Nilo-Saharan". The term "N*" was common in the German language at the time and it seems to have been used with derogatory, racist connotations. The fact that the cartographer used this term on the map (perhaps following the researchers who provided him with the relevant data), however, may not necessarily reflect his attitude. It may merely show that he was repeating what he had read and heard from his informants who he trusted. In the case of some other parts of Sub-Saharan Africa, certain characterizations (such as "N peoples" and "Hottentots and Bushmen") instantiate European racism at least towards certain African societies. Still, the mapmakers deserve some credit for attempting to correct certain errors and even derogatory remarks appearing on earlier maps.

Concluding remark

The *Special Map of Africa* and its supplementary map provide a fairly accurate representation of the population groups in the region to which they pertain. They even indicate the impact of certain political dynamics on the people living there. This makes it plain that documents of this kind should not only be viewed as sources for studying the geography, territoriality and politics of a given region or for probing the nature of European exploration, knowledge production, and so on. They also deserve greater attention as a vital source for understanding the dynamics of a given territory's peopling and cultures over time.

36 Bassett, Thomas J.: "Cartography and Empire Building in Nineteenth-Century West Africa". In: Geographical Review 84(3) (July 1994), p. 316–335, p. 316.

37 On this point, see Smidt, G.C. Wolbert: "Cartography [of Ethiopia] from the 18th cent. onward". In: Siegbert Uhlig et al. (eds.): Encyclopaedia Aethiopica, vol. 1 (A–C). Wiesbaden 2003, p. 688-691; Smidt, G.C. Wolbert: "Boundary with Somalia". In: ibid., p. 615–616

38 Smidt, G.C. Wolbert: Territories of the Horn of Africa as Understood on Habenicht's Map, from Local Concepts of Territoriality to International Partition. Unpublished paper presented at Journee d'étude/Study-Day, Traitements numériques et lectures critiques de cartes historiques: matériaux éthiopiens/Digital Processing and Critical Reading of Historical Maps: Ethiopian Materials, Organisée dans le cadre du projet/Organised by ETHIOMAP: Exploring Modern Historical Maps of the Horn of Africa, EHESS-CéSor, Bibliothèque universitaire des langues et civilisations (BULAC) on 23.5.2017 in Paris (publication in preparation).

2.6

FLORIAN WAGNER

Die Kultivierung des Kolonialismus

Thüringer Gartenkultur in der Ära der Plantagenwirtschaft

Dieser Beitrag zeichnet die Spuren des „botanischen Kolonialismus“ nach, die in vielen Fällen nach Thüringen führen. Daran hatte vor allem Erfurt seinen Anteil, das sich durch Saatzucht, Pflanzgut und Gartenbau einen Namen machte und um 1900 die „halbe Welt“ mit Sämereien versorgte. Mit dem Gartenbau erlangte die Stadt „Weltruhm“, wie einschlägige Werke betonen.[1] Nun war aber um 1900 die halbe Welt kolonisiert und Weltruhm oft eng an das Streben nach Weltmacht gekoppelt. Im deutschen Kaiserreich war die angewandte Botanik auf besondere Weise mit der Kolonialexpansion verstrickt, zum Beispiel durch die Zeitschrift *Tropenpflanzer* und Lobbygruppen wie das Kolonialwirtschaftliche Komitee. Schon die Vermarktung des in Deutsch-Ostafrika „entdeckten“ und bis heute beliebten „Usambara-Veilchens“ durch die Erfurter Gartenbaufirma Benary verweist darauf, dass auch Thüringen dabei eine entscheidende Rolle spielte.[2]

Spätestens seit dem 19. Jahrhundert zeigten sich koloniale Fantasien auch in Gartenmetaphern, die vom Siedlungs- und Landnahmedenken genauso geprägt waren wie von Ordnungsideologien und einem romantisierenden Tropenexotismus. In Deutschland verbreitete unter anderen die Zeitschrift *Gartenlaube* koloniale Vorstellungen.[3] Eine Symbiose von Kulturimperialismus und Kultivierungsmission bildete dabei den Kern europäischer Rechtfertigungsideologien für die koloniale Enteignung. In den Kolonien selbst dienten Gärten und Parks oft der Hierarchisierung und der Segregation, das heißt der räumlichen Trennung von Kolonisierenden und Kolonisierten nach rassistischen Kriterien.

Am Beispiel der Thüringer Beteiligung am Kolonialismus lässt sich besonders gut zeigen, dass Ziergärten, Nutzgärten, Botanische Gärten und Kolonialplantagen oft fließend ineinander übergingen. Kolonialplantagen veränderten schließlich durch Monokulturen und Zwangsarbeit ganze Landschaften und Gesellschaften grundlegend, so dass heute sogar vom „Plantationocence“ gesprochen wird. Dieses „Zeitalter der Plantagen“ charakterisiere sich dadurch, dass mit Beginn der Kolonisation im 16. Jahrhundert Mensch und Planet gleichermaßen für den westlichen Massenkonsum ausgebeutet wurden und bis heute werden.[4] Wie im Folgenden gezeigt wird, waren Thüringer:innen an der Schaffung einer solchen globalen Plantagenwirtschaft maßgeblich beteiligt.

Gärtnerische Kolonialkultur und Koloniale Gartenkultur: Ordnen, Kategorisieren, Dominieren

Die kolonialpropagandistische *Deutsche Kolonialzeitung* berichtete 1891, dass die Erfurter Gärtnerei Ernst Benary Samen in die sieben Jahre zuvor gegründeten deutschen Kolonien versandte, um die „in Innerafrika zu errichtenden Stationen“ zu versorgen, die bei der Eroberung als Militärstützpunkte dienten. Die Samen sollten Wurzeln schlagen und dazu beitragen, die Praktiken temporärer Landbesetzung in einen Anspruch auf dauerhaften Landbesitz umzudeuten.[5] Für die Gärtnerei Benary,

1 Gutsche, Willibald (Hg.): Geschichte der Stadt Erfurt. Weimar 1986, S. 224; vgl. Raßloff, Steffen: „Ruf als Blumenstadt zurückerobert“. In: Martin Baumann/ Steffen Raßloff (Hg.): Blumenstadt Erfurt: Waid – Gartenbau – iga/ egapark. Erfurt 2011, S. 7–16, S. 10.

2 Das Usambaraveilchen ist in Ostafrika unter dem KiSambaa-Namen Dughulushi bekannt. Deutsche Botaniker benannten es in Saintpaulia um, weil sie den deutschen Kolonialbeamten Walter von Saint Paul-Illaire für ihren Entdecker hielten: Späth, Mareike: „Amani im MARKK“. In: P. Wenzel Geißler et al. (Hg.): Amani – Auf den Spuren einer kolonialen Forschungsstation in Tansania. Bielefeld 2019, S. 21; „Interview mit Urs Lindner von Decolonize Erfurt“. In: Reflexionen 2021: https://www.stiftung-gedenkstaetten.de/reflexionen/reflexionen-2021/ein-gespraech-mit-urs-lindner (Stand: 10.6.2024).

3 Honold, Alexander: Mit Deutschland um die Welt. Eine Kulturgeschichte des Fremden in der Kolonialzeit. Stuttgart 2016, S. 389.

4 Haraway, Donna: „Anthropocene, Capitalocene, Plantationocene, Chthulucene: Making Kin“. In: Environmental Humanities 6 (2015/1), S. 159–165.

5 Deutsche Kolonialzeitung 6 (1891), S. 83.

die mit ihrer Samenzucht entscheidend zum Ruf Erfurts als Blumenstadt beitrug, war die botanische Verstrickung in koloniale Landaneignung nur der Beginn weiterer kolonialer Projekte.

Nach Abschluss der Eroberung legten die Kolonialregierungen „botanische Gärten" auf fruchtbaren Böden an, die sie meist von indigenen Besitzer:innen enteigneten. Sie nutzten solche Gärten als Experimentiergärten für die koloniale Plantagenwirtschaft, wie im Versuchsgarten Viktoria in Kamerun (seit 1889) oder im biologisch-landwirtschaftlichen Institut von Amani (1896/1902) in Deutsch-Ostafrika. Diese „botanischen Gärten" standen für die europäische Kultivierungsmission, welche vorgab, die Pflanzenzucht und den Landbau in den Kolonien effizienter zu machen. In der Praxis scheiterte die Kultivierungmission aber oft daran, dass Kolonisator:innen lokales Wissen über nachhaltige Landwirtschaft als unterentwickelt abtaten und ignorierten.[6]

Der „Versuchsgarten" im kamerunischen Viktoria entstand in den 1890er Jahren unter Anleitung des Thüringers Richard Spengler, der bereits eine der größten Kakaoplantagen an der westafrikanischen Küste leitete. Dabei handelte es sich um die Plantage „Monte Café" auf der Insel Sao Tomé, welche vor Kamerun liegt und unter portugiesischer Herrschaft stand. Spengler beriet den offiziellen „Gouverneursgärtner" Paul Preuss in Kamerun und versorgte die dortigen Plantagen mit bewährten Pflanzen aus Monte Café. Für den Versuchsgarten bestellte Preuss 1895 bei der Kunst- und Handelsgärtnerei, Pflanzen- und Samenhandlung J.C. Schmidt in Erfurt Gartenutensilien.[7] Neben Gießkannen, Rasenmähern, Pestizidsprühgeräten, Düngemitteln und Gartenscheren orderte Preuss „200 Blechetiketten nebst Eisenstäben zum Befestigen der Etiketten. Die Stäbe sollen 1 m lang sein. Die Etiketten müssen so groß sein, dass in großen Buchstaben darauf geschrieben werden kann: Name, Heimath, Jahreszahl, und eventuell Verwertung der Pflanzen (... Kautschuk ... etc.)." Zudem verlangte er „[e]ine Sendung Gemüsesämereien", darunter Radieschen, Rettich, verschiedene Kohlarten, Karotten, Tomaten oder Spargel. Schließlich bestellte er „eine Kollektion schöner Blumen bzw. Zierpflanzen (Samen)".[8] Die Gärtnerei Schmidt, die in Erfurt als „Blumenschmidt" unter anderem für das dortige „Palmenhaus" bekannt war, lieferte verlässlich.

Die Order aus Viktoria scheint zunächst nicht mehr als die übliche Bestellung einer Gärtnerei zu sein. Im kolonialen Kontext gewinnt sie aber eine andere Note. Europäisches Gemüse sollte einheimisches verdrängen und deutsche Siedler:innen ernähren, um so die Europäisierung der Kolonien voranzutreiben.

Die Etikettierung und Neubenennung von Pflanzen in den Kolonien machte den Besitzanspruch auf sie deutlich. Kolonisierende gaben den Pflanzen lateinisch-griechische Namen und machten dadurch die ursprünglichen Bezeichnungen und indigenes Pflanzenwissen vergessen. Solch ein kolonialer Etikettenschwindel verweist zudem auf Formen der *biopiracy* – der angeblichen „Entdeckung" und Aneignung indigenen Pflanzenwissens zur eigenen Vermarktung lokaler (Nutz-)Pflanzen. Die Etiketten dienten also der Kategorisierung, welche Historiker:innen als Herrschaftsmittel sehen, weil sie den Europäer:innen Definitionsmacht gab und sie den Kolonisierten entzog. Die systematische Umbenennung von Pflanzen wurde somit zum Herrschaftsinstrument der „Florakraten", wie sie Andrew Goss genannt hat – derjenigen, die durch die Aneignung und Beherrschung der Flora die Welt eroberten.[9]

Der Aufbau des botanischen Gartens von Viktoria im Jahr 1895 sollte die Eroberung der indigenen „Natur" durch die europäische „Kultur" repräsentieren. Er war segregationistisch und hierarchisch angelegt. Zum Zweck der „Rassentrennung" innerhalb der Belegschaft gab es beispielsweise getrennte Küchengebäude. Zudem spiegelten sich in der Architektur auch Machtverhältnisse wieder: „Auf dem Gelände der Versuchsplantage in Viktoria hatte man auch mehrere Gebäude errichtet [...] Es entspricht dem Hierarchiebewußtsein der Zeit, daß je ein Haus für den Bezirks-

6 Wagner, Florian: Colonial Internationalism and the Governmentality of Empire 1893–1982. Cambridge 2022, S. 149–172.

7 BArch R1001/8663 Gouv. Kamerun an Kolonialabtheilung 23.7.1895; Schaier, Joachim: „Die Erfurter Großgärtnerei J. C. Schmidt im 19. und Anfang des 20. Jahrhunderts". In: Zeitschrift für Agrargeschichte und Agrarsoziologie 57, 1 (2009), S. 59–76.

8 BArch R1001/8663 Preuß an Schmidt, 7.2.1895.

9 Goss, Andrew: The Floracrats. State-Sponsored Science and the Failure of Enlightenment in Indonesia. Madison WI 2011, S. 5.

amtmann, den Direktor, die Gärtner und für die Arbeiter bestimmt war – letzteres diente nebenbei als Gefängnis."[10] Wie auf Sklavenplantagen gab es ein Gefängnis, um zum Beispiel indigene Zwangsarbeiter:innen aus den umliegenden europäischen Plantagen im Falle einer Arbeitsverweigerung zu internieren.

Die Nachahmung der portugiesischen Plantagenwirtschaft von Sao Tomé in der neu gegründeten Kolonie ~~Deutsch-Kamerun~~ bestätigt diesen Eindruck. Auf Sao Tomé hatte Portugal im 16. Jahrhundert die Plantagensklaverei erfunden, die dann als Modell für die amerikanische Plantagenökonomie in die ~~„Neue Welt“~~ exportiert wurde. Als der Gouverneur von ~~Kamerun~~, Jesko von Puttkamer, im Jahr 1895 nach Sao Tomé reiste und Spenglers Plantage Monte Café besuchte, um sie als Vorbild für eine Kameruner Plantagenwirtschaft zu nehmen, waren Versklavungspraktiken und Zwangsarbeit noch an der Tagesordnung. Zu dieser Zeit „überführten“ portugiesische Behörden im Verbund mit Pflanzern wie Spengler Arbeitskräfte vom westafrikanischen Festland auf die Insel, „verteilten“ sie auf die Plantagen und „verpflichteten“ sie zur Arbeit, wobei „Arbeiterkommissare“ und eine Polizeitruppe die Einhaltung der „Verpflichtung“ sicherstellten. Puttkamer und Spengler kopierten dieses Modell am Kamerunberg, wo der Versuchsgarten mitsamt umliegenden Plantagen entstanden.[11]

Die Kameruner Kolonialregierung verkaufte Spengler zur Anlegung von Plantagen 10 000 ha fruchtbares Land zu günstigsten Bedingungen. Gouverneur Puttkamer gab offen zu, dafür die ~~„Buschfarmen“~~ kamerunischer Bauern aufgelöst und die Bevölkerung vor Ort großflächig enteignet zu haben. Dagegen protestierten nicht nur Kameruner:innen, sondern auch die Baseler Mission und das Berliner Kolonialamt, welches „juristische Bedenken aller Art“ hatte.[12] Dessen ungeachtet entstand aus der Initiative mit der Westafrikanischen Pflanzungsgesellschaft Viktoria eine der „größten zusammenhängenden Kakaoplantagen der Erde“.[13]

Dass Spengler aus Thüringen kam, war kein Zufall. Dort gab es eine botanisch-gärtnerische Tradition, die viele Menschen ihr Glück im kolonialen Plantagenbau versuchen ließ. In Arnstadt und Erfurt taten sich Bankiers, Fabrikanten, Kaufleute, Mühlenbesitzer und Beamte zusammen, um in ~~Deutsch-Ostafrika~~ zunächst die Ndungu-Plantage und 1909 dann die Mombo-Plantage nahe der „Versuchsstation“ Amani zu gründen. Ihre Plantage umfasste 2000 ha und „zum größten Teil das dichtbevölkerte, sehr fruchtbare Wurunital, welches von einer Anzahl natürlicher Wasserläufe durchschnitten wird“. Um Aktionär:innen zu gewinnen, behaupteten sie, „500 ha bereits unter Kultur gebracht“ zu haben, mit 40 000 Kautschuk-Bäumen und 70 Hektar Baumwolle. Den Plantagenbesitzern zu Folge arbeiteten afrikanische Arbeitskräfte aufgrund der guten Bedingungen gerne auf der Plantage.[14] Dagegen berichteten Reisende 1912, dass dort „mancher Übergriff der Pflanzer gegenüber der arbeitenden Bevölkerung“ zu Aufständen führte und sogar der Gouverneur von ~~Deutsch-Ostafrika~~ gegen das Fehlverhalten der Plantagenbesitzer einschreiten musste.[15]

Nicht unweit von der Mombo-Plantage befand sich die Morogoro-Plantage des Kommerzienrats Georg Hirsch aus Gera, dessen Konsortium neben Plantagen in ~~Deutsch-Ostafrika~~ 1909 auch Pflanzungsgesellschaften in ~~Niederländisch-Indonesien~~ eröffnete, die Tee, Kautschuk, Palmöl, Palmkerne und Kaffee produzierten.[16] Der Multiunternehmer Hirsch hatte konkrete Pläne, wie er die Arbeiter:innen auf seinen Plantagen maximal ausbeuten konnte. Unter anderem wurden sie mit „Plantagengeld“ bezahlt, das nur dort Gültigkeit besaß. Somit gaben Arbeiter:innen ihren Lohn postwendend wieder im plantageneigenen Laden aus. |**Abb. 1**|

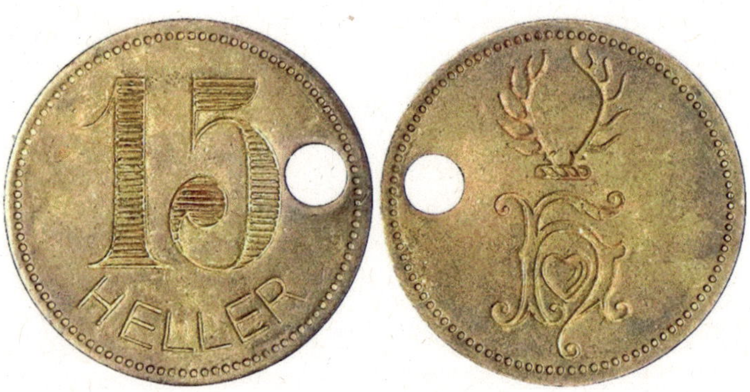

|**Abb. 1**| Heller Wertmarke o.J. Baumwoll- und Gummiplantage Georg Hirsch in der Morogoro-Region
www.delcampe.net

Wie diese Beispiele zeigen, waren die Thüringer „gärtnerischen“ Aktivitäten keineswegs auf die deut-

10 „Damals in Afrika – Das Modell der Regierungsplantage Victoria im Botanischen Museum“. Online unter: https://www.bgbm.org/de/node/1150 (Stand: 24.2.2021).

11 Eckert, Andreas: Grundbesitz, Landkonflikte und kolonialer Wandel. Douala 1880 bis 1960. Stuttgart 1999.

12 Puttkamer Jesko von: Gouverneursjahre in Kamerun. Berlin 1912, S. 102–104.

13 Ebd., S. 46–48; Eckert, Grundbesitz, S. 75.

14 BArch R 8024/139 und 164, Prospekt Kautschukplantage Mombo, 1909.

15 Hanisch, C./Schmidt, Jonas/Wallenberg-Pachaly, Gideon von: Ost-afrikanische Landwirtschaft. Berlin 1912, S. 37.

16 Jaeger, Hans: „Hirsch, Georg“. In: Neue Deutsche Biographie 9 (1972), S. 214

schen Kolonien beschränkt. So ließ sich auch der Wahlerfurter Heinrich Nipperdey 1884 vom belgischen König Leopold II für den Dienst in dessen „Kongo-Kolonie“ anwerben. Im selben Jahr hatten die in Berlin auf der „Kongo-Konferenz“ versammelten Kolonialmächte zugestimmt, dass der belgische König Leopold II, der aus dem Haus Sachsen-Coburg und Gotha stammte, das Kongogebiet in Zentralafrika zu seiner Privatkolonie machen konnte. Um die Ausgaben dafür zu decken, mussten Kongoles:innen unentlohnt Kautschuk an Leopold abtreten. Lieferten sie ihre Quote nicht, wurden sie massakriert und ganze Dörfer ausgerottet.[17]

Nipperdey wurde “Agrikultor” und so etwas wie ein landwirtschaftlicher Berater in Leopolds Kongo. Er hatte für die Kongoles:innen nur abwertende Worte übrig und verbreitete sein rassistisches Weltbild in mehreren Veröffentlichungen. So behauptete er, dass die Kongoles:innen nur aus Faulheit zu wenig Kautschuk lieferten und dies auch noch mit Hinterlist taten: „Obgleich dem [N-Wort] ein kolossales Phlegma innewohnt ist er doch hinterlistig und schlau, namenthlich wenn es sich um seinen Vortheil handelt.”[18] Nipperdey kombinierte hier Klischees von Faulheit und Verschlagenheit, die dazu dienten, die Zwangsverpflichtung der Kongoles:innen zur Arbeit zu rechtfertigen.

Nipperdey selbst erklärte sich angesichts des tropischen Klimas arbeitsunfähig. Er kehrte nach Deutschland zurück und ließ sich in Erfurt nieder, wo er in verschiedenen Sämereigeschäften arbeitete und schließlich den Erfurter Zweig der Deutschen Kolonialgesellschaft mitbegründete, die zur größten Koloniallobby in Europa heranwuchs.[19]

Trotz der intensiven Ausbeutung von Menschen und Umwelt waren weder Thüringer Plantagen noch Versuchsgärten sonderlich ertragreich. Einige Unternehmen zogen sich darum aus dem Geschäft zurück, auch wenn sich koloniales Engagement und „Kolonialwaren“ besser vermarkten ließen. Das Tabakunternehmen der Gebrüder Hoffmann & Triebel, das im 19. Jahrhundert zusammen mit drei anderen Tabakunternehmen das Bild der Erfurter Innenstadt prägte, entschied sich zum Beispiel gegen den Import von Tabak aus den jungen und noch ertragsarmen Kolonialplantagen, auch weil die Qualität des Tabaks gering schien. Stattdessen bezog man weiter Tabak aus Europa, wie aus Ungarn. Das war naheliegend, aber dem Produktmarketing wohl nicht zuträglich. Während Kautschuk-, Kakao-, und Kaffeeindustrie die koloniale Euphorie zur Vermarktung ihrer Produkte nutzen konnten, befand sich die Erfurter Tabakindustrie im freien Fall. Die Gebrüder Hoffmann & Triebel gaben 1908 ihr Geschäft auf.[20]

17 Hochschild, Adam: King Leopold's Ghost. A Story of Greed, Terror, and Heroism in Colonial Africa. New York 1998.

18 Nipperdey, Heinrich: „Zur Bedeutung der Wochenmarkte am Congo“. In: Revue Coloniale Internationale 4 (1887), S. 213.

19 Echtermeyer, Theodor (Hg.): Biographien in den Festschriften der Gärtnerlehranstalt Wildpark – Dahlem. Berlin 1899, S. 208.

20 Gutsche: Geschichte, S. 200, 260, 288.

Rassistische Garten- und Siedlungskulturen

Plantagen, Versuchsstationen und Ziergärten waren nicht immer voneinander zu trennen, vor allem weil Kolonialbeamte als Pflanzer und Hobbygärtner tätig wurden und Kolonist:innen sich als Teilzeitagronom:innen betätigten. Weiße Siedler:innen, welche die Aneignung von fruchtbarem Land als existenziell für ihre Siedlertum betrachteten, hegten darüber hinausgehende Erschließungsfantasien und lebten diese auch im Gartenbau aus. Thüringer:innen – man denke nur an die Neudietendorfer Plantagenbesitzerin und Erfinderin des Kolonialromans Frieda von Bülow – taten sich im Hinblick auf die Kolonialgärtnerei besonders hervor. Zu ihnen gehörte auch Maria Karow. Im Jahr 1909 berichtete die *Deutsche Kolonialzeitung* über sie: „Fräulein Maria Karow sprach am 5. April in der Abteilung Erfurt über Südwestafrika vor einem außergewöhnlich zahlreich erscheinenden Publikum.“ Karow hatte von 1905 bis 1909 bei ihrer Schwester als Siedlerin in Deutsch-Südwest-Afrika gelebt und berichtete nach ihrer Rückkehr in über 150 Vorträgen ausführlich über den Herero-Nama „Aufstand“, den sie als „beinahe Vernichtung der Hereros“ bezeichnete und damit durchaus verstand, dass es sich um den ersten deutschen Völkermord handelte. Ihre Memoiren veröffentlichte sie unter dem Titel „Wo sonst der Fuß des Kriegers trat – Farmerleben in Südwest nach dem Kriege“.

Als Mitglied des Kolonialen Frauenbunds schrieb Karow zudem für die Zeitschrift *Kolonie und Heimat*. Im Garten ihrer Schwester in Südwestafrika schien sie die „Heimat“ wiederzufinden. Sie widmete dem Garten der Siedlerfamilie in ihrem Buch über zehn von 255 Seiten. Einen Bezug zu Thüringen stellte sie immer wieder her, zum Beispiel als ihr europäische Blumen wie der rote Fingerhut in Afrika „liebe Thüringer Erinnerungen“ ins Gedächtnis riefen. Ihr Schwager schien den Garten mit Pedanterie anzulegen. Die „peinliche Genauigkeit“ beim Anlegen des Gartens, schrieb sie, führte dazu, dass der deutsche Farmer „mit der Wasserwaage“ durch den Garten lief. Der Garten enthielt sowohl Zierpflanzen als auch eine Tabakplantage.

Obwohl Karow den Afrikaner:innen in ihrem rassistischen Duktus durchweg bescheinigte, sie seien lediglich gut „im Lügen und Stehlen“ und würden sich ansonsten maximal durch ihre Trägheit auszeichnen, schienen zwei Herero-Gärtner:innen dafür zu sorgen, dass der Tabak gut gedieh und das Bewässerungssystem gut funktionierte. Ihre rassistischen Überlegenheitsfantasien erlaubten der Autorin aber nicht, die Leistung von Afrikaner:innen anzuerkennen. Sie bezeichnete sie weiterhin als „Sklavenseelen“, die „immer unzuverlässig, dabei dieblich und gefräßig in hohem Maße“ seien. Im Garten praktizierte die Siedlerfamilie ein rassistisches Segregationssystem, das dem weißen Kind im Haus verbot, alleine mit Schwarzen Kindern zu spielen. So fasste Karow zusammen, dass das „erste Erfordernis für den Ansiedler […] das Rassenbewusstsein“ ist, welches den „Rassenabstand“ hochalten sollte. Dafür spielte der Gartenbau, welche ihr zufolge einer der ureigensten Ausdrücke des Siedlerseins war, eine entscheidende Rolle.[21] |**Abb. 2**|

Die Thüringer „gärtnerischen“ Beziehungen in die Kolonien waren also mannigfaltig und wurden von Kolonialverwaltern, Unternehmern, Siedler:innen und einer allgemeinen Kultur des Kolonialen getragen. Die koloniale Gartenkultur des 19. Jahrhunderts ging von einem Gegensatz von Natur und Kultur aus und interpretierte ihn dahingehend, dass eine „kultivierte Natur“ durch den Kolonialismus erzwungen werden dürfe und müsse.[22] Wohin eine solche Vorstellung in Verbindung mit rassistischen und sozialdarwinistischen Weltbildern führen konnte, zeigte der Philosoph Zygmunt Bauman auf, als er die Völkermorde des 20. Jahrhunderts mit einer „gärtnerischen Tätigkeit“ verglich. Dabei sei es die „gärtnerische Herangehensweise, die Vegetation in erhaltenswerte ‚Kulturpflanzen' und Unkraut zu unterteilen, das ausgerottet werden soll.“[23] In seiner Anwendung auf Natur und Mensch war diese Garten-Logik, welche gleichzeitig ordnete und vernichtete, für Bauman zunächst eine Metapher zur Beschreibung nationalsozialistischer Ideologie. Sie bildete aber ebenfalls die Basis des Kolonialismus, in dem sich eine Kultivierungsmission mit der Vernichtung angeblich ineffizienter Anbaumethoden verband. In Kombination mit sozialdarwinistischen Ansichten führte diese Vorstellung viele Europäer:innen zum Kernsatz des Kolonialismus, Menschen hätten nur Anspruch auf Land und eine Existenz darauf, wenn sie dieses produktiv nutzten. Diese

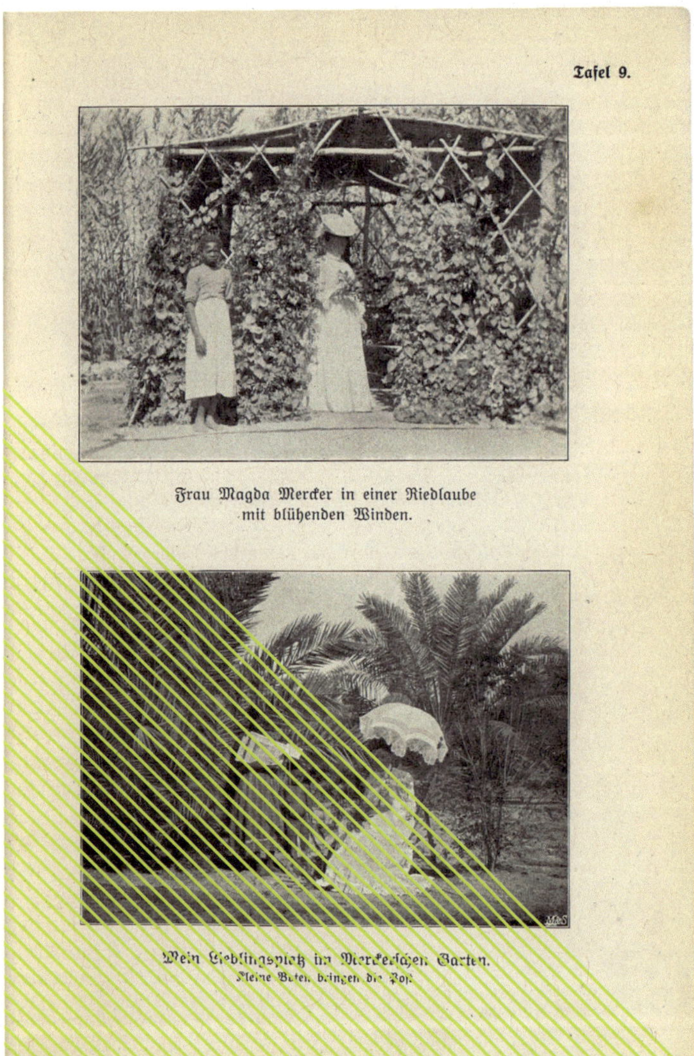

|**Abb. 2**| Rassistische Fotografien aus dem Buch Karow, Maria: Wo sonst der Fuß des Kriegers trat. Berlin 1909, Abb. 9.

21 Zitate aus: Karow, Maria: Wo sonst der Fuß des Kriegers trat. Berlin 1909.

22 Drayton, Richard: Nature's Government. Science, Imperial Britain, and the ‚Improvement' the World. Cambridge 2000.

23 Baumann, Zygmunt: Modernity and the Holocaust. Cambridge 1989, S. 13–14.

so genannte „labor theory of property" galt den meisten Weißen als selbstverständlich, ungeachtet der Tatsache, dass indigene Anbaumethoden meist weitaus produktiver als die kolonialen waren, weil sie bodenschonender und nachhaltiger waren. Insbesondere das Thüringer Monopol auf Garten-, Sämereien- und Plantagenexpertise verhinderte eine solche Einsicht.[24]

24 Bhandar, Brenna: Colonial Lives of Property. Law, Land, and Racial Regimes of Ownership. Durham 2018.

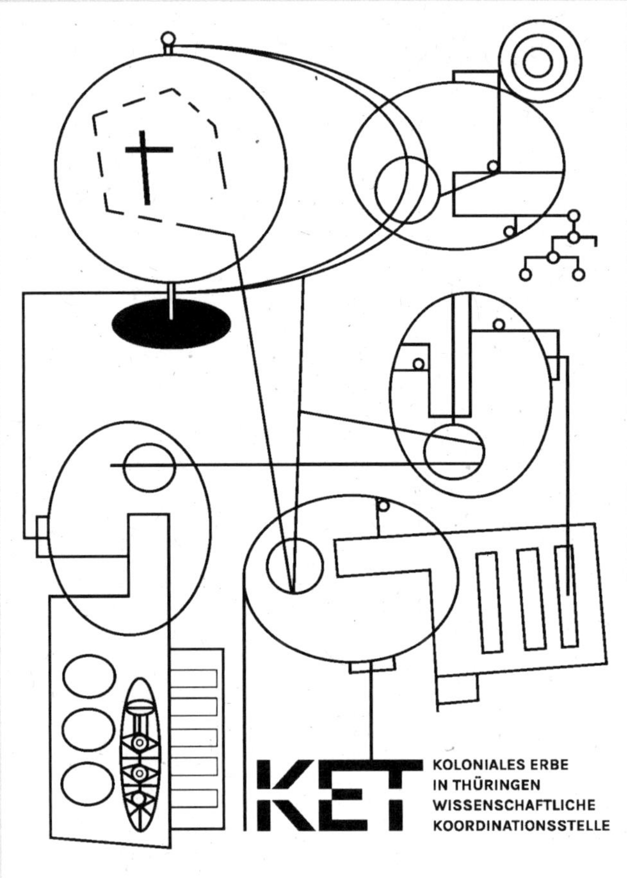
KET
KOLONIALES ERBE
IN THÜRINGEN
WISSENSCHAFTLICHE
KOORDINATIONSSTELLE

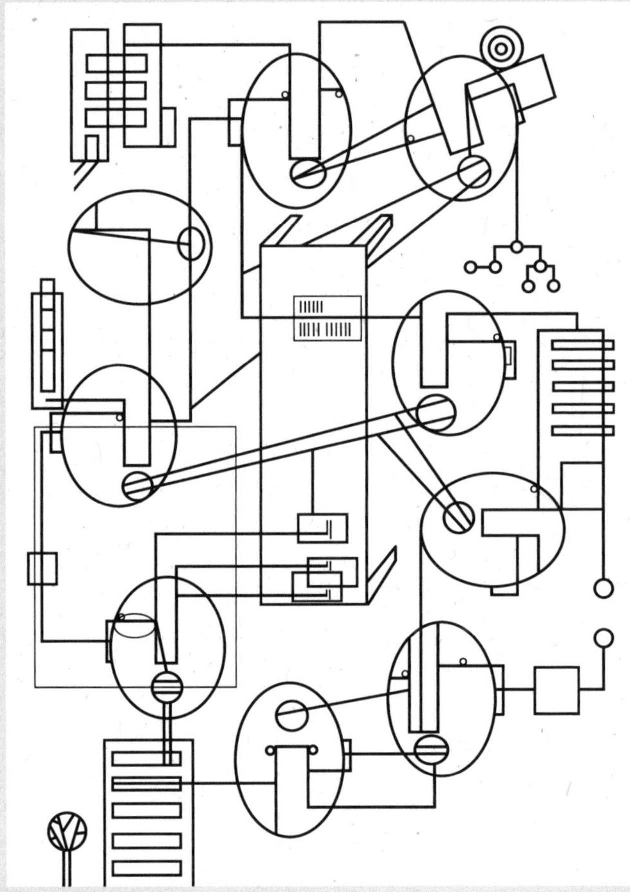

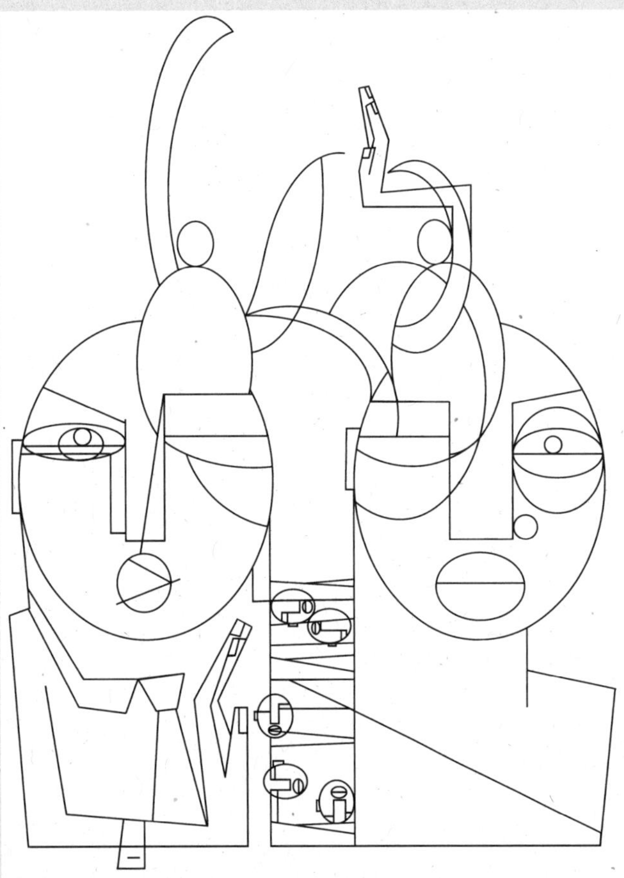

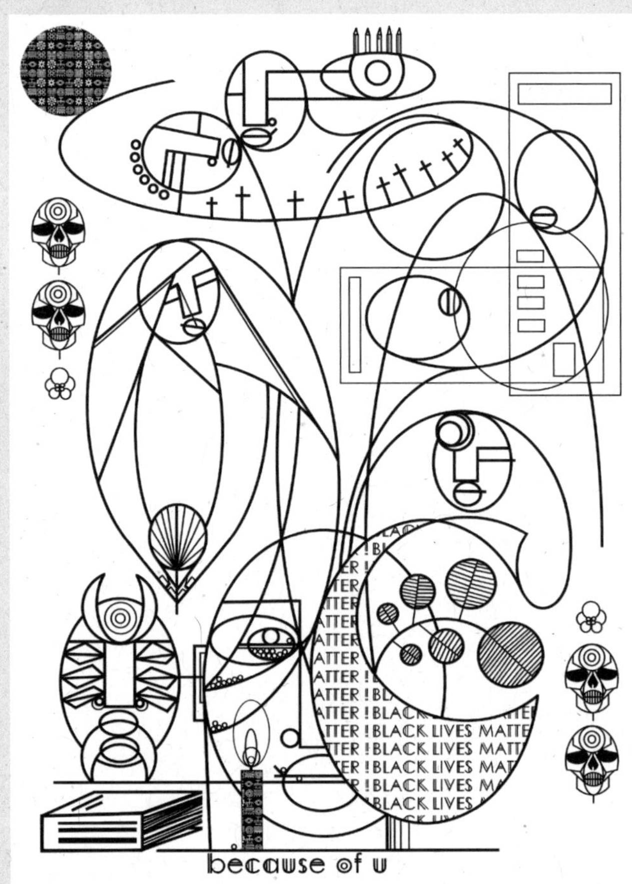
BLACK LIVES MATTER
because of u

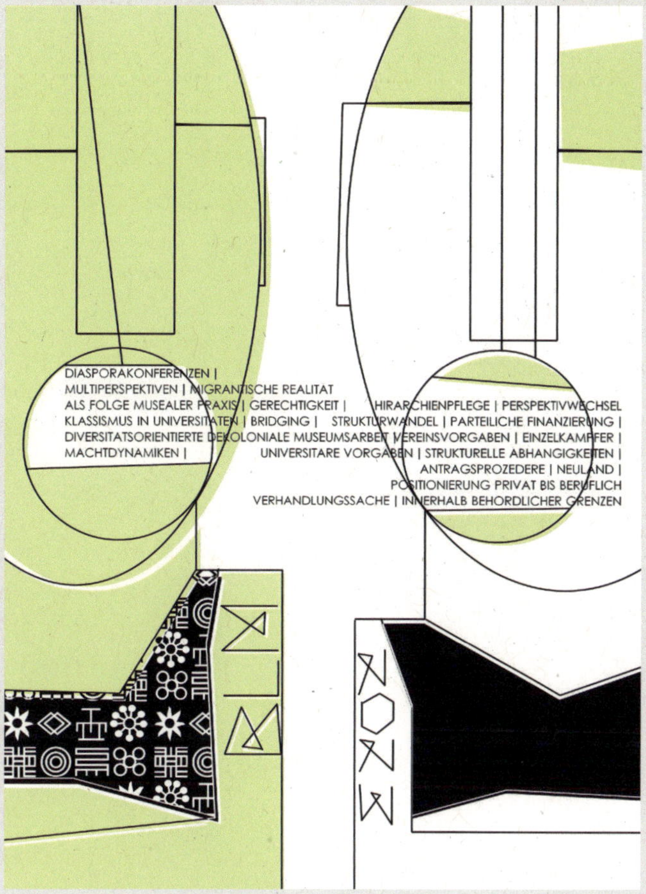
DIASPORAKONFERENZEN |
MULTIPERSPEKTIVEN | MIGRANTISCHE REALITAT
ALS FOLGE MUSEALER PRAXIS | GERECHTIGKEIT | HIRARCHIENPFLEGE | PERSPEKTIVWECHSEL
KLASSISMUS IN UNIVERSITATEN | BRIDGING | STRUKTURWANDEL | PARTEILICHE FINANZIERUNG |
DIVERSITATSORIENTIERTE DEKOLONIALE MUSEUMSARBEIT VEREINSVORGABEN | EINZELKAMPFER |
MACHTDYNAMIKEN | UNIVERSITARE VORGABEN | STRUKTURELLE ABHANGIGKEITEN |
ANTRAGSPROZEDERE | NEULAND |
POSITIONIERUNG PRIVAT BIS BERUFLICH
VERHANDLUNGSSACHE | INNERHALB BEHORDLICHER GRENZEN

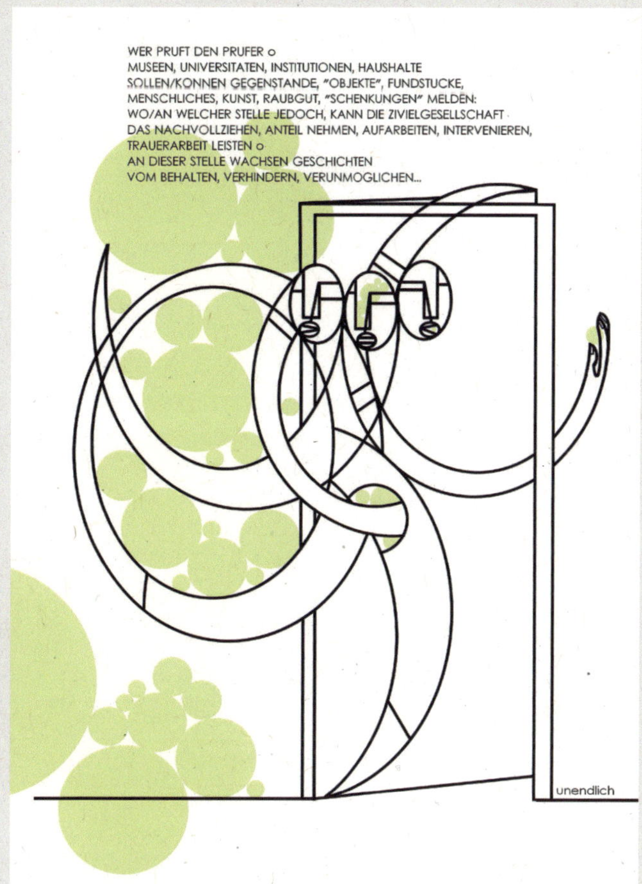
WER PRUFT DEN PRUFER o
MUSEEN, UNIVERSITATEN, INSTITUTIONEN, HAUSHALTE
SOLLEN/KONNEN GEGENSTANDE, "OBJEKTE", FUNDSTUCKE,
MENSCHLICHES, KUNST, RAUBGUT, "SCHENKUNGEN" MELDEN:
WO/AN WELCHER STELLE JEDOCH, KANN DIE ZIVIELGESELLSCHAFT
DAS NACHVOLLZIEHEN, ANTEIL NEHMEN, AUFARBEITEN, INTERVENIEREN,
TRAUERARBEIT LEISTEN o
AN DIESER STELLE WACHSEN GESCHICHTEN
VOM BEHALTEN, VERHINDERN, VERUNMOGLICHEN...
unendlich

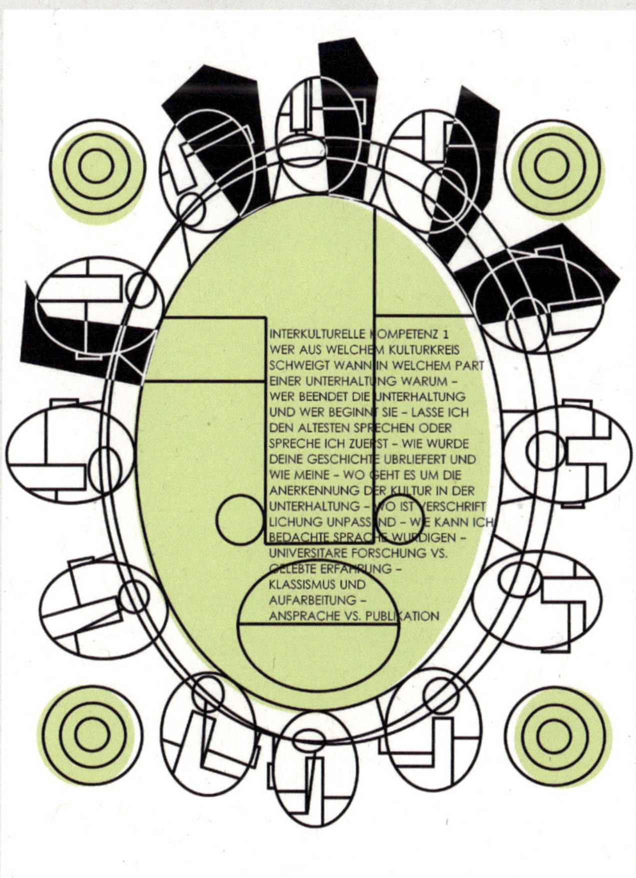
INTERKULTURELLE KOMPETENZ 1
WER AUS WELCHEM KULTURKREIS
SCHWEIGT WANN IN WELCHEM PART
EINER UNTERHALTUNG WARUM –
WER BEENDET DIE UNTERHALTUNG
UND WER BEGINNT SIE – LASSE ICH
DEN ALTESTEN SPRECHEN ODER
SPRECHE ICH ZUERST – WIE WURDE
DEINE GESCHICHTE UBRLIEFERT UND
WIE MEINE – WO GEHT ES UM DIE
ANERKENNUNG DER KULTUR IN DER
UNTERHALTUNG – WO IST VERSCHRIFT
LICHUNG UNPASSEND – WIE KANN ICH
BEDACHTE SPRACHE WURDIGEN –
UNIVERSITARE FORSCHUNG VS.
GELEBTE ERFAHRUNG –
KLASSISMUS UND
AUFARBEITUNG –
ANSPRACHE VS. PUBLIKATION

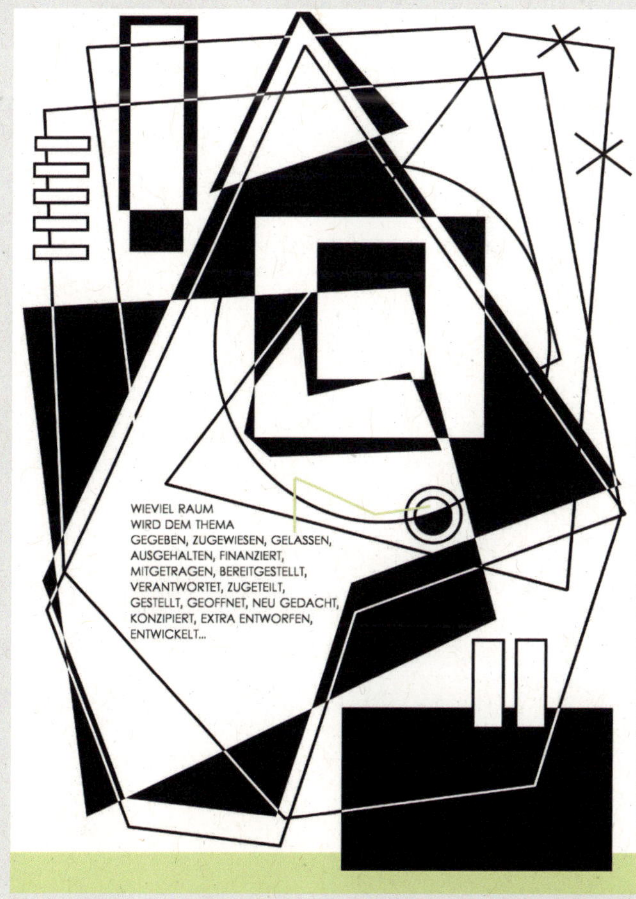
WIEVIEL RAUM
WIRD DEM THEMA
GEGEBEN, ZUGEWIESEN, GELASSEN,
AUSGEHALTEN, FINANZIERT,
MITGETRAGEN, BEREITGESTELLT,
VERANTWORTET, ZUGETEILT,
GESTELLT, GEOFFNET, NEU GEDACHT,
KONZIPIERT, EXTRA ENTWORFEN,
ENTWICKELT...

erinnernerinnernerin
erinnernerinnernerin
erinnernerinnernerin
erinnernerinnernerin
erinnernerinnernerin
erinnernerinnernerin
erinnernerinnernerin
erinnernerinnernerin
erinnernerinnernerin
erinnernerinnernerin
erinnernerinnernerin
erinnernerinnernerin
erinnernerinnernerin
erinnernerinnernerin
erinnernerinnernerin
erinnernerinnernerin
erinnernerinnernerin

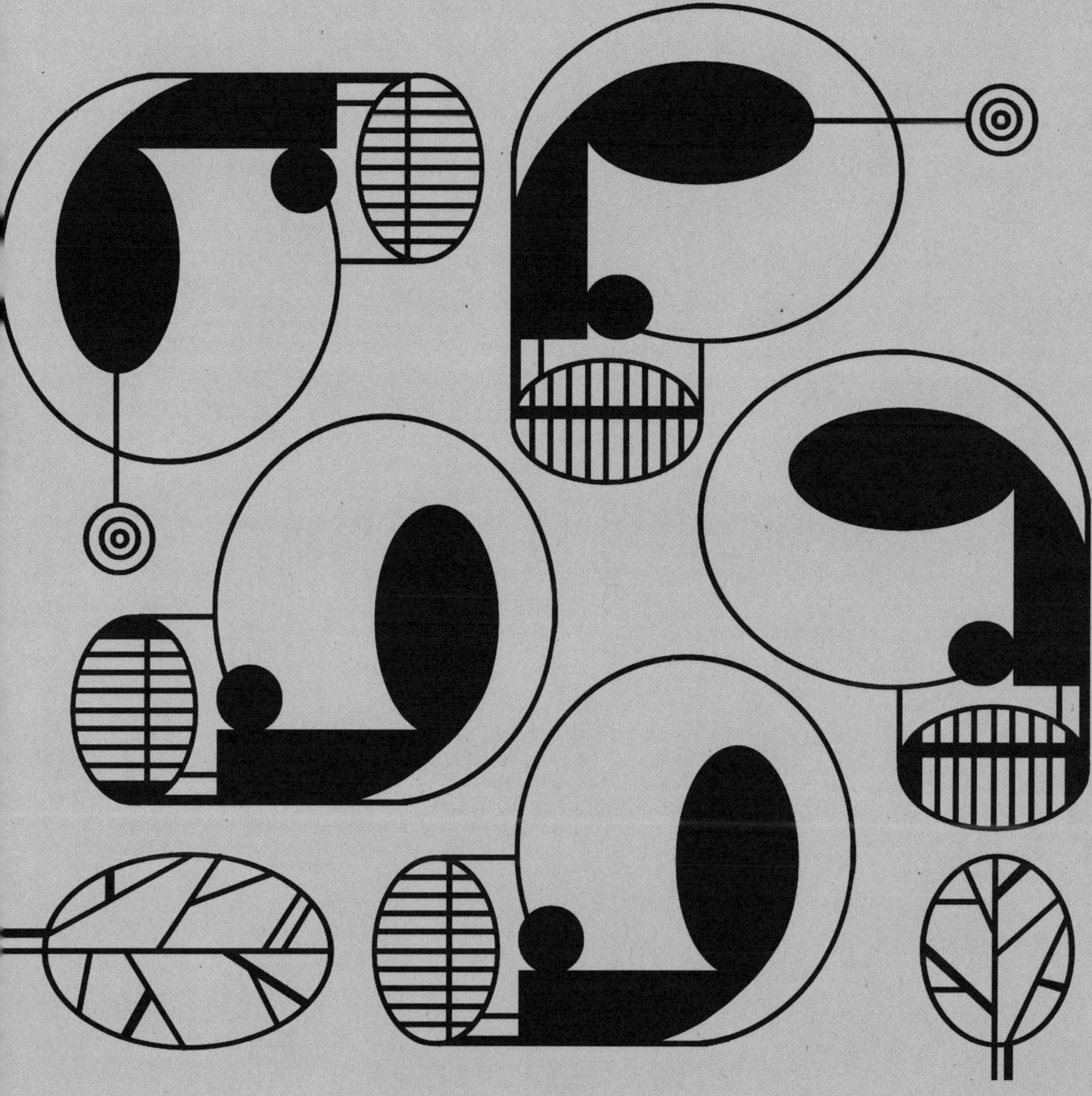

III KOLONIALITÄT

Kolonialismus ist mehr als Kolonien

(Im-)Materielle Spuren des Kolonialismus in Thüringen

KATHARINA NOWAK

3.1

Kollaborative Wissensproduktion

Widersprüche und verstricktes Erbe

Einleitung

Ethnologische Sammlungen und Museen spiegeln oft das koloniale Erbe wider, das durch Machtungleichgewichte und kulturelle Ausbeutung gekennzeichnet ist. Postkoloniale Provenienzforschung bedeutet, asymmetrische Machtverhältnisse durch kollaborative Zusammenarbeit zu dekonstruieren. Sie lenkt den „[...] Fokus auf die Erwerbsumstände kolonialzeitlicher Sammlungen“[1] und berücksichtigt die Folgen der europäischen Expansionen der letzten 500 Jahre.[2] Ziele der Kolonisation waren seit jeher die Aneignung von Arbeitskraft und Ressourcen, aber auch Wissen. Unsere Gegenwart ist von dieser Transformation der Welt geprägt. Die negativen Folgen sind die Zerstörung von Lebensformen und Natur, Zwangschristianisierung sowie die Versklavung und Enteignung von Menschen im Globalen Süden. Zudem wurden die kolonialen Expansionsbestrebungen von europäischen Mächten lange von der wissenschaftlichen Forschung vernachlässigt[3] und weiterhin noch als „Zivilisierungsmission“ oder „Goldenes Zeitalter“ positiv ausgedeutet. Exemplarisch wird dabei die Schaffung von Infrastruktur und Bildungseinrichtungen sowie die Vermittlung westlicher Kultur herausgestellt. Diese problematischen Narrative finden sich auch im Umgang mit Objekten aus kolonialen Kontexten wieder. Dabei werden auch Widerstände gegen die koloniale Expansion geleugnet, nicht ernst genommen und aus dem Narrativ verdrängt.[4] Dieser Beitrag möchte diese anderen, vergessenen Narrative sichtbar machen und sie als Teil der Gegenwart verankern.

Der Schwerpunkt der Analyse liegt auf dem *dekã in nin* (Bastklopfer) von den Marshallinseln. Das Fallbeispiel dient dazu, die kollaborative Wissensproduktion zu erläutern. Diese Untersuchung konzentriert sich auf die verschiedenen Praktiken, die im Umgang mit diesem Objekt Wissen produzieren, das heißt auf routiniertes Wissen, Denken, Meinen, Erinnern und Hoffen. Dieses Vorgehen beinhaltet eine Auseinandersetzung mit meiner Rolle als *weiße* Wissenschaftlerin[5] im Umgang mit marginalisierten Wissensformen, ohne in die Praktiken einzugreifen.[6] Dazu gehören nicht nur historische und zeitgenössische Kontexte, sondern auch die Alltagskulturen, aus denen die Objekte stammen, sowie die Praktiken von Sammler:innen, Händler:innen, Kurator:innen und Wissenschaftler:innen, die mit den Objekten interagierten. Es werden Fragen zur Herstellung, Nutzung, Erforschung und Ausstellung dieser Objekte aufgeworfen, wobei ein breiter Wissensbegriff verwendet wird, der nicht nur akademisches Wissen umfasst, sondern jegliches Wissen, das Menschen nutzen, um die Welt zu interpretieren und in ihr zu handeln.

Objekte können für verschiedene Akteur:innen unterschiedliche Bedeutungen haben. Aus der Perspektive der Museumswissenschaft können sie Zeichen sein.[7] Aus anthropologischer Sicht, zum Beispiel in der Arbeit von Marilyn Strathern, sind sie – die Objekte selbst – aktive Akteur:innen.[8] Welche Bedeutungen haben sie für die Herkunftsgesellschaften? Die wissensgenerierenden Praktiken von verschiedenen Akteur:innen erzeugen unterschiedliche, plurale Wissenssysteme. Diese sind

1 Lang, Sabine/Nicklisch, Andrea: „Den Sammlern auf der Spur: Provenienzforschung zu kolonialen Kontexten am Roemer- und Pelizaeus-Museum Hildesheim 2017/18“. In: Sabine Lang, Andrea Nicklisch, Claudia Andratschke (Hg.): Heidelberg 2021. Online unter: arthistoricum.net, https://doi.org/10.11588/arthistoricum.742, S. 21.

2 Edenheiser, Iris: „Die Anderen gibt es nicht mehr. Ethnologische Museen des 21. Jahrhunderts“. In: Revue Museums.ch. Schweizer Zeitschrift für Museen 12 (2017a), S. 1–25; Dies: „Entanglements: Colonial History, Art, and ‚Ethnographic objects‘. Two examples from Germany“. In: Antos, Zvjezdana et al. (Hg.): Museums and Innovations. Newcastle upon Tyne 2017b, S. 10–17; Förster, Larissa: „Problematische Provenienzen: museale und universitäre Sammlungen aus postkolonialer Perspektive“. In: Deutsches Historisches Museum (Hg.): Deutscher Kolonialismus. Fragmente seiner Geschichte und Gegenwart. Berlin 2016, S. 154–161; Stelzig, Christine: Afrika am Museum für Völkerkunde zu Berlin: 1873–1919. Aneignung, Darstellung und Konstruktion eines Kontinents. Herbolzheim 2004; Zimmerer, Jürgen: „Kulturgut aus der Kolonialzeit – ein schwieriges Erbe?“ In: Museumskunde 80 (2015), S. 22–25.

3 In seinem Aufsatz „Undenkbare Geschichte. Zur Bagatellisierung der haitianischen Revolution“ analysiert Trouillot 2002 das strukturelle Verschweigen kolonialer Ereignisse der Geschichtswissenschaften, den Ausschluss schwarzer Narrative aus dem Kanon und dessen rassistische Wirken bis in die Gegenwart.

hierarchisch geordnet und interagieren in Machtbeziehungen. Dazu beleuchte ich die Zusammenhänge zwischen Wissensproduktion und Machtpositionen anhand der *Erfurter Südsee-Sammlung*.

Im Folgenden skizziere ich anhand des *dekã in nin* (Bastklopfers) Erkenntnisse seitens der musealen Wissenspraktiken und der kollaborativen Forschung. Kollaborative Forschung bedeutet, dass Herkunftsgemeinschaften aktiv in den Forschungsprozess einbezogen werden, von der Festlegung der Forschungsfragen über die Datensammlung bis hin zur Interpretation und Verbreitung der Ergebnisse. Diese Kooperationen zielen darauf ab, die Stimmen und Perspektiven der Akteur:innen aus den Herkunftsgemeinschaften zu stärken und ein gerechteres Verständnis ihrer Geschichte, Kultur und Identität zu fördern. Die Zusammenarbeit mit den Marshallinseln in kollaborativer Forschung hat eine besondere Bedeutung für die postkoloniale Provenienzforschung. Die Marshallinseln waren einst unter deutscher, später japanischer und schließlich amerikanischer Kolonialherrschaft. Während dieser Zeit wurden zahlreiche materielle Kulturgüter von den Marshallinseln entfernt und in westlichen Sammlungen und Museen untergebracht. Durch die kollaborative Forschung wird nicht nur versucht, die Herkunft und Geschichte dieser Objekte aufzudecken, sondern auch die Auswirkungen des Kolonialismus auf die Bevölkerung zu verstehen. Indem ihre Stimmen gehört und anerkannt werden, kann die postkoloniale Provenienzforschung einen Beitrag zur Wiederherstellung kultureller Souveränität und Identität leisten. Im Anschluss rekonstruiere ich die *Erfurter Südsee-Sammlung* und stelle kurz die Biografie von Wilhelm Knappe, einem deutschen Kolonialbeamten, vor. Im Fazit fasse ich schließlich Chancen und Grenzen kollaborativer Wissensproduktion zusammen und gebe einen Ausblick auf die zukünftigen Anforderungen an eine Museumspraxis, die sich kritisch mit ihren kolonialen Objekten auseinandersetzt.

Die Erfurter Südsee-Sammlung

Der Bastklopfer ist Teil der Sammlung von ethnografischen Objekten, die während der Kolonialzeit nach Erfurt gelangten. Sie stammen aus dem Gebiet der damaligen deutschen Kolonie im heutigen Papua-Neuguinea, den Marshallinseln, Samoa und anderen Inseln des Bismarck-Archipels[9] und bilden die sogenannte *Erfurter Südsee-Sammlung*.[10] Die heute etwa 600 Objekte (ursprünglich waren es 900 Objekte) befinden sich seit 1889 in Erfurt.[11] Diese hatte sich Wilhelm Knappe (1855–1910)[12] in dem Zeitraum 1885/86 angeeignet und im Museum für Thüringer Volkskunde in Erfurt aufbewahrt.[13] Bei den Objekten handelt es sich um Gebrauchs- und Kultgegenstände, Musikinstrumente, Schmuck und Waffen.[14] Knappe legte auch ein umfangreiches Fotoarchiv mit Aufnahmen von seinem Aufenthalt in Samoa und den Marshallinseln an. Zudem gibt es einige Objekte, die im Juni 1928 mit dem Königlichen Museum für Völkerkunde Berlin ausgetauscht wurden.[15]

Knappe war von 1886 bis 1887 der erste kaiserliche Kommissar der Marshallinseln in Jaluit und von 1888 bis 1889 Konsul in Samoa.[16] Als Knappe 1889 in seine Heimatstadt Erfurt zurückkehrte, verkaufte er die Sammlung an diese.[17] Bis heute ist sie Teil des Museums für Thüringer Volkskunde. In einer Publikation von 2005 erklärt das Museum, dass die Sammlung durch bürgerschaftliches Engagement in Erfurt blieb.[18]

Anhand von Quellen- und Archivmaterial rekonstruierte ich die Geschichte der Sammlung.[19] Die Beschreibung der Sammlung, die Knappe 1891 veröffentlichte, zeigt, dass er an den Geschichten hinter den Menschen und Dingen interessiert war.[20] In seinem selbst verfassten Katalog von 1890 ging er auf die Herstellung und Materialität der Objekte ein.[21] Ergänzende relevante Quellen sind Ausstellungskataloge und die Ausstellungen selbst.[22] Um eine breitere Kontextualisierung der Objekte zum einen im kolonialen Umfeld und zum anderen aus verschiedenen Perspektiven

4 Trouillot, Michel-Rolph: „Undenkbare Geschichte. Zur Bagatellisierung der haitianischen Revolution". In: Sebastian Conrad/Shalini Randeria (Hg.): Jenseits des Eurozentrismus. Post-koloniale Perspektiven in den Geschichts- und Kulturwissenschaften. Frankfurt a. M. 2002, S. 84–115.

5 Haraway, Donna: „Situated Knowledges: The Science Question in Feminism and the Privilege of Partial Perspective". In: Feminist Studies 14, (1988/3), S. 575–599.

6 Sørensen, Estrid/Schank, Jan: „Einführung. [Praxeographie]". In: Susanne Bauer et al. (Hg.): Science and Technology Studies: Klassische Positionen und aktuelle Perspektiven. Berlin 2017, S. 407–428, S. 421.

7 Scholze, Jana: „Kultursemiotik: Zeichenlesen in Ausstellungen". In: Joachim Baur: Museumsanalyse. Bielefeld 2015, S. 121–148.

8 Strathern, Marilyn: "The Decomposition of an Event." 1992, Cultural Anthropology 7, 2: 244–254.

9 Für einführende Literatur über Melanesien siehe Sillitoe, Paul: "Social Change in Melanesia. Development and History." Cambridge 2000.

10 Für eine ausführlichere Darstellung der Sammlung siehe Nowak, Katharina: „Postkoloniale Sammlungsforschung. Zur Dekolonisation von ethnographischen Sammlungen durch kollaborative Wissensproduktion". In: Junges Forum für Sammlungs- und Objektforschung – Band VII. Herausgegeben von der Gesellschaft für Unversitätssammlungen e.V., 2023, S. 43–52.

11 Höfer, Iris: „Bejubelt, beargwöhnt, vergessen: Die Stadt Erfurt und ihre Knappe-Sammlung". In: Marina Moritz/Kai Uwe Schierz (Hg.): Reisen ins Paradies. Die Erfurter Südseesammlung im Spiegel der Kunst. Katalog zur Ausstellung. Erfurt 2005, S. 101–118, S. 101.

12 Eine kritische Würdigung der Person Wilhelm Knappe findet sich bei Hoes, Charlotte: „Wie hast du's mit der Wissenschaft? Zur Kolonialität der Erfurter ‚Südseesammlung'". In: Historische Anthropologie 30 (2002/1), S. 100–109.

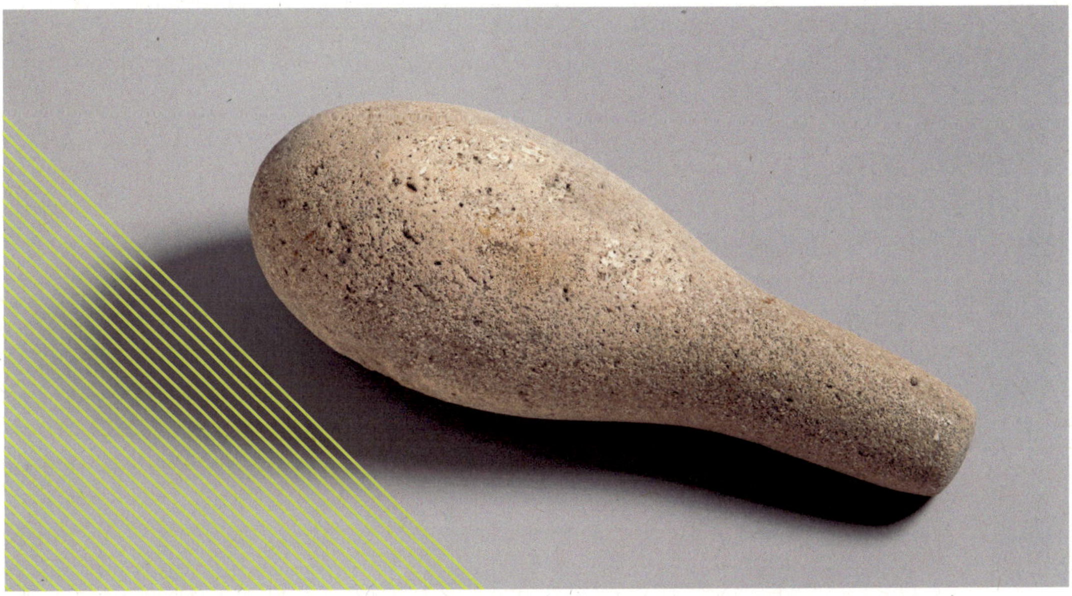

|**Abb. 1**| *dekā in nin,* Nr. 117
Mit freundlicher Genehmigung © Museum für Thüringer Volkskunde Erfurt/ Stadtverwaltung Erfurt, Foto Dirk Urban

zu ermöglichen, habe ich weitere koloniale Quellen einbezogen.[23] Die Analyse des Bastklopfer |**Abb. 1**|[24] dient als Fallstudie zur Untersuchung von Quellen und Archivalien. Zu den ausgewerteten Archivalien des Museums- und des Stadtarchivs gehören Inventarkarten, Schriftverkehr, Fotoalben und Ausstellungskataloge. Ergänzend habe ich versucht, mir die Objekte mittels kollaborativer Forschung zu erschließen, indem ich ethnografische Interviews[25] mit zwei Expert:innen der Marshallinseln im Rahmen einer erweiterten Sammlungsforschung geführt habe.

dekā in nin

Dieser schwere, weiße Bastklopfer mag wie ein einfacher Knüppel aussehen, aber für die Menschen auf den Marshallinseln ist er unverzichtbar, da er in ihrem Alltag eine wichtige Rolle spielt. Die lokale Bezeichnung für Bastklopfer ist *dekā in nin* und sie werden bis heute als Werkzeug verwendend. Bastklopfer sind auch gegenwärtig von entscheidender Bedeutung für die Gemeinschaft der Marshallinseln; In einem Interview[26] macht Alson 'Tuak' Kelen, Direktor des Waan Aelōñ in Majel (WAM)[27] Teams auf den Marshallinseln, deutlich: „Bastklopfer werden aus der Riesenmuschel hergestellt. Da es auf den Korallenatollen keine Felsen und Steine gibt, war dies das härteste verfügbare Material. Der *dekā in nin* wird verwendet, um Pandanusblätter glatt zu klopfen, damit sie für das Weben geschmeidig werden. Pandanusblätter werden nicht nur für Dächer verwendet, sondern auch für Stoffe, Matten, Körbe und Segel. Der *dekā in nin* ist Symbol für die Weiterführung des Familienerbes. Zusammen mit der Verantwortung für das Land, wird er von der Mutter an die älteste Tochter weitergegeben."[28]

Der Künstler Nenol Kaminaga von den Marshallinseln teilte mit mir folgendes Wissen über *dekā in nin*: „Und diese sind auch wichtig, die Klopfer. Sie haben zwei verschiedene Werte, einmal das Schlagen des Pandanusblattes. Und dann gibt es da noch den Fall, dass eine Mutter ihn an ihre Tochter weitergibt, das ist eine wirklich große Sache. Es symbolisiert das Erwachsenwerden. Man bekommt ihn, wenn man gerade erst erwachsen geworden ist. Dann übernimmt man ihn. Das hat eine große Bedeutung, aber wir halten diese Praxis nicht bis zum heutigen Tag aufrecht."[29]

Zudem wurde der Klopfer auch für die Herstellung der Segel der Auslegerboote benötigt, die auch heute noch als Quelle des Nationalstolzes geschätzt werden. Während die Segel früher aus den Fasern der Pandanuspflanze hergestellt wurden,

13 Knappe, W.: Katalog der ehemaligen Dr. Knappe'schen Sammlung und der vereinigten privaten ethnographischen Sammlungen im Herrenhause des großen Hospitals zu Erfurt. Erfurt 1890.

14 Höfer: Bejubelt, beargwöhnt, vergessen, S. 106–107.

15 Melk-Koch, Marion: „Die Südsee". In: Moritz/Schierz (Hg.): Reisen ins Paradies, S. 15–19, S. 15.

16 Mückler, Hermann: Die Marshall-Inseln und Nauru in deutscher Kolonialzeit. Berlin 2016.

17 Rassloff, Steffen: Wilhelm Knappe (1855–1910). Staatsmann und Völkerkundler im Blickpunkt deutscher Weltpolitik. Jena 2005, S. 68.

18 Archiv Museum für Thüringer Volkskunde, Akte Knappesammlung, Blatt 6, Rundschreiben des „Comitè für Erwerbung der ethnographischen Sammlung des Consuls Dr. Knappe" vom 1. März 1889.

19 Thomas, Nicholas: Entangled Objects. Exchange, Material Culture, and the Colonialism in the Pacific. Cambridge, MA u. a. 1991.

20 Beschreibungen und Erläuterungen des Konsuls a.D. Herrn Dr. Knappe zu den von ihm in den Jahren 1885–1889 auf den Inseln der Südsee gemachten ethnographischen Sammlungen, Erfurt 1891.

21 Knappe, W.: Katalog der ehemaligen Dr. Knappe'schen Sammlung und der vereinigten privaten ethnographischen Sammlungen im Herrenhause des großen Hospitals zu Erfurt. Erfurt 1890.

22 Auch im Stadtarchiv Erfurt gibt es einschlägige Archivalien, wie Zeitungsartikel zu den Ausstellungen, Grundrisse der historischen Ausstellungsräume und Vitrinen, Digitalisate der Glasplatten mit den Fotografien.

23 Weitere archivarische Quellen finden sich im Politischen Archiv des Auswärtigen Amts in Berlin.

24 Vgl. Abb. 1.

25 Vgl. Schlehe, Judith: „Qualitative ethnographische Interviews". In: Bettina Beer/Anika König (Hg.): Methoden ethnologischer Feldforschung. 3. überarbeitete und erweiterte Auflage. Berlin 2020, S. 91–112, S. 91.

werden heute jedoch moderne Stoffe für die Segel von den Bootsbauer:innen verwendet.

Wie gelangte ein solch kulturell wertvolles Objekt in die sogenannte Erfurter Südsee-Sammlung? Die *Erfurter Südsee-Sammlung* erlebte seit ihrer ersten öffentlichen Präsentation im Jahr 1891 bis heute verschiedene Ausstellungsphasen, die stark von politischen Kontexten geprägt waren.[30] Die erste Ausstellung der damals noch genannten *Knappe'schen Sammlung*[31] fand ein Jahr nach dessen Rückkehr im Herrenhaus des Großen Hospitals statt.[32] Zu diesem Zeitpunkt war die Sammlung bereits im städtischen Besitz übergegangen. Knappe beschreibt den Bastklopfer in seinen Aufzeichnungen als „Keule aus Korallenstein zum Mattenklopfen"[33]. Im Katalog zur Ausstellung sind die Objekte nach geografischer Einteilung, anhand der damaligen Vitrinen im Ausstellungsraum, aufgeführt.[34] Die Strategie Knappes, „echte Sachen"[35] zu sammeln, betonte den Wert der Authentizität.

Bei der Untersuchung der Inventarkarte stellte ich fest, |**Abb. 2**| dass die Bezeichnung des Materials „Tridacna Gigas", welche mit Bleistift auf die Inventarkarte ergänzt wurde, falsch ist und es sich tatsächlich um versteinerte Koralle handelt. Zudem sind Rostspuren von Montierung auf dem Bastklopfer zu erkennen. Die gegenwärtige Museumsinventarnummer des Objekts lautet 117, während im Katalog zur ersten Ausstellung die Nummer 178[36] verwendet wurde.[37] Dieser Wechsel wurde während der Neunummerierung der gesamten Sammlung vorgenommen. Die Beforschung der Museumsarchivalien in Erfurt ergab, dass das Objekt bereits früher in einer Ausstellung gezeigt wurde und dass keine Sammlernummer 178 auf dem Objekt zu finden ist.

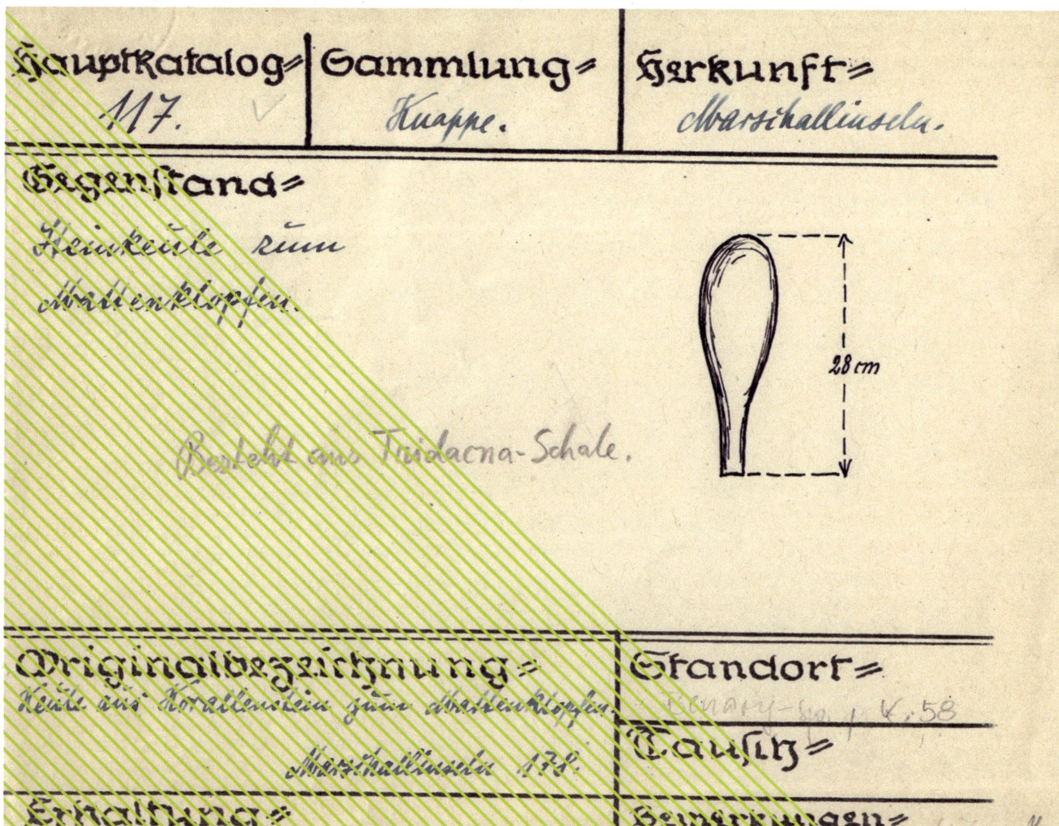
Hauptkatalog: 117.
Sammlung: Knappe.
Herkunft: Marshallinseln.
Gegenstand: Steinkeule zum Mattenklopfen.
Besteht aus Tridacna-Schale.
28 cm
Originalbezeichnung: Keule aus Korallenstein zum Mattenklopfen. Marshallinseln 178.
Standort:
Tausch:
Erhaltung:
Bemerkungen:

|**Abb. 2**| Inventarkarte des *dekā in nin*, Nr. 117

Mit freundlicher Genehmigung © Museum für Thüringer Volkskunde Erfurt/ Stadtverwaltung Erfurt

26 Das Interview wurde im Dezember 2022 im Rahmen der Ausstellung „Wasser Botschaften" (MARKK) geführt. Mehr Informationen zur Ausstellung finden sich unter: https://markk-hamburg.de/ausstellungen/wasser-botschaften (Stand: 25.3.2024); Nowak, Katharina/Wild, Johanna (Hg.): Wasser Botschaften. Katalog zur gleichnamigen Ausstellung. Museum am Rothenbaum – Kulturen und Künste der Welt. Hamburg 2023.

27 Das Waan Aelõñ in Majel (WAM) Programm hat es sich zur Aufgabe gemacht, junge Menschen aus den Marshallinseln zu stärken, indem sie ihnen die Fähigkeiten des Bootsbaus vermittelt, die sie für eine nachhaltige Zukunft benötigen. Online unter: https://www.canoesmarshallislands.com/ (Stand: 24.4.2024).

28 Geglättete und übersetzte Fassung des o. g. Interviews aus dem Dezember 2022 mit Alson Kelen.

29 Geglätteter und übersetzter Ausschnitt aus Interview im April 2023 mit Nenol Kaminaga.

30 Für eine ausführlichere Darstellung der Historie der Sammlung siehe Nowak, Katharina: „Colonial Entanglement, ‚South Sea' Imaginations and Knowledge Production". In: Claudia Andratschke et al. (Hg.): Provenance Research on Collections from Colonial Contexts: Principles, Approaches, Challenges. Online unter: arthistoricum.net-ART-Books, 2023, S. 180–191. https://doi.org/10.11588/arthistoricum.1270

31 Stadtarchiv Erfurt, 1-2/322-4838, ohne Blattangabe, Korrespondenz zur Wiedereröffnung der Sammlung, vom 5. November 1941.

32 Höfer 2005, S. 109, 112. Und Stadtarchiv Erfurt, Akte 7/141-202, Grundrisse der Räume des Großen Hospitals.

33 Beschreibungen und Erläuterungen des Konsuls a. D. Herrn Dr. Knappe zu den von ihm in den Jahren 1885–1889 auf den Inseln der Südsee gemachten ethnographischen Sammlungen, Erfurt 1891, S. 57.

Fazit

Neben der Provenienzforschung, das heißt der Rekonstruktion von Objektbiografien, sind vor allem die Perspektiven der Menschen aus den Herkunftsgesellschaften unerlässlich, die im Rahmen dieser kollaborativen Forschung prägend für die Untersuchung waren. Denn im Dialog mit Menschen aus der Herkunftsregion können deren Perspektiven und traditionelles Wissen integriert werden. Zudem verfügen sie über Wissen, welches Einordnungen der Objekte fundiert. Dies führt zur Erkenntnis, dass der Bastklopfer nicht nur zur Herstellung von Flechtarbeiten diente, sondern auch ein wichtiges Symbol für das Erwachsenwerden von Frauen war. Im Dialog mit Nenol Kaminaga wird deutlich, dass der Bastklopfer, der normalerweise von Mutter zu Tochter weitergegeben wird, durch diese matrilineare Vererbung an Bedeutung gewinnt. Aufgrund der kulturellen Bedeutung des Bastklopfers liegt die Vermutung nahe, dass Knappe das Objekt möglicherweise unrechtmäßig erworben hat. Eine weitere These betrifft die mögliche Auswirkung auf die Qualität von heutigen Matten, da die historischen Bastklopfer nicht mehr verwendet werden können, da sie sich in verschiedenen Sammlungen außerhalb der Marshallinseln befinden. Das Fehlen dieses Werkzeugs hinterlässt demnach kulturelle Spuren: Indem die alten Bastklopfer sich in hiesigen Museumssammlungen befinden, sind sie ihrer Funktion und ihrem Kontext entrissen.

Schließlich war die Zusammenarbeit mit den Marshallinseln in kollaborativer Forschung entscheidend dafür, eine inklusivere Forschungspraxis zu fördern und den Weg für eine postkoloniale Provenienzforschung zu ebnen. Der in dieser Arbeit praktizierte Einbezug historischer und ethnologischer Methoden und Ansätze legt nahe, den Globalen Süden und den Globalen Norden gleichzeitig und als Teil einer global vernetzten Welt zu sehen, an der sie jedoch unter asymmetrischen Bedingungen partizipieren.[38] Das Bewusstmachen der ungleichen Bedingungen kann Machthierarchien hinterfragen, jedoch diese nicht komplett auflösen. Folglich leitet die Methode des kollaborativen Dialogs einen Beitrag zur Dekolonisierung der Wissensproduktion in musealen Sammlungen. Dies sollte in Ausstellungen, durch multivokale Narrative sichtbar (bzw. hörbar) und in der Sammlungsarbeit berücksichtig werden. Zusammenfassend halte ich fest, dass kollaborative Zusammenarbeit einen kritischen Blick auf die Vergangenheit ermöglicht und den Wissenskanon erweitert, indem sie die bisherigen Leerstellen in der Wahrnehmung gewissermaßen als *weiße* Flecken sichtbar macht.

34 Katalog der ehemaligen Dr. Knappe'schen Sammlung und der vereinigten privaten ethnographischen Sammlungen im Herrenhause des großen Hospitals zu Erfurt, 1890.

35 Archiv Museum für Thüringer Volkskunde, Akte Knappesammlung, Blatt 33, Offerte von Knappe an Stadt Erfurt.

36 Katalog der ehemaligen Dr. Knappe'schen Sammlung, S. 30.

37 Vgl. Abbildung 2.

38 Begrich, Roger/Randeria, Shalini: „Historiographie und Anthropologie. Zur Kritik hegemonialer Wissensproduktion bei Talal Asad, Bernard S. Cohn und der Subaltern Studies Group". In: Julia Reuter/Alexandra Karentzos (Hg.): Schlüsselwerke der Postcolonial Studies. Wiesbaden 2012, S. 69–84.

3.2

PAUL TAKU BISONG

Bernhard Weissenborn: The First "Colonial Zoologist" in Cameroon

Between 1848 and 1914, a wave of German scholars travelled to Africa, enticed by the colonial promise of geographical, anthropological, and scientific "discoveries". These *Afrikareisende* (literally "Africa travellers") documented their journeys through narrative reports, which were the primary means of publicly disseminating their experiences at the time.[1] This period saw the arrival of more missionaries, the establishment of commerce, the transition from tribal independence to colonial rule and a major influx of "businessmen" bent on exploring, exploiting and exporting.[2] European investigations on their territories' biomes serve as an early source of the continent's natural history from a colonial perspective. Historical samples and biological records from the colonial period can contribute to our understanding of present-day biodiversity and global changes in biodiversity while aiding in the development of better strategies for managing biological resources.[3]

Cameroon was officially annexed by Germany in July 1884 through the Germano-Douala treaty. A plan for an expedition to set up a research station tasked with studying the natural environment in the territory's hinterland was deliberated in 1886 and officially announced in summer 1887. This undertaking, later dubbed the "Batanga Expedition", was to be headed by Richard Kund, with the assistance of Hans Tappenbeck. By 1889, the expedition had established the *Jaunde* research station in Cameroon, which formed the nucleus from which the present-day capital of Cameroon, Yaoundé, emerged. The station was used primarily for anthropological and scientific research and furnished the Germans with preliminary knowledge of the territory's hinterland, including its biome, climate, topography and soil, as well as the indigenous population, their culture and settlements. The station also served as a base for further geographical expeditions, including that of Curt von Morgen[4] and Hans Tappenbeck[5] in 1889.

One crucial member of Kund's team on the Batanga Expedition was the Thuringian Bernhard Weissenborn, who had been mentored by the renowned German zoologist Ernst Haeckel, professor at the University of Jena. Weissenborn is reported to have been the first German zoologist to visit the hinterland of the *Kamerun* territory. As the pioneering researcher into Cameroon, Weissenborn was charged with achieving the expedition's research objectives single-handedly and was to become its most important participant. As a zoologist, he focused mostly on the animals, collecting objects pertinent to natural history for German museums and drafting the first official report on Cameroon's wildlife.

Literature from the archives of the Ernst Haeckel Haus (EHA) Jena, the University Archives Jena (UAJ), the Federal Archives (Bundesarchiv) Berlin (BArch) and the Cameroon National Archive (CNA) were reviewed for this paper. Archived literature in Old German Script was transcribed. The main secondary source was a publication of the German Colonial Society (Deutsche Kolonialgesellschaft) of 1889[6] in which Weissenborn's research report was published. To enhance legibility, texts and quotations have been translated from the original German into English.[7]

1 Reimann-Dawe, Tracey: "Time and the Other in Nineteenth-Century German Travel Writing on Africa". In: Transfers 6(3) (2016), p. 99–116.

2 Fanso, Verkikika G.: "Background to the Annexation of Cameroon, 1875–1885". In: Revue Culturelle Camerounaise Abbia 29/30 (1975), p. 231–280.

3 Manfred, Ade/Frahnert, Sylke/Starck, Christa: "Analysing Databases of Southern African Material at the Museum fur Naturkunde in Berlin". In: Library 77 (2001), p. 325–331.

4 Morgen, Curt von: Durch Kamerun von Süd nach Nord – Reisen und Forschungen im Hinterlande, 1889 bis 1891 [1893]. Norderstedt 2016, p. 55–60.

5 Morgen, Curt von: A travers le Cameroun du Sud au Nord: voyages et explorations dans l'arrière-pays de 1889 à 1891 [1893]. Ed. by P. Laburthe-Tolra. Paris 1982.

6 Deutsche Kolonialgesellschaft: Mittheilungen von Forschungsreisenden und Gelehrten aus den deutschen Schutzgebieten: mit Benutzung amtlicher Quellen. Berlin 1889, p. 100–142.

7 In a few cases, using English equivalents might have distorted the original meaning.

8 Gissibl, Bernhard: The Nature of German Imperialism: Conservation and the Politics of Wildlife in Colonial East Africa. New York u. a. 2016, p. 18(22)–21(25).

9 In his curriculum vitae of 18 November 1885, obtained and transcribed at the University Archives Jena (UAJ, M 482, fol. 25r), Bernhard Weissenborn provides a detailed insight into his biography. Letters held at the archives of the Ernst Haeckel House in Jena further fleshed out his academic life and professional experience.

Data was also assessed from catalogues and inventories, as well as on specimens, at the Museum of Natural History in Berlin; the museum held an official mandate as a clearing house for all zoological collections obtained on official expeditions to Africa between 1889 and 1911.[8] Furthermore, data was assessed from the Jena Phyletic Museum, part of the Zoology Institute at the Friedrich-Schiller University of Jena, where Weissenborn had worked as a museum custodian.[9]

Biography of Bernhard Weissenborn and his Role in the Batanga Expedition

Going by his own curriculum vitae,[9] Bernhard Weissenborn |**Fig. 1**| was born on 30 September 1858 in Mühlhausen. He started his studies at the University of Jena in 1881, where he took zoology, geology, botany and chemistry. A few years later, he was enrolled as a doctoral student at the same institution. On 12 December 1885, he defended his PhD thesis on the *Phylogeny of Arachnids*,[10] which Ernst Haeckel had supervised. His thesis was published in the journal *Zeitschrift für Naturwissenschaften*;[11] the original is held at the archives of the University of Jena.[12]

His relationship with Ernst Haeckel earned him a post as his personal assistant and as custodian at the institute's Phyletic Museum for the next two semesters. After his departure for the German territory of *Kamerun*, Weissenborn corresponded regularly with Haeckel, and their letters provide insight into Weissenborn's life and personal experiences in the territory.

In 1886, the German Foreign Office envisaged an expedition to establish a research station in the Cameroon "protectorate", which was then announced in summer 1887.[13] The Foreign Office offered the post of expedition leader to Lieutenant Richard Kund, who was appointed on 17 April 1887 by German Chancellor Otto von Bismarck.[14] As Kund had already led a German expedition to the lower reaches of the Congo in 1884 and 1885 with Lieutenant Hans Tappenbeck as his deputy, he proposed Tappenbeck again as his assistant on the *Kamerun* expedition.

In response to the advertisement, Weissenborn applied for the post of the expedition's lead zoologist,[15] his candidacy was registered by the Foreign Office on 27 June 1887.[16] He was appointed as zoologist and geologist for the expedition on 11 August 1887 for a period of three years, with the possibility of re-assignment.[17] Weissenborn and the rest of the team set off for *Kamerun* on 31 August 1887 from the port of Hamburg.[18]

Personal Experience in *Kamerun*

Weissenborn and his group made two trips into the hinterland of the *Kamerun* territory in the face of indigenous resistance.[19] In a letter to his family dated 20 May 1888,[20] Weissenborn described his deteriorating health and made provision for the distribution of his personal items among his siblings, while leaving his books[21] and microscope to the Zoology Institute of the University of Jena. However, Weissenborn was to recover and was fit enough to attempt a second trip into the hinterland with the rest of the expedition team.

Although Weissenborn sent a letter to Ernst Haeckel in which he provided a detailed report on his health and personal experiences,[22] no complete official report on the events of the expedition by Weissenborn could be identified. Nor does Kund appear to have produced a report of the expedition. The only published report was by Tappenbeck, who may have been tasked with writing the report on behalf of the entire expedition. In Weissenborn's letter to Haeckel, he described

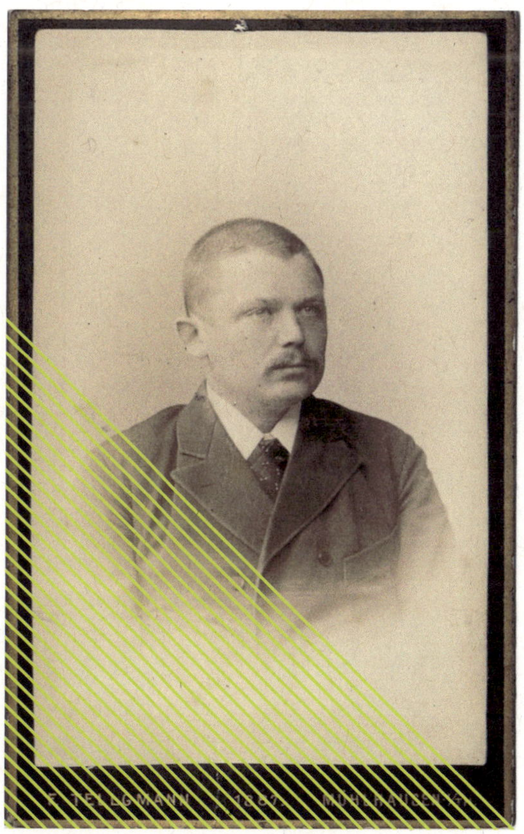

|**Fig. 1**| Dr. Bernhard Weissenborn (1887)
Accessed at EHA Jena, Album III, S. 26, Schr. 4

10 In light of the thesis defence that followed on 12 December 1885 (UAJ, M 482, fol. 16r–27r), he passed "magna cum laude".

11 Zeitschrift für Naturwissenschaften. Band 20, p. 33–119.

12 Phylogenie der Arachniden: offprint, UAJ, M 482, fol. 22/1–37.

13 Details of the announcement of the expedition, its purpose, participants, the contracts involved, the route and relevant reports, as well as information on the establishment of the research station, are available at the Federal Archive, holding R 1001, Reichskolonialamt (BArch, R 175–I/77 and R 175–I/78).

14 For Richard Kund's contract with the German Foreign Office, see BArch, R 175–I/78, fol. 38r–39v.

15 For Bernhard Weissenborn's application to the Batanga Expedition, see UAJ, M 482, fol. 25r.

16 On Weissenborn's candidacy for the post of lead zoologist on the expedition to Cameroon in 1887, see BArch, R 1001/4340, fol. 21r–22r.

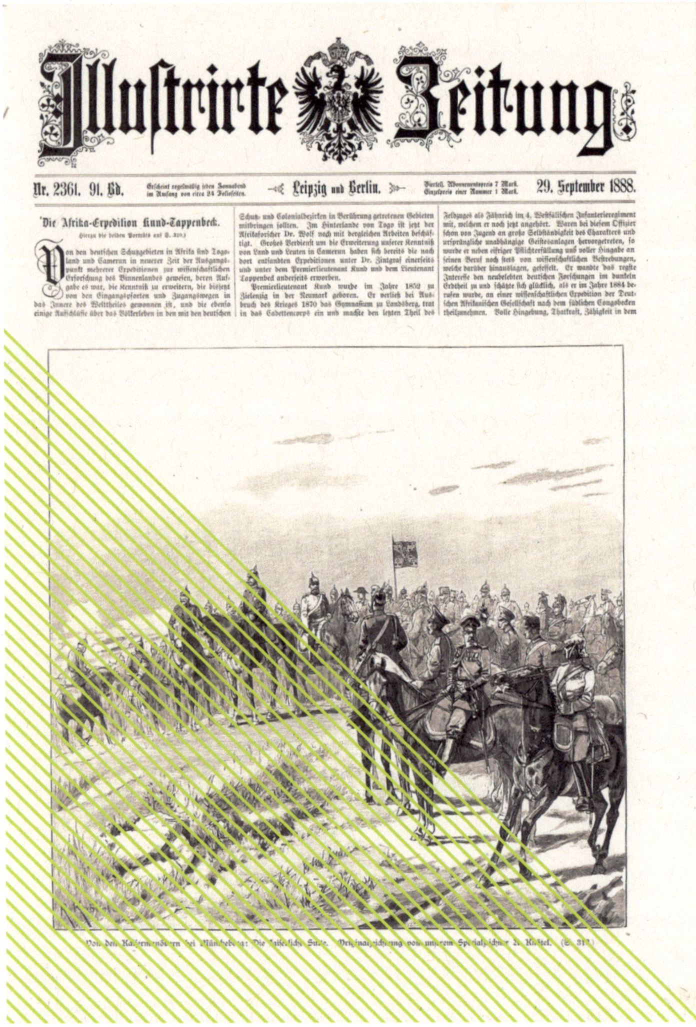

Illustrirte Zeitung

Nr. 2361. 91. Bd. — Leipzig und Berlin. — 29. September 1888.

Die Afrika-Expedition Kund-Tappenbeck.

|**Fig. 2**| *Deutsche Kolonialzeitung*, Organ der Deutschen Kolonialgesellschaft. 20.10.1888

Person keeping, Paul Taku Bisong (purchased, personal possession)

key events, including the journey across the territory, battles fought, interactions with villagers and chiefs, the harsh climate, the fauna, and his failed attempt to collect and preserve specimens. As this was just a letter, it is possible that Weissenborn limited himself to what he considered the major events worth mentioning, resulting in a summary report that contrasted with Tappenbeck's[23] more elaborate account. Both, however, mentioned the locals they paid to accompany them into the territory, who served as guides, porters, translators, servants and fighters. In their reports, they also noted the most disastrous battle in which they had engaged, on 8 February 1888 at Bakoko, a village of the Bassa tribe. Ambushed en route back to the coast after several months in the territory, Weissenborn states that the result was four dead and forty wounded. Among the latter were Kund and Tappenbeck. Amidst these circumstances, Weissenborn lost his collections and the group had to abandon most of their possessions. Weissenborn (as the only uninjured German) had to lead the group back to the coast amidst further threats and limited resources. They arrived at the Batanga coast on 3 March 1888. On 20 October 1888, they were honoured with the Order of the Red Eagle, 4th Class, with Swords, a medal the German Empire usually conferred on military personnel. This award was announced in the *Deutsche Kolonialzeitung*[24] |**Fig. 2**|, which stated that Weissenborn was rewarded above all for his combat skills (despite having had no military training), which enabled him to lead the group to the coast after the attack by the Bassa.

The newspaper reported: Botanist Dr. Weissenborn of Jena, a member of the Kund expedition, who journeyed into the hinterland of Batanga and was the only white person not to be wounded in the attack by the Bakoko, has reportedly been awarded the Order of the Red Eagle, 4th Class, with Swords, along with lieutenants Kund and Tappenbeck.

During their second advance into the hinterland, Weissenborn fell seriously ill. Suffering from acute dysentery, he was forced to return to the coast at Kribi, a locality located 160 km south of Douala. On 17 February 1889, he was transferred to the administrative building in Douala, where he succumbed to his illness. He was buried the next day in the courtyard of the church close to the administrative building in Douala. Haeckel received an obituary notice from Weissenborn's father Wilhelm on 18 April 1889.[25] Weissenborn would be replaced by the botanist Georg August Zenker, who was to take charge of the *Jaunde* station, then under construction.

Weissenborn's Research Report and Collections

Weissenborn's report on the geology, topography and zoology of Cameroon appears in the 1889 *Mittheilungen von Forschungsreisenden und Gelehrten aus den deutschen Schutzgebieten: mit Benutzung amtlicher Quellen* ("Reports from Explorers and Scholars in the German Protectorates: Using Official Sources"), published by the German Colonial Society. His account of the territory's fauna was limited to species sighted in the vicinity of pathways, villages, farmlands, and rivers during

17 The contract between Bernhard Weissenborn and the Foreign Office is available at the German Federal Archive (BArch, R 1001/4341, fol. 63r–65v).

18 On the expedition members' departure for Cameroon, see BArch, R 175–I/78, fol. 53r–54v.

19 The entire course of the expedition was recounted by Lieutenant Hans Tappenbeck and published in the "Mittheilungen von Forschungsreisenden und Gelehrten aus den deutschen Schutzgebieten: mit Benutzung amtlicher Quellen", published by the Deutsche Kolonialgesellschaft (1889).

20 Bernhard Weissenborn to Wilhelm Weissenborn and Family, Cameroon, 20 May 1888: EHA Jena, A 49804.

21 Three of these books were traced to the shelves of the Thüringer Universitäts- und Landesthe first attempt to penetrate the hinterland. Although inadequate, his account provided an initial glimpse, through a colonial lens, of animal life in this part of Africa, which had never been studied by Europeans. He grouped animals into six geographical regions, based on the different types of landscape he perceived: forest area (jungle), parkland (farming area), savanna (grassland), major rivers (Nyong, Lobe, Kribi and Sanaga), sea coast (coastline of southern Cameroon, Great Batanga and the mouth of the Kribi river) and brackish water zone (where the major rivers disgorged into the sea). He also reported on species used as livestock and pets by the indigenous population, including dogs, chicken, goats and sheep, all of which lived in proximity with the villagers. He noted that the dogs and chickens moved freely around the farmers' compounds, while the sheep and goats were tethered or kept in closed stables. He assigned all animals to ten taxa, namely Hexapoda, Myriapoda, Arachnida, Oligochaeta, Crustacea, Mollusca, Reptilia, Amphibia, Pices, and Mammalia. In cases where he could fully identify a species in the field, he specified its scientific name, but in most cases he identified the lowest taxa possible or gave its German common name. This pattern applied, among other species, to dogs and antelopes. Where he was unable to identify the species sighted, he would note *Hund* or *Antilope* (the common German names) without specifying the dog breed or antelope species. Given the large number of dog breeds and antelope species in Cameroon, determining the scientific name or the breed or species sighted would be a hard task. No case in which Weissenborn stated the local name of a species could be confirmed. This may be because he was more interested in sighting "new" species, in other words those not yet known in Europe, which could serve as "trophies" to his research, than in determining the local names of species well known to the indigenous population. In his report, he noted a total of 139 species, including 67 vertebrates and 72 invertebrates. This was a meagre tally compared to the collections from his successor Georg August Zenker at the Berlin Museum of Natural History (MfN). An assessment of four collections at the MfN revealed that Zenker had supplied 64.4 percent of arachnids, 94.1 percent of birds, 51.1 percent of mammals and all 21 myriapod specimens registered as originating from *Jaunde*, making him the leading supplier of specimens from Cameroon at the MfN Berlin.[26]

In his letter to Ernst Haeckel,[27] Weissenborn described his attempt to collect zoological objects for German museums. During the first inland journey, he collected animal skin, skulls, skeletons, and small organisms, preserving them in alcohol or brine. Due to the harsh climate – heavy rains in the rainy season and high temperatures in the dry season – the collections of animal skin became mouldy and decayed. In addition, lack of sufficient porters made it difficult to transport the heavy skulls and skeletons. Only invertebrates (lower animals), including those in the large group of insects, millipedes and centipedes, spiders and scorpions, segmented worms, as well as some small land and sea animals with shells and hard skins (exoskeletons) were successfully collected and preserved. Weissenborn also collected and preserved reptiles, amphibians, fishes and small mammals. Although he reported his collections got lost during the deadly attack by the Bassa at Bakoko, three specimens collected by Weissenborn in Cameroon were identified at the Berlin Museum of Natural History: the Myriapod *Pachybolus excisus*[28] and two bats, *Nycteris hispida*[29] and *Pipistrellus spp.*[30] Where these specimens were collected in Cameroon and how they reached the museum is not known. By assessing the historical catalogues, an influx of collections to the museum's mammals department was noticed during the years immediately following Weissenborn's death, with his successor August Zenker becoming the main supplier of mammalian specimens from Cameroon to the museum.[31] The only specimen linked to Weissenborn at the Jena Phyletic Museum is the segmented worm *Armandia weissenbornii* |**Fig. 3**|, named after him in 1887 by Willy Kükenthal, his friend and colleague at the Zoology Institute. This

bibliothek (ThULB) Jena including: Gegenbaur, C.: Grundriss der vergleichenden Anatomie (Foundation of Comparative Anatomy) (Stored at: BIO TJ 2000). 1878; Troschel, F. H., & Wiegmann, A. F. A.: Handbuch der Zoologie (Handbook of Zoology) (Stored at: Haeckel 127). 1864; Diesing, K. M.: Versuch einer Monographie der Gattung Pentastoma (An Attempt at a Monograph of the Genus Pentastoma) (Stored at: Haeckel 834). 1836.

22 For Weissenborn's letter to Ernst Haeckel on his health and personal experience in Cameroon, see EHA Jena, A 16695.

23 Tappenbeck wrote a formal report on the expedition for the German Foreign Office, which was published in Mittheilungen von Forschungsreisenden und Gelehrten aus den deutschen Schutzgebieten: mit Benutzung amtlicher Quellen. Berlin 1889, p. 100–142.

24 Deutsche Kolonialzeitung, Organ der Deutschen Kolonialgesellschaft. Bd. 5, Nr. 42, Berlin, 20 October 1888. p. 340

25 The "Mittheilungen von Forschungsreisenden und Gelehrten aus den deutschen Schutzgebieten: mit Benutzung amtlicher Quellen" and Wilhelm Weissenborn's obituary notice, sent to Ernst Haeckel on 18 April 1889 (EHA Jena, A 48791), cite different days for Bernhard Weissenborn's death, namely 21 February 1889 and 28 February 1889 respectively. The official report at the Federal Archive (BArch, R 175–I/78, fol. 302r–303r) cites 21 February 1889 at 11 a.m. as his date and time of death.

26 This is a recent assessment by the present author for the article (in preparation) Cameroon in Berlin 1. Collections. Report on mammal collections of the Museum für Naturkunde Berlin.

27 Bernhard Weissenborn to Ernst Haeckel, 16 April 1888: EHA Jena, A 16695.

28 *Pachybolus excisus*; ZMB_Myr_2041.

29 *Nycteris hispida*; ZMB_Mam_78224.

30 *Pipistrellus spp.*; ZMB_Mam_53915.

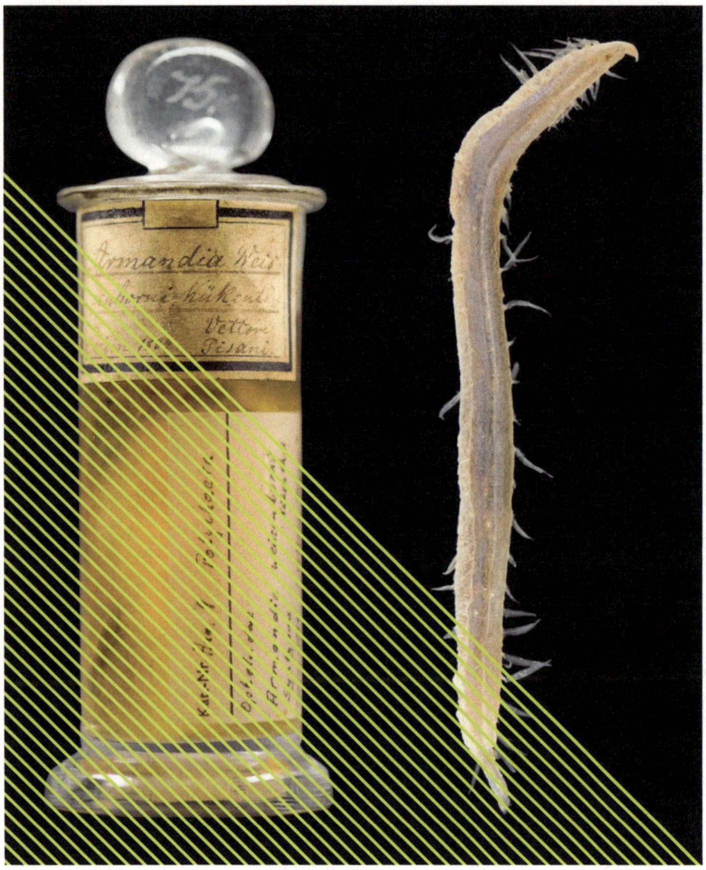

|Fig. 3| *Armandia weissenbornii* Kükenthal, 1887
Accessed at the Jena Phyletic Museum

practice was used to name most of the specimens assessed at the MfN, that were collected in the former territories. Explorers identified "new" species unknown in Europe and would assign them scientific names, sometimes related to the name of an explorer, collector, place of collection, or to a characteristics or behaviour of the species involved, without considering the local knowledge of species or the local names used by the indigenous population at the collection sites.

Conclusion

Natural history data have been described as the main source of information for studies on species decline and changes in biodiversity[32] and constitute a long-standing physical record of the past occurrence of species.[33] The oldest documented information on the natural history of the African continent can be found in Western museums, archives, and other institutions. This paper is an initial attempt to understand the oldest official record of the natural history of Cameroon through the works of Bernhard Weissenborn as the first researcher on an official mission to the *Kamerun* territory. Weissenborn's premature death prevented him from completing the tasks assigned to him within the expedition. His collections and his report on the territory's flora and fauna were non-standard and partial. He could not fully identify most of the species he sighted, making it difficult to determine if they are related to species present in Cameroon in more recent times. Furthermore, there was no trace of a complete inventory of all the species found in Cameroon over the last few decades, which is another major obstacle to establishing the present-day occurrence of some of the species reported by Weissenborn and other explorers. This impedes efforts to determine the overall effect of collecting in colonial times on the biodiversity of Cameroon. Nevertheless, the expedition and Weissenborn's report provided the first knowledge of the natural history in the hinterland of Cameroon from a colonial perspective and enabled further collecting, exploring and appropriating of territory by German colonialists. Curt von Morgen, for example, expanded Germany's grip on Cameroon northward using the *Jaunde* station as his point of departure and return. Georg August Zenker, appointed on the recommendation of Richard Kund, challenged himself to prove his worth to the German Foreign Office by surpassing Weissenborn's output; he became the most important supplier of specimens from Cameroon. Nevertheless, Weissenborn's work, along with that of other collectors and researchers who supplied Germany from *Kamerun*, provides baseline information for further studies on the history and biodiversity of Cameroon, which may have been affected by excessive collecting and exploitation. Today, the over 30 million items at the MfN, covering zoology, paleontology, geology and mineralogy, are of tremendous scientific and historical importance, with more than 200 scientists and over 700,000 visitors using the collections to answer questions relating to science, society, culture, politics and business. Given that zoological collections are the main archive of animal biodiversity on Earth,[34] further research should more thoroughly investigate collections from former colonies lying in Western museums. With regards to Cameroon, further research in natural history museums in Germany, France and Britain (the former colonial powers

31 Taku Bisong, Paul/Dunlop, Jason/Madruga, Catarina: "Mammalian Type Material from Cameroon in the Museum für Naturkunde Berlin". In: Zoosystematics and Evolution 99(2) (2023), p. 503–517.

32 Suarez, Andrew V./Tsutsui, Neil D.: "The Value of Museum Collections for Research and Society". In: BioScience 54(1) (2004), p. 66–74.

33 Boakes, Elizabeth H./McGowan, Philip J. K./Fuller, Richard A., et al.: "Distorted Views of Biodiversity: Spatial and Temporal Bias in Species Occurrence Data". In: PLoS Biology 8(6) (2010), p. 8; Macdonald, David W./Johnson, Paul J., et al.: "Association of Body Mass with Price of Bushmeat in Nigeria and Cameroon". In: Conservation Biology 25(6) (2011), p. 1220–1228; Holmes, Michael W./Hammond, Talisin T., et al.: "Natural History Collections as Windows on Evolutionary Processes". In: Molecular Ecology 25 (2016), p. 864–881.

34 Bogutskaya, Nina G./Mikschi, Ernst., et al.: "An Annotated Catalogue of the Type Specimens in Cameroon) is recommended in order to produce a complete (or near-complete) list of all species reported, sighted or collected in Cameroon during colonial times. This could enable a comprehensive analysis of the change in biodiversity in Cameroon when compared with those collected or reported more recently. This process could be greatly enhanced in museums if collections were digitized, specimens revised, and inventories updated. It would be particularly valuable if the institution linked to Bernhard Weissenborn – the Jena Phyletic Museum – were to engage in this process in order to enhance the sharing of data, information and specimens with those seeking to investigate the collections and their provenance but are unable to access the museum directly, especially individuals from countries linked to the specimens collected. More generally, this research could provide a starting point for the discussion of digital and physical access to natural history collections, as well as for the debate on the potential for data repatriation from German and other Western museums to former colonial regions, where they may be of more relevance. As Weissenborn is linked to the Zoology Institute of the University of Jena, this research implicates the University in colonial activities.

Described by Maximilian Holly Housed in the Natural History Museum of Vienna. Part. 1. Chordata: Actinopterygii and Echinodermata: Asteroidea". In: Annalen des Naturhistorischen Museums in Wien, Serie B für Botanik und Zoologie 124 (2022), p. 20–21.

3.3

SEBASTIAN BANDELIN

Zwischen Herrschaftskritik und Fortschrittsideologie

Fichtes Überlegungen zu Despotismus und Kolonialismus

In jüngster Zeit wird die Frage nach Verstrickungen der Philosophie mit Rassismus und Kolonialismus kontrovers diskutiert. Auf der einen Seite stehen Positionen, die der Philosophie – und auch der klassischen deutschen Philosophie[1] – vorwerfen, durch die Übernahme rassistischer Stereotype die Abwertung außereuropäischer Kulturen befördert oder durch einseitige Fortschrittsnarrative zur Rechtfertigung kolonialer Herrschaftsverhältnisse beigetragen zu haben. Diesen Kritiken gegenüber wird auf der anderen Seite eingewandt, dass gerade innerhalb der klassischen deutschen Philosophie ein universalistischer Würde- und Vernunftbegriff entwickelt wurde, der bis heute die notwendige Voraussetzung für die Kritik dieser Herrschaftsverhältnisse bildet.

Es handelt sich also nicht allein um einen historischen Streit. Leidenschaftlich und kontrovers geführt wird die Debatte auch deshalb, weil die hier verhandelten Begriffe und Argumente einen zentralen Bezugspunkt für das Selbstverständnis gegenwärtiger Gesellschaften bilden.

Im Zentrum der deutschsprachigen Diskussion stehen bisher insbesondere Kant und Hegel.

Auf Johann Gottlieb Fichte hingegen wird bisher in diesen Auseinandersetzungen, wenn überhaupt, eher beiläufig Bezug genommen. Dabei ist seine Bedeutung gerade als politischer Denker kaum zu überschätzen: seine Kritik der Fürstenherrschaft, der Autorität der Kirche und seine Überlegungen zum Naturrecht beeinflussten die deutsche Rezeption der Französischen Revolution und die liberalen Strömungen des deutschen Vormärz. Seine Thesen zur Rechtmäßigkeit revolutionären Handelns und seine Argumente für die Umverteilung des gesellschaftlichen Reichtums wurden von Vertretern des Frühsozialismus und später der Sozialdemokratie aufgegriffen. Nationalistische Kräfte nahmen auf Fichtes Spätwerk und insbesondere seine 1807/08 gehaltenen *Reden an die deutsche Nation* Bezug. Insofern ist es nicht übertrieben zu sagen, dass alle großen politischen Strömungen und Bewegungen des 19. Jahrhunderts auf die eine oder andere Weise an Fichte anknüpften.[2] Während diese unterschiedlichen Einflüsse in der Rezeption Fichtes viel Beachtung finden, ist sein Verhältnis zum Kolonialismus bisher kaum erforscht.

Vor diesem Hintergrund will ich in diesem Beitrag am Beispiel Fichtes untersuchen, wie philosophische Argumente, wie sie im Rahmen des deutschen Idealismus entwickelt wurden, für die Rechtfertigung – aber auch die Kritik – des Kolonialismus in Anspruch genommen werden können und auch tatsächlich wurden. Denn einerseits entwickelt Fichte eine umfassende Freiheitsvorstellung, die explizit alle Menschen einschließt und die Geschichte als Prozess der schrittweisen Realisierung dieser Freiheit und der Überwindung von Unterdrückung und Zwang versteht. Während diese Geschichtskonzeption einerseits die Begründung von Emanzipationshoffnungen und die Kritik an Ungleichheitsverhältnissen erlaubt, ermöglicht sie es andererseits auch, verschiedene Stufen der Realisierung dieser Freiheit und der

1 Als „klassische deutsche Philosophie“ wird die Epoche der deutschen Philosophie zwischen dem Erscheinen von Immanuel Kants Kritik der reinen Vernunft (1781) und dem Tod Georg Wilhelm Friedrich Hegels (1831) bezeichnet.

2 Vgl. Aichele, Alexander: „Einleitung“. In: Johann Gottlieb Fichte: Reden an die deutsche Nation. Hamburg 2008, S. VII-LXXXIX.

Kulturentwicklung zu unterscheiden. In diesem Rahmen werden von Fichte außereuropäische Kulturen als frühe Stufen der Kulturentwicklung gedeutet und normativ abgewertet. Ihre Kolonisierung gilt als notwendiges Element in einem menschheitsübergreifenden Kulturfortschritt.

Im Mittelpunkt dieser Untersuchung der Ambivalenzen und Widersprüche, die sich in Fichtes Werk und dessen Wirkungsgeschichte finden, soll eine kurze Passage stehen, die sich im Frühwerk Fichtes, genauer in seinem *Beitrag zur Berichtigung der Urtheile des Publicums über die französische Revolution* (im Folgenden kurz *Beitrag*) von 1793 findet. Diese Passage lässt, so will ich im Folgenden zeigen, mindestens zwei ganz verschiedene Deutungsmöglichkeiten zu, und beide lassen sich auch unter Bezugnahme auf Fichtes Gesamtwerk weiter untermauern. Wie sich diese Deutungsmöglichkeiten aufeinander beziehen lassen und welche Konsequenzen sich daraus für die Aneignung der Fichteschen Philosophie heute ergeben könnten, möchte ich in einem abschließenden Abschnitt diskutieren.

In Fichtes *Beitrag* finden sich die folgenden Sätze: „Der härteste Despotismus cultiviert. Der Sklave hört in dem Todesurtheile seines Despoten den Ausspruch des unabänderlichen Verhängnisses, und ehrt sich mehr durch die freie Unterwerfung seines Willens unter das eiserne Schicksal, als irgend etwas in der Natur ihn entehren kann.“[3]

Diese Sätze lassen sich einerseits als Rechtfertigung von Despotismus und Sklaverei verstehen. So werden hier zum einen die einzelnen Willkürhandlungen der Sklavenhalter als unverfügbares beziehungsweise „eisernes Schicksal“ bezeichnet. Zum anderen liegt für Fichte offensichtlich die Ehre der Versklavten in der Akzeptanz der Sklaverei. Sie haben sich in die bestehenden Verhältnisse zu fügen. Nicht das Aufbegehren gegen ungerechte Verhältnisse, sondern die Aufgabe des eigenen Willens wird normativ erwartet und ausgezeichnet. Schließlich wird unterstellt, der Despotismus sei im Sinne der Versklavten. Fichte behauptet nämlich, dass der Despotismus eine kultivierende Funktion hätte.

Diese Argumentation wird vom Autor auch in seinen späteren Schriften, insbesondere seinen 1804/05 gehaltenen Vorlesungen über die *Grundzüge des gegenwärtigen Zeitalters*, aufgegriffen und weiter vertieft. In diesen Vorlesungen entwickelt Fichte seine grundlegenden Überlegungen zu einer philosophischen Geschichtsschreibung. Geschichte versteht er dabei als Prozess der schrittweisen Realisierung der menschlichen Freiheit. Das Ziel der Geschichte liegt in einem Zustand, in dem die Menschheit „alle ihre Verhältnisse mit Freiheit nach der Vernunft einrichte“.[4]

Dieser Prozess verläuft nach Fichte nun nicht geradlinig, sondern schließt auch Phasen der Entfremdung und der Zerrissenheit mit ein. Vor dem Ziel der Geschichte, in dem die Menschen aus Freiheit und eingesehenen Gründen die Vernunft in Geltung setzen, durchläuft die Menschheit ein Zeitalter der „vollendeten Sündhaftigkeit“. In diesem Zeitalter verortet Fichte auch seine eigene Gegenwart. Hier befreit sich die Menschheit zwar von gegebenen Autoritäten, gleichwohl aber ist diese Freiheit nach Fichte noch nicht vernünftig begrenzt. Übergeordnete gemeinsame Normen lösen sich auf und es dominieren Habgier und Egoismus. Die Unterscheidung verschiedener Zeitalter ermöglicht es Fichte also, auch problematische Entwicklungen und Erfahrungen konkreten Leids in sein Fortschrittsmodell zu integrieren.

In diese allgemeine Konzeption der Geschichte fügt er nun auch die damaligen Praktiken der kolonialen Landnahme und Unterwerfung mit ein: „Dieser natürliche Krieg aller Staaten gegen die sie umgebende Wildheit ist für die Geschichte sehr bedeutend […]. Selbst alsdann, nachdem das allgemeine Reich der Cultur so mächtig geworden, dass es von der auswärtigen Wildheit nichts mehr zu befürchten hat, […] wird dennoch dieses Reich die Wilden, die zu ihm nicht mehr kommen können, selber aufsuchen, getrieben durch seine eigene innere Bedürftigkeit – um die von jenen nicht mehr gebrauchten Producte ihrer Länder oder ihren Boden an sich zu

3 Fichte, Johann Gottlieb: „Beitrag zur Berichtigung der Urtheile des Publicums über die französische Revolution [1793]“. In: Ders.: Fichtes Werke. Band VI. Zur Politik und Moral. Hg. v. Immanuel Hermann Fichte. Berlin 1971, S. 37–288, S. 91.

4 Fichte, Johann Gottlieb: „Die Grundzüge des gegenwärtigen Zeitalters [1806]“. In: Ders.: Fichtes Werke. Band VII. Zur Politik, Moral und Philosophie der Geschichte. Hg. v. Immanuel Hermann Fichte. Berlin 1971, S. 3–256, S. 7.

nehmen, oder selbst ihre Kräfte, theils unmittelbar durch Sklaverei, theils mittelbar durch einen bevortheilenden Handel, sich zu unterwerfen. So ungerecht diese Zwecke auch an sich erscheinen mögen, so wird dadurch dennoch der erste Grundzug des Weltplans, die allgemeine Verbreitung der Cultur, allmählich befördert […].“[5]

Die Praktiken der Kolonisierung erscheinen – ganz analog zu den Überlegungen von 1793 – als „natürlich“ und damit in ähnlicher Weise als unabänderlich: Das „Reich der Kultur“ wird durch die eigene Bedürftigkeit zu diesen Praktiken „getrieben“. Fichte übernimmt in dieser Gegenüberstellung eines „Reichs der Kultur“ und einer dieses Reich umgebenden „Wildheit“ zudem gängige Klischees, die die gesellschaftlichen und politischen Strukturen sowie die Kulturentwicklung außereuropäischer Gemeinschaften schlicht ausblenden. Diese Übernahme ermöglicht es ihm schließlich auch, das, was im *Beitrag* noch als Verhältnis des einzelnen Sklavenhalters zu dem von ihm versklavten Menschen diskutiert wurde, nun auf ein gesellschaftliches Verhältnis insgesamt zu übertragen. Nicht nur durch die Willkürakte der einzelnen Despoten, sondern auch durch die Kolonialisierung und entsprechende Praktiken der Unterwerfung insgesamt wird der Fortschritt der Kultur und die Verwirklichung der Vernunft befördert. Diese Argumentationen entfalten später nicht nur eine innerphilosophische, sondern auch eine praktische Wirkungsgeschichte: so gehen sie in den folgenden Jahrzehnten in die kulturimperialistischen Vorstellungen mit ein, mit denen die koloniale Expansion des deutschen Kaiserreichs ab den 1880er Jahren gerechtfertigt wurde.[6]

In geschichtsphilosophischer Perspektive werden Landnahme, Unterwerfung und ungerechter Handel gerechtfertigt, da durch sie, so Fichte, die „Wildheit“ überwunden und das „Reich der Kultur“ befördert wird. Gleichzeitig erfolgen diese Praktiken aber aus ungerechten Zwecken. Sie sind Ausdruck des Zeitalters der „vollendeten Sündhaftigkeit“, in dem einzelne Individuen und Staaten ohne Rücksicht auf moralische Prinzipien ihre Einzelinteressen verfolgen. Dieser Aspekt eröffnet auch eine andere Lesart der zitierten Passage aus dem *Beitrag*.

Denn diese Passage lässt eine gegenteilige Ausdeutung zu und kann gerade als Kritik des Despotismus verstanden werden. Das wird schon dadurch deutlich, dass die Herrschaft von Sklavenhaltern überhaupt als „Despotismus“ bezeichnet wird. Denn die Bezeichnung einer Herrschaftsform als „despotisch“ zeigt zumindest ein kritisches Verhältnis zu ihr an: als „despotisch“ gilt ein ungerechtes und ungerechtfertigtes Herrschaftsverhältnis, das allein durch die Willkür eben des Despoten bestimmt wird.

Deutlich wird dies, wenn der Kontext, in dem das Zitat steht, genauer betrachtet wird. Fichte versucht im *Beitrag* den kritischen Einschätzungen über die Französische Revolution in Deutschland etwas entgegenzusetzen. Er will zeigen, dass Revolutionen – zumindest prinzipiell – rechtmäßig, wenn auch nicht in allen Fällen politisch klug sind. Rechtmäßig sind Revolutionen oder andere Änderungen der Staatsverfassung dem Grundsatz nach deshalb, weil gemeinsame Regeln und Verbindlichkeiten durch diejenigen getroffen werden müssen, für die sie gelten. Die Betroffenen müssen den Regeln, unter denen sie zusammenleben wollen, auch zustimmen. Fichte will so deutlich machen, dass der Widerstand gegen die Despotie in philosophischer Hinsicht auch dann als gerechtfertigt gelten kann, wenn das aktuell geltende Recht nicht auf der Seite der Revolutionäre ist.[7]

Diese grundsätzliche Kritik des Despotismus lässt sich auch auf koloniale Herrschaftsverhältnisse beziehen. So argumentiert Günther Zöller, Fichte habe in seinen frühen Schriften und insbesondere auch im *Beitrag* alle Formen pseudo-vertraglicher Herrschaft kritisiert und auf dieser Grundlage koloniale Expansion und Ausbeutung zurückgewiesen.[8]

Fichte geht im *Beitrag* in seiner Kritik des Despotismus noch einen Schritt weiter: Er will nicht nur zeigen, dass Änderungen der politischen Ordnung grundsätzlich

5 Ebd., S. 163.

6 Vgl. u.a. Rohrbach, Paul: Der deutsche Gedanke in der Welt. Leipzig u. a. 1912.

7 Damit geht Fichte auch deutlich über die Position hinaus, die Kant in seinem Text „Was ist Aufklärung?“ formuliert hatte. Denn nach Kant ist es zwar legitim, öffentlich von seiner Vernunft Gebrauch zu machen und so zur Aufklärung, nicht zuletzt der Fürsten beizutragen; gleichzeitig aber fordert er Gehorsam gegenüber den gegebenen Regeln und Gesetzen ein.

8 Vgl. Zöller, Günther: „Et in America ego. Fichte's Liberal and Egalitarian Critique of Colonization, Servitude and Slavery“. In: María Jimena Solé/Elizabeth Millán Brusslan (Hg.): Fichte in the Americas. Leiden u. a. 2023, S. 26–50. In den „Reden an die deutsche Nation“ wird Fichte mit seiner Verurteilung des Kolonialismus noch deutlicher. So kritisiert er hier die Versuche des Kolonialismus, aus dem „Schweisse und Blute eines armen Sklaven jenseits der Meere Gewinn ziehen wollen“ (Fichte, Johann Gottlieb: „Reden an die deutsche Nation [1808]“. In: Fichtes Werke. Band VII, S. 257–516, S. 466). Im Mittelpunkt seiner Überlegungen stehen allerdings die innereuropäischen Folgen des Kolonialismus: mit den Auseinandersetzungen um die „Aufteilung der Welt“ hätte sich auch die Gefahr von Kriegen in Europa verschärft. Mit der These, die deutsche Nation sei „durch ihr günstiges Geschick vom unmittelbaren Antheile am Raube der anderen Welten“ (ebd., S. 461) bewahrt worden, versucht er zudem, Deutschland zur Friedensmacht in Europa zu stilisieren.

legitim, sondern auch, dass sie unter bestimmen Umständen sogar geboten sind. Denn politische Ordnungen sollen einem bestimmten Zweck dienen: nämlich dem der Kultivierung. Sie sind zu ändern, wenn sie diesem Zweck nicht oder nicht mehr entsprechen. Der Begriff der Kultivierung spielt in Fichtes Frühschriften eine zentrale Rolle. Er beschreibt den Erwerb von Fähigkeiten, die notwendig sind, um die Abhängigkeit des Menschen von der äußeren Natur und gesellschaftlichen Zwängen schrittweise zu überwinden. Kultivierung ist also nach Fichte der Prozess, in dem wir zu selbstständigen Wesen werden und lernen, gesellschaftliche Verhältnisse nicht nur passiv hinzunehmen, sondern vernünftig zu gestalten.[9]

In diesem Kontext steht das Zitat und so gesehen bekommt es eine ganz andere Stoßrichtung: es lässt sich jetzt nämlich als Kampfansage an den Despotismus lesen. Während Fichte zuvor argumentiert hatte, dass die Überwindung des Despotismus grundsätzlich legitim und unter bestimmten Voraussetzungen sogar geboten ist, will er jetzt zeigen, dass sich in der Gesellschaft auch reale Kräfte bilden, die diesen rechtmäßigen Anspruch tatsächlich einlösen können. Wenn Fichte schreibt, dass selbst der härteste Despotismus kultiviere, dann bedeutet das in diesem Zusammenhang, dass der Prozess der Kultivierung, das heißt der Prozess, durch den wir zu selbstständigen Wesen werden, im Grunde unaufhaltbar ist. Er vollzieht sich selbst da, wo er restlos ausgeschaltet werden soll, selbst in den härtesten Formen der Unterwerfung. Sogar die extremsten Mittel der Herrschaft, die die Existenz der Unterworfenen negieren, wenden sich selbst da, wo sie erfolgreich sind und akzeptiert werden, auf lange Sicht gegen die Herrschenden. Unter ihrer Anwendung bildet sich nämlich bei den Unterworfenen ein Wille, der sich von unmittelbaren Neigungen unabhängig macht und Selbstständigkeit gewinnt.

Dass er seine Überlegungen als Kampfansage an die politischen Zustände seiner Gegenwart verstanden wissen will, wird auch in den Sätzen deutlich, mit denen Fichte den zitierten Absatz abschließt. An die Fürsten gerichtet schreibt er: „Werdet also auch sogar Despoten. Wenn wir sonst wollen, werden wir noch in den Schlingen eurer seidenen Schnur uns veredlen."[10]

Dieser Gedanke, dass sich die Mittel der Herrschaft gegen sie wenden, dass der Despotismus im Versuch sich zu stabilisieren, gerade seine eigene Überwindung vorbereitet, wird von anderen Autoren des deutschen Idealismus weitergeführt und geht auch in das Selbstverständnis politischer Emanzipationsbewegungen ein.

So greift Hegel den von Fichte formulierten Gedanken in seiner berühmten *Dialektik von Herrschaft und Knechtschaft* auf. Hier rekonstruiert Hegel den Prozess, in dem der „Knecht" gerade durch seine Unterwerfung und die Arbeit für den „Herrn" eine Selbstständigkeit erlangt, die ihn schließlich zur Überwindung der Herrschaft befähigt. Einige Interpreten argumentieren, dass diese Rekonstruktion auch unter dem Eindruck der Haitianischen Revolution und der hier erfolgten Selbstbefreiung versklavter Menschen geschrieben wurde.[11] Auch Marx knüpft später an diesen Gedanken an. So beschreibt er im *Kapital* die Fähigkeit der Arbeiter:innen zur Selbstorganisierung und zur Ausrichtung auf das langfristige Ziel der Überwindung der kapitalistischen Produktionsweise als Ergebnis eines Disziplinierungsprozesses, der sich unter der Herrschaft des Kapitals vollzieht. Auch hier untergräbt die Herrschaft gerade da, wo sie sich erfolgreich durchsetzt, auf lange Sicht ihre eigene Grundlage.

Fichtes Überlegungen im *Beitrag* und ihre Weiterführungen in seinem späteren Werk lassen also ganz unterschiedliche Interpretationen zu. Mit Blick auf das Ziel der Geschichte und einen künftig zu erreichenden Zustand der Befreiung von unrechtmäßiger Herrschaft gilt der Kolonialismus einerseits als Unrecht. Andererseits deutet ihn Fichte als einen notwendigen und insofern geschichtsphilosophisch gerechtfertigten Zwischenschritt im Prozess der Kultivierung und der Durchsetzung der Vernunftherrschaft. Die Argumentation funktioniert gleichsam wie ein Kippbild, das verschiedene Deutungsmöglichkeiten eröffnet. Dabei handelt es sich nicht nur

9 Ders.: „Einige Vorlesungen über die Bestimmung des Gelehrten". In: Fichtes Werke. Band VI, S. 289–346, S. 298–300.

10 Fichte: Beitrag zur Berichtigung der Urtheile des Publicums über die französische Revolution, S. 91.

11 Vgl. Buck-Morss, Susann: Hegel und Haiti. Für eine neue Universalgeschichte. Frankfurt a. M. 2011.

12 Fichte: Beitrag zur Berichtigung der Urtheile des Publicums über die französische Revolution, S. 87.

um abstrakte Möglichkeiten. Vielmehr haben beide Lesarten auch eine praktische Wirkungsgeschichte.

Was folgt aus diesen Ambivalenzen und Widersprüchen für den Umgang mit Fichte? Für die Frage, was Fichte heute ist und bedeuten kann, scheint nicht zuletzt die Perspektive entscheidend zu sein, aus der heute eine Auseinandersetzung mit ihr erfolgt: Ob sie der Rechtfertigung einer bestehenden Ordnung und ihrer Entstehungsvoraussetzungen dient oder ob auf Fichtes Überlegungen in einem herrschaftskritischen Sinne Bezug genommen wird. Insofern sind die Bedeutung und die Wirkungsgeschichte seiner Philosophie nicht festgeschrieben, sondern Aufgabe der Gegenwart.

Jedoch muss eine herrschaftskritische Aneignung Fichtes ihrem eigenen Anspruch nach den Ambivalenzen und Widersprüchen nachgehen, die sich in seiner Philosophie finden. Sie muss die Frage verfolgen, weshalb Fichte in seinen Überlegungen Herrschaft und Kultivierung auf diese Weise verknüpfen kann. Und hier wird schnell deutlich, dass Fichte die These, wonach eine Kultivierung auch unter den Bedingungen despotischer Herrschaft erfolgt, nur vertreten kann, weil er Kultivierung, also die Fähigkeit zu einer vernünftigen Gestaltung der Natur und der gesellschaftlichen Verhältnisse, selbst als Beherrschung – konkret: als Selbstbeherrschung – fasst. Unterjochung kann die Kultivierung vorbereiten, weil sie für Fichte darin besteht, dass die eigene Natur „bezähmt und unterjocht" und „zu einem geschickten, tauglichen Diener"[12] gemacht wird. Eine herrschaftskritische Aneignung, die Fichtes Überlegungen für die Gegenwart fruchtbar zu machen sucht, kann also nicht einfach den von ihm entwickelten Vernunftbegriff gegen despotische politische Ordnungen in Stellung bringen, sie muss vielmehr den Herrschaftscharakter dieses Vernunftbegriffs selbst problematisieren.

RONALD HIRTE

Zwangsgemeinschaftliche Verflechtungen

3.4

Koloniale Kontexte Buchenwalds

Palästina in drei Sprachen. Englisch, Hebräisch und Arabisch. *PALESTINE 1927* ist zu lesen auf der Vorderseite einer Umlaufmünze, die 1994 in der Gedenkstätte Buchenwald gefunden wurde. Auf der Rückseite steht der Nennwert *5 MILS*. Im Jahr 1926, neun Jahre nach der Besetzung Palästinas durch die britische Armee, hatte der britische Staatssekretär für die Kolonien das Palestine Currency Board ernannt, um eine lokale Währung zu schaffen. Ein Jahr später wurde das Palästina-Pfund, aufgeteilt in 1 000 Mils, eingeführt. Es blieb bis zum Ende der Mandatsherrschaft Großbritanniens über Palästina 1948 dort gesetzliches Zahlungsmittel. Wie kam eine Kleingeld-Münze aus Palästina in das nazideutsche Konzentrationslager Buchenwald in Thüringen? |**Abb. 1**|

Das Gros der seit den 1990er Jahren auf den Müllhalden des ehemaligen Konzentrationslagers geborgenen Dinge verweist auf die letzten Monate Buchenwalds. Im letzten Jahr des Zweiten Weltkriegs, nach der Räumung der Lager Auschwitz und Groß-Rosen, war Buchenwald das größte noch existierende Konzentrationslager geworden. Im Februar 1945 zählte die offizielle Lagerstatistik etwa 110 000 männliche und weibliche Häftlinge im maßlos überfüllten Hauptlager und seinen Außenlagern. Aus dem „modernen KL" der Vorkriegszeit als Besserungsanstalt, Abschreckungsmittel, Folterort und Zwangsarbeiter:innen-Reservoir hatte die SS zu Kriegszeiten einen Ort der Kriegswirtschaft, der Menschenversuche und Massenhinrichtungen gemacht.[1] Die Zwangsgemeinschaft der Häftlinge hatte sich über diese Jahre hinweg fundamental verändert.

Die letzten Kriegsjahre bedeuten zugleich den Zeitraum, in dem die meisten Menschen mit kolonialen Erfahrungen als Häftlinge in Buchenwald waren. Auf Grundlage der überlieferten Dokumente der SS-Lagerverwaltung sind mindestens 1 000 Menschen mit erheblichen kolonialen Erfahrungen bekannt: geboren, aufgewachsen, sozialisiert, familiär gebunden in den Kolonien; arbeitend, fürs Militär rekrutiert, unterwegs zwischen den Kolonien und den sogenannten Mutterländern, den Metropolen. Kolonisierende wie Kolonisierte.

Im Folgenden werde ich einige Fragmente kolonialer Geschichte in ihrem Bezug zu Buchenwald aufscheinen lassen. In der ersten Hälfte meines Beitrags bewege ich mich eher stichpunktartig aus den späten Jahren Buchenwalds in dessen frühe Jahre, um in der zweiten Hälfte chronologisch wieder vorwärts ein Fragment etwas genauer vorzustellen. Ich nähere mich diesen Fragmenten verflochtener Geschichten dabei vordergründig herkunftsbiografisch über die ehemaligen Kolonien.

Französisch-Nordafrika

In den letzten beiden Kriegsjahren stellten die in besetzten Gebieten verhafteten Widerständler:innen und Zwangsarbeiter:innen den größten Teil der Lagerinsass:innen. Die Mehrheit der nichteuropäischen Häftlinge unter ihnen stammte aus dem Maghreb. Allein mindestens 300 Algerier:innen gerieten nach Buchenwald und in seine Außenlager – unter ihnen etwa 75 muslimisch-algerische, 55 jüdisch-algerische

1 Vgl. Löffelsender, Michael: Das KZ Buchenwald 1937 bis 1945. Erfurt 2020.

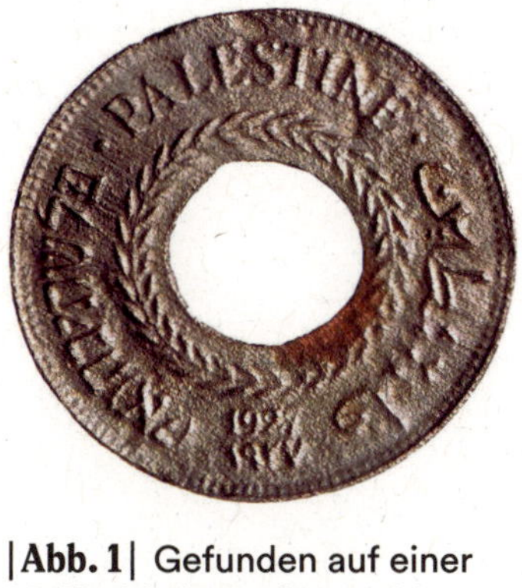

|**Abb. 1**| Gefunden auf einer Müllhalde in Buchenwald: Münze aus Palästina

2 Vgl. Ofrath, Avner: Colonial Algeria and the Politics of Citizenship. London 2023.

und wiederum 170 europäisch-algerische Menschen. Geprägt waren sie von den sozialen und politischen Beziehungen und Hierarchien, die sich über Jahrhunderte osmanischer Herrschaft und ein Jahrhundert französischer Kolonisierung entwickelt hatten.[2] In den Jahren der Volksfront-Regierung Frankreichs 1936 bis 1938 waren muslimische, jüdische und europäische Algerier:innen erstmals gemeinsam für eine politische Reform des repressiven Herrschaftssystems in Algerien eingetreten. Seit der Beteiligung am Kampf gegen Nazideutschland und die Achsenmächte fünf, sechs Jahre später hatten algerisch-muslimische Vertreter nicht mehr nur ihren Platz in der Französischen Republik gefordert, sondern den in der Staatengemeinschaft freier Nationen. Wie spiegelt sich dieses koloniale Algerien in der Zwangsgemeinschaft Buchenwalds? Wie blickten diese Menschen dort aufeinander?

Unter den 1944 aus Frankreich nach Buchenwald Deportierten gab es viele antikoloniale Akteur:innen. Für etliche sozialistische und revolutionäre Linke hatte spätestens die halbherzige Reformpolitik der Volksfront-Regierung die Unbeweglichkeit des kolonialen Systems bewiesen. Einer der bekanntesten von ihnen war David Rousset. Seit frühester Jugend Sozialist, war er seit 1936 in der trotzkistischen Arbeiterpartei für die Arbeit in den Kolonien verantwortlich. Im Maghreb knüpfte er Kontakte mit der algerischen Unabhängigkeitsbewegung und plante mit Marokkaner:innen einen Aufstand. Während der nazideutschen Besatzung leistete er Untergrundarbeit in der *Résistance*, bis er Mitte Oktober 1943 von der Gestapo festgenommen und gefoltert wurde und schließlich Ende Januar 1944 nach Buchenwald deportiert und von dort in andere Lager gebracht wurde.

Jamaika

Aber nicht nur Menschen aus dem Einflussbereich der damals zweitgrößten Kolonialmacht Frankreich gelangten nach Buchenwald. Aus fast allen damaligen, sehr verschieden ausgeformten Kolonien führten in diesem Zeitraum Wege in das Lagersystem Buchenwalds. Zu den etwa 2200 Männern und Frauen, die die deutschen Besatzer beim letzten von ihnen sogenannten Transport aus der Region Paris Mitte August 1944 hauptsächlich nach Buchenwald verschleppten, gehörten mindestens 169 Piloten der alliierten Luftwaffe – darunter einige Soldaten aus britischen Kolonien wie Jamaika. Sie waren über Frankreich abgeschossen, von Widerstandsnetzwerken aufgenommen und bei Verhaftungen dieser Bewegungen festgenommen worden.

Belgisch-Kongo

Der Berufssoldat Armand Christophe Huyghé de Mahenge war wahrscheinlich der bekannteste unter den belgischen Résistance-Angehörigen in Buchenwald. Ab 1893 hatte er als Offizier der *Force Publique* im sogenannten Kongo-Freistaat des belgischen Königs Leopold II. gedient und 1916 beim belgischen Feldzug in Deutsch-Ostafrika die Kolonialtruppen befehligt. Nach dem Ende des Ersten Weltkriegs war er nach Europa zurückgekehrt und erst als Kommandeur der belgischen Besatzungstruppen im Rheinland, dann als Vertreter des belgischen Kolonialministeriums in Brüssel tätig. Im September 1943 wurde er in Belgien verhaftet und nach Buchenwald deportiert, wo er Ende Februar 1944 umkam.

Niederländisch-Indien

Bereits im ersten Kriegsjahr gerieten Personen, die in Niederländisch-Indien aktiv waren, nach Buchenwald. Unmittelbar nach der Besetzung der Niederlande 1940 hatten deutsche Behörden als Vergeltung für die Internierung deutscher Staatsbürger:innen durch Kolonialbehörden in Niederländisch-Indien insgesamt etwa 400 Niederländer in Geiselhaft genommen. Zumeist waren dies Verwaltungsangestellte, Polizisten, Wissenschaftler und Lehrer, die als Beamte der damals drittgrößten europäischen Kolonialmacht in Niederländisch-Indien arbeiteten. Fast ein Jahr lang wurden sie als Geiseln in Buchenwald interniert und dort wie Kriegsgefangene behandelt. Sie mussten keine Zwangsarbeit leisten und konnten über das Internationale Rote Kreuz Post sowie Pakete empfangen. Die ungewöhnlichen Haftbedingungen erlaubten es ihnen, Bildungs- und Kulturprogramme für ihre Gruppe zu organisieren. In dieser „Buchenwalder Volksuniversität" debattierten die Kolonialbeamten und Politiker unter anderem über die koloniale Rechtsprechung, wobei sie die jüngeren antikolonialen Massenbewegungen auf dem indonesischen Archipel vor Augen hatten.[3]

Für andere Menschen war Niederländisch-Indien noch vor Beginn des Zweiten Weltkriegs zu einer Zufluchtsstätte geworden. So flohen einige von den Nazis verfolgte Juden nach ihrer Haft in Buchenwald 1938/39 aus Europa in eben diese Kolonie. So zum Beispiel Josef Lehrer. Als „Schutzhäftling" war der Wiener Arzt nach dem sogenannten Anschluss Österreichs von Ende September 1938 an für ein halbes Jahr in Buchenwald inhaftiert gewesen.[4]

3 Vgl. Presse- und Kulturabteilung der Königlich-Niederländischen Botschaft in Bonn (Hg.): Niederländer und Weimar. Bad Honnef 1999.

4 Vgl. Lehrer, Shoshanna: „Wozu bin ich denn in der ganzen Welt herumspaziert?!" In: Ronald Hirte/Fritz von Klinggräff: Israel, Fragen nach / Europa. Gespräche über einen fernen, nahen Kontinent. Weimar 2020, S. 169–180.

5 de Saint Marc, Hélie: Die Wächter des Abends. Zürich 2000, S. 35.

Instrument der Kolonialkriege: die Fremdenlegion

Zu den ersten Kolonialerfahrenen, die in den Vorkriegsjahren als „Schutzhäftlinge" in Buchenwald inhaftiert waren, gehörten zahlreiche Männer, die jahrelang als Freiwillige in der Fremdenlegion gedient hatten. Viele von ihnen hatte der Dienst in dieser Söldnertruppe nach Algerien und Marokko sowie nach Indochina geführt – in die letzten Kämpfe der Legion und der französischen Armee, die noch die Ausdehnung effektiver kolonialer Kontrolle bezweckten. 1938 in Buchenwald wurden sie von der SS oft zu sogenannten Funktionshäftlingen mit Ordnungs- und Kontrollaufgaben gegenüber ihren Mithäftlingen gemacht. Johann Herzog zum Beispiel, der seinen 17 Jahre langen Legionärsdienst in Algerien und Marokko sowie Indochina verbracht hatte, war in Buchenwald als brutaler Kapo im Steinbruch berüchtigt.

Nach 1945 wurde die Fremdenlegion fernerhin zu einem Ort für ehemalige Wehrmachts- und SS-Angehörige sowie Nazi-Kollaborateure. Der Einsatz in Vietnam und Algerien sicherte ihnen nicht nur ein Einkommen, sondern bot ihnen zugleich die Gelegenheit, sich einer Strafverfolgung zu entziehen. Aber auch Konzentrationslager-Überlebende fanden in der Fremdenlegion ein neues Leben. „Meine Leidenschaft für die Fremdenlegion ist sicherlich eng mit meinem Misstrauen gegenüber der menschlichen Komödie verknüpft, das ich in den Konzentrationslagern entwickelte"[5], so Hélie de Saint Marc, der sich als 18-Jähriger 1941 der *Résistance* angeschlossen hatte. Im Juli 1943 verhaftete ihn die Gestapo, im September wurde er nach Buchenwald deportiert, ein Jahr später in das Außenlager Langenstein-Zwieberge. Nach seiner Befreiung und zwei Jahren Militärhochschule schloss er sich der Fremdenlegion an, ab 1948 kämpfte er in Indochina gegen die Việt Minh, nach der Niederlage von Điện Biên Phủ kam er 1954 in Algerien gegen die dortige Nationale Befreiungsfront zum Einsatz.

Ich komme zum zweiten Teil meines Beitrags und damit zu dem Beispiel, das ich als Fragment verflochtener Geschichten etwas genauer ausführen möchte: Französisch-Westafrika.

Ende Juli 1939 reiste der französische Kolonialminister Georges Mandel nach Dakar, dem damaligen Zentrum der *Afrique-Occidentale Française (AOF)*, der Föderation der französischen Kolonien in Westafrika. Mit Blick auf die angespannte Situation in Europa wollte Mandel dort Soldaten für Frankreichs Armee mobilisieren. Die Rekrutierung von Kolonialsoldaten stellte für ihn wie auch für andere Politiker

6 Togola, Bakary: „Baba Diallo, chauffeur de Georges Mandel, déporté à Buchenwald“. Online unter: https://www.cercleshoah.org/spip.php?article555&lang=fr (Stand: 26.4.2024).

der Dritten Französischen Republik längst eine Tradition dar, war doch die Militarisierung der afrikanischen Kolonialgesellschaften weit vorangeschritten.

Für seinen Aufenthalt in Dakar hatte sich Georges Mandel beim zuständigen Generalgouverneur um einen Fahrer bemüht, der gleichzeitig auch Leibwächter und Koch sein sollte. Der Gouverneur vermittelte dem Kolonialminister einen seiner Mitarbeiter, den aus Baraouéli Sylla, einem Dorf unweit der Stadt Segou in Mali (dem damaligen Französisch-Sudan) stammenden Baba Diallo, der 15 afrikanische Sprachen und ebenso Französisch sprach.[6] Die Männer lernten sich schnell gut kennen, und als die ministeriale Delegation die Rückreise aus der Kolonie antrat, ging Diallo mit in das sogenannte Mutterland. In Paris wohnte er in direkter Nachbarschaft der Familie Mandel.

Viel Zeit blieb Baba Diallo jedoch nicht in der französischen Hauptstadt: Mit der Westoffensive Nazideutschlands brach der Krieg auch in Frankreich aus und angesichts des raschen Vormarschs der deutschen Armee verließen die Mandels und mit ihnen Diallo noch im Mai 1940 Paris. Sie gingen nach Bordeaux, dem provisorischen Sitz der französischen Regierung, wo Mandel von mit den Nazis kollaborierenden Behörden kurzzeitig verhaftet wurde und von dort nach seiner Freilassung sogleich mit seinen engsten Vertrauten und einigen gleichgesinnten Parlamentariern nach Casablanca flüchtete. Sie hofften, von der Kolonie in Nordafrika aus den Widerstand organisieren und den Krieg gegen Nazideutschland fortsetzen zu können.

Waffenstillstand, Widerstand, Kollaboration und Rekrutierung

Schon einen Monat später, im Juni 1940, wurden infolge des deutsch-französischen Waffenstillstands von Compiègne sechs Zehntel des französischen Territoriums durch die deutsche Armee besetzt und im unbesetzten Teil Frankreichs das eng an Nazideutschland angelehnte Vichy-Regime gebildet. Dieser Kollaborationsregierung mit ihrem neuen Staatschef Philippe Pétain wurde im Waffenstillstandsvertrag die Verfügungsgewalt über bedeutende Teile der französischen Flotte und die Kontrolle über das Kolonialreich belassen. Somit erhielt auch das Naziregime Zugriff auf fast alle französischen Kolonien – mit zusehends fatalen Folgen für deren Gesellschaften. So befanden sich nach der schnellen Niederlage Frankreichs schon etwa 60 000 Soldaten aus Frankreichs Kolonien Ende Juni 1940 in deutscher Kriegsgefangenschaft. Viele von ihnen hatten wenige Wochen zuvor an der Front in Nordfrankreich gekämpft, um den deutschen Überfall abzuwehren. Und bereits im September 1940 traten etwa 4 000 Kolonialsoldaten den *Forces françaises libres* bei, den Freien Französischen Streitkräften, die Colonel Charles de Gaulle aus seinem Londoner Exil nach Abschluss des Waffenstillstands begründet hatte, um den Kampf gegen das Vichy-Regime und Nazideutschland weiterführen zu können. Als sich der kapitulationsähnliche Waffenstillstand im Juni 1940 abzeichnete, hatte de Gaulle die französischen Kolonien aufgerufen, ihn zu unterstützen: Im August 1940 schlossen sich Französisch-Äquatorialafrika und Kamerun unter Félix Eboué, dem Gouverneur des Tschad, als Erste dem *France Libre* an.

Verhaftungen und Deportationen nach Buchenwald

Nachdem Pétain und sein Ministerpräsident Pierre Laval mit der Verfassungsreform Mitte Juli 1940 die Dritte Republik beendet und das reaktionäre Vichy-Regime etabliert hatten, galten die in die nordafrikanische Kolonie exilierten Parlamentarier als Landesverräter. Anfang August 1940 wurde Georges Mandel in Französisch-Marokko festgenommen. Anklagen und Prozesse folgten, schließlich im November 1941 Mandels Verurteilung zu lebenslanger Haft und seine Inhaftierung im Gefängnis Fort du Portalet. Seine Angehörigen und Baba Diallo wohnten zu dieser Zeit im nahe gelegenen Dorf Urdos |**Abb. 2**|. Ende November 1942 – die Alliierten waren indes in ~~Französisch-Nordwestafrika~~ gelandet, womit das Vichy-Regime seine Kontrolle über die Kolonien verloren und eine enorme Mobilisierung von ~~Kolonialsoldaten~~ für die alliierten Truppen begonnen hatte – wurden Georges Mandel und Baba Diallo nach Bordeaux gebracht, in der Nähe von Tours getrennt und Diallo wurde im Sammellager Royallieu unweit von Compiègne inhaftiert. Dort traf er auf weitere Männer aus ~~Französisch-Westafrika~~, zum Beispiel auf den senegalesischen Künstler Fernand Diodhion. Aber auch Männer aus anderen Kolonien begegneten ihm in Royallieu, so der erste Schwarze Bürgermeister Frankreichs, Raphael Elizé aus Martinique. Wie auch Diodhion war er wegen seines Engagements in der *Résistance* verhaftet worden.

Mitte Januar 1944 wurde Baba Diallo zusammen mit Diodhion, Elizé und weiteren 1940 Männern per Bahn in das Konzentrationslager Buchenwald verschleppt. In Buchenwald sperrte ihn die Lager-SS zunächst „in Quarantäne“ in Block 59 im Kleinen Lager, dann in Block 45 im Hauptlager. Dort starb Baba Diallo im Oktober 1944 im Alter von 30 Jahren an den Folgen von Deportation und brutaler Lagerhaft – in den SS-Verwaltungsdokumenten wurde „Lungentuberkulose“ als Todesursache vermerkt |**Abb. 3**|. Fernand Diodhion hatte die SS Ende April 1944 aus Buchenwald zur Zwangsarbeit in das Außenlager Dora und dann in das Außenlager Ellrich-Juliushütte gebracht, wo sich seine Spur verliert. Raphael Elizé, der als Buchenwald-Häftling im Gustloff-Werk in Weimar Zwangsarbeit leisten musste, kam am 9. Februar 1945 bei der Bombardierung dieses Werks ums Leben. Noch mindestens sieben weitere Menschen aus ~~Französisch-Westafrika~~ gerieten 1944 zumeist als *Résistance*-Angehörige nach Buchenwald und fast alle von ihnen von dort in den Komplex des Konzentrationslagers Mittelbau-Dora.

Und auch Baba Diallos ehemaliger Chef Georges Mandel befand sich 1943/44 in Buchenwald, wenn auch nicht im Häftlingslager. Im November 1942 war er an deutsche Gestapo-Beamte übergeben worden, die ihn zunächst in das Lagergefängnis des Konzentrationslagers Sachsenhausen und dann Ende März 1943 nach Buchenwald deportieren ließen. Dort hielt ihn die SS gemeinsam mit weiteren früheren Mitgliedern der französischen Regierung wie Léon Blum und Édouard Daladier als politische Geisel im etwa 600 Meter vom Hauptlager entfernten Falknerhaus fest. Anfang Juli 1944, anderthalb Monate vor der Befreiung Frankreichs, wurde Georges Mandel wiederum an Pierre Laval nach Paris ausgeliefert und von dessen paramilitärischer *Milice française* im Wald von Fontainebleau ermordet.

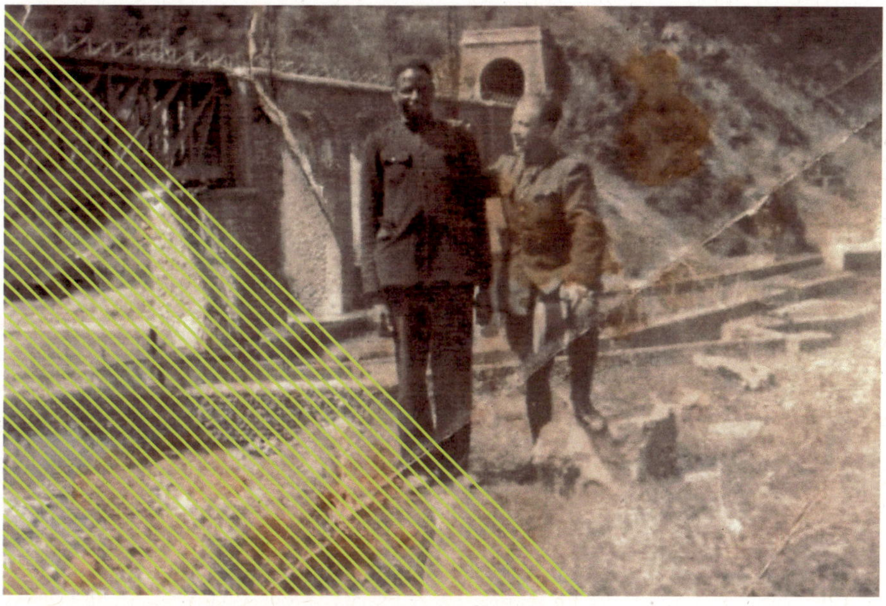

|**Abb. 2**| In Urdos 1942: Baba Diallo und ein Gendarm

Überlieferungsprobleme und defizitäre Wissensproduktion

Bisher ist nicht bekannt, wie Baba Diallo die koloniale Situation in ~~Französisch-Westafrika~~ einschätzte, was er von den Verhältnissen im ~~Mutterland~~ hielt und wie er die ~~Metropole~~ Paris erlebte. Oder wie er die Politik Georges Mandels und Léon Blums beurteilte. Bekannt jedoch ist, dass sich Léon Blum, der zukünftige Premierminister Frankreichs, im August 1946 um eine staatsoffizielle Ehrung Diallos bemühte. Baba Diallos Verwandte im Senegal erfuhren erst in diesem Monat

7 Ebd.

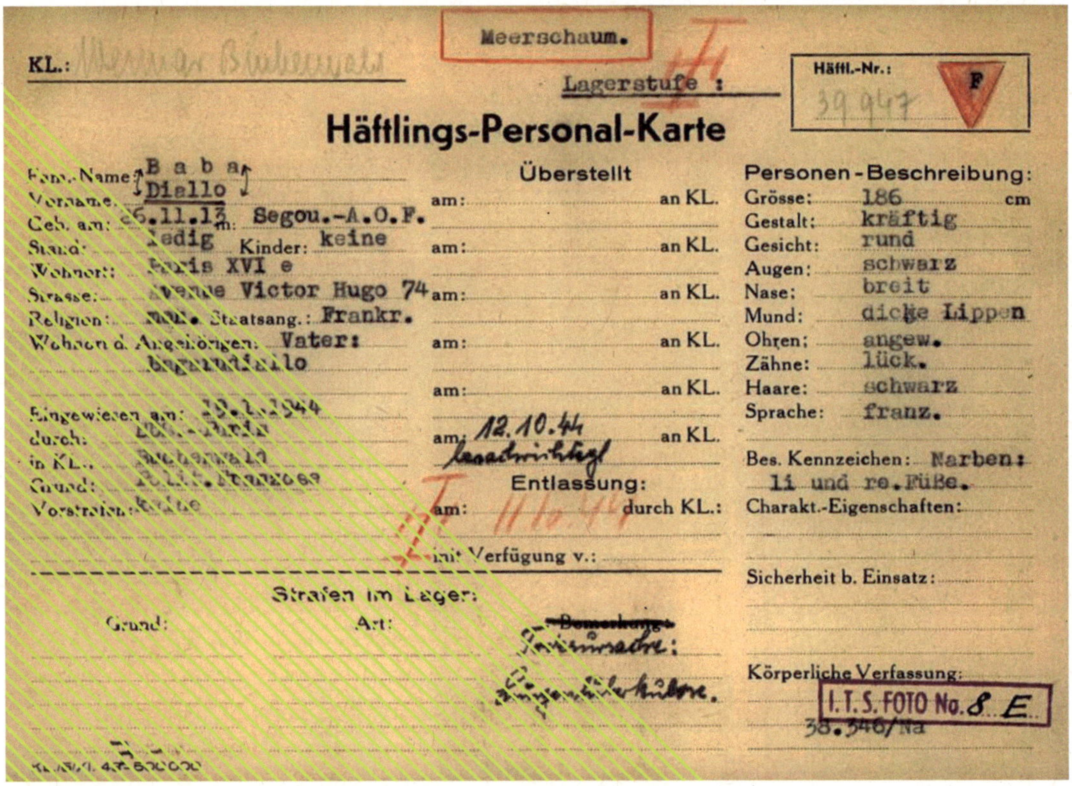

Meerschaum.

KL.:

Lagerstufe :

Häftl.-Nr.: 39.947 F

Häftlings-Personal-Karte

Fam.-Name: Baba
Vorname: Diallo
Geb. am: 6.11.13 in: Segou.-A.O.F.
Stand: ledig Kinder: keine
Wohnort: Paris XVI e
Strasse: Avenue Victor Hugo 74
Staatsang.: Frankr.
Wohnort d. Angehörigen: Vater:

Überstellt
am: an KL.
am: an KL.
am: an KL.
am: an KL.
am: an KL.
am: 12.10.44 an KL.

Entlassung:
am: durch KL.:
mit Verfügung v.:

Strafen im Lager:
Grund: Art:

Personen-Beschreibung:
Grösse: 186 cm
Gestalt: kräftig
Gesicht: rund
Augen: schwarz
Nase: breit
Mund: dicke Lippen
Ohren: angew.
Zähne: lück.
Haare: schwarz
Sprache: franz.

Bes. Kennzeichen: Narben: li und re. Füße.
Charakt.-Eigenschaften:

Sicherheit b. Einsatz:

Körperliche Verfassung:

I.T.S. FOTO No. 8 E

|**Abb. 3**| Mit den Kürzeln „A.O.F." und „F" in den Dokumenten der SS-Lagerverwaltung kolonial und national registriert: Baba Diallos „Häftlings-Personal-Karte"

durch einen Artikel in der Zeitung *Paris-Dakar* eher zufällig von seinem Tod in Buchenwald fast zwei Jahre zuvor.[7]

In den mit dem Konzentrationslager Buchenwald verbundenen Lebensgeschichten und Materialitäten spiegeln sich die Realitäten der kolonialen Welt. Lebensgeschichtliche Spuren von mindestens 1000 Menschen weisen auf die Vielheit von Völkern und Regionen, die von europäischen Staaten beherrscht wurden. Und so sehr sich die Erfahrungen dieser Menschen unterscheiden, so unterschiedlich gestalten sich auch die geschichtskulturellen Diskurse, die sich auf sie beziehen. Dazu gehört, dass die Überlieferungen und Erzählungen vor allem von den Perspektiven der Kolonisierenden geprägt werden als von denjenigen, die koloniale Gewalt erlitten. Der historischen Forschung wird es aufgrund der dürftigen Überlieferung leider kaum möglich sein, die Geschichten und Perspektiven der meisten der 1000 Menschen aus kolonialen Kontexten genauer rekonstruieren zu können. So wahrscheinlich auch nicht die Erfahrungsgeschichten der aus Palästina Stammenden, die Häftlinge in Buchenwald waren und vielleicht auch die dreisprachig geprägte Kleingeld-Münze mit in dieses Lager brachten.

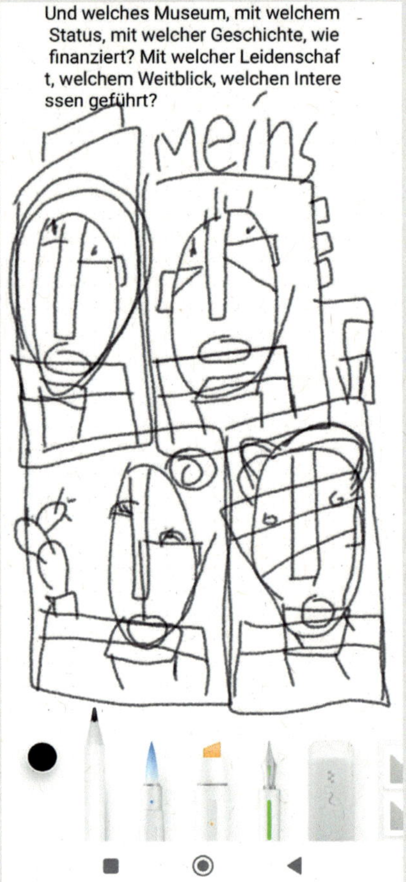
Und welches Museum, mit welchem
Status, mit welcher Geschichte, wie
finanziert? Mit welcher Leidenschaf
t, welchem Weitblick, welchen Intere
ssen geführt?
Meins

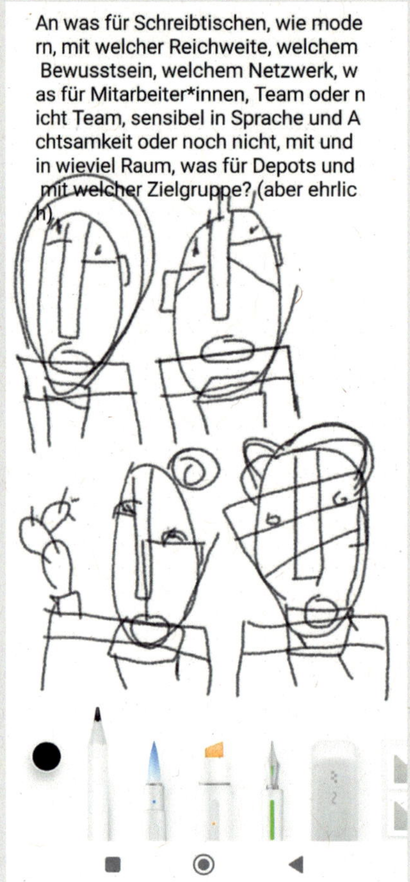
An was für Schreibtischen, wie mode
rn, mit welcher Reichweite, welchem
Bewusstsein, welchem Netzwerk, w
as für Mitarbeiter*innen, Team oder n
icht Team, sensibel in Sprache und A
chtsamkeit oder noch nicht, mit und
in wieviel Raum, was für Depots und
mit welcher Zielgruppe? (aber ehrlic
h)

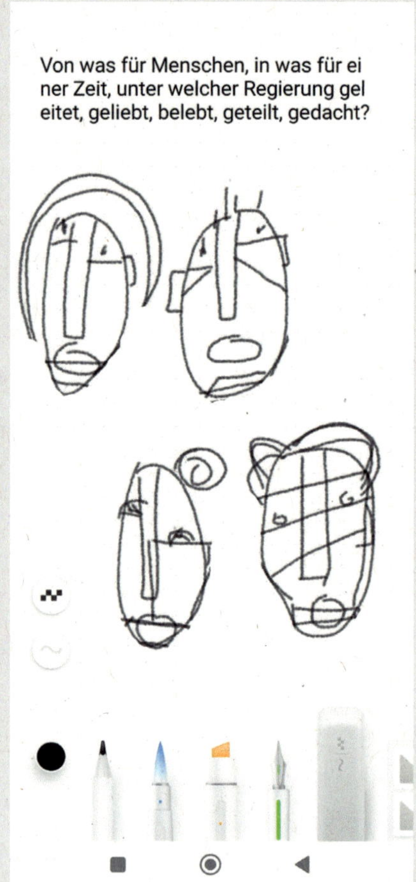
Von was für Menschen, in was für ei
ner Zeit, unter welcher Regierung gel
eitet, geliebt, belebt, geteilt, gedacht?

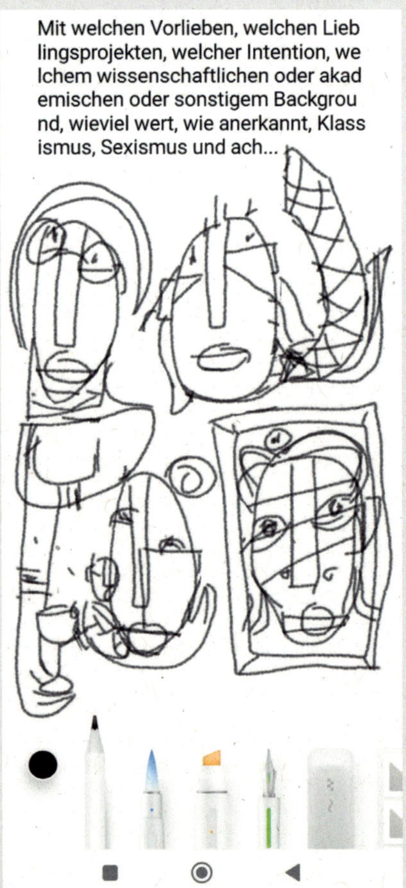
Mit welchen Vorlieben, welchen Lieb
lingsprojekten, welcher Intention, we
lchem wissenschaftlichen oder akad
emischen oder sonstigem Backgrou
nd, wieviel wert, wie anerkannt, Klass
ismus, Sexismus und ach...

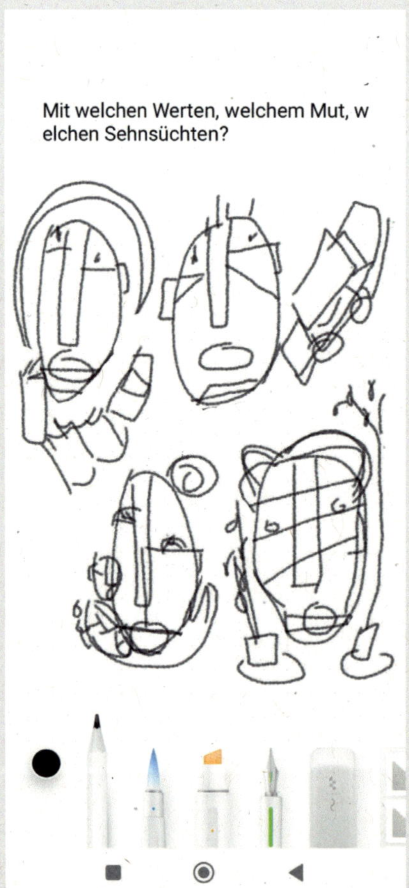
Mit welchen Werten, welchem Mut, w
elchen Sehnsüchten?

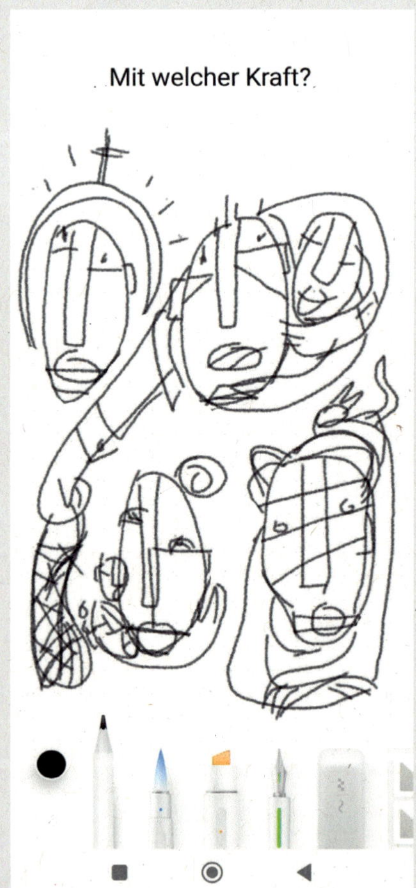
Mit welcher Kraft?

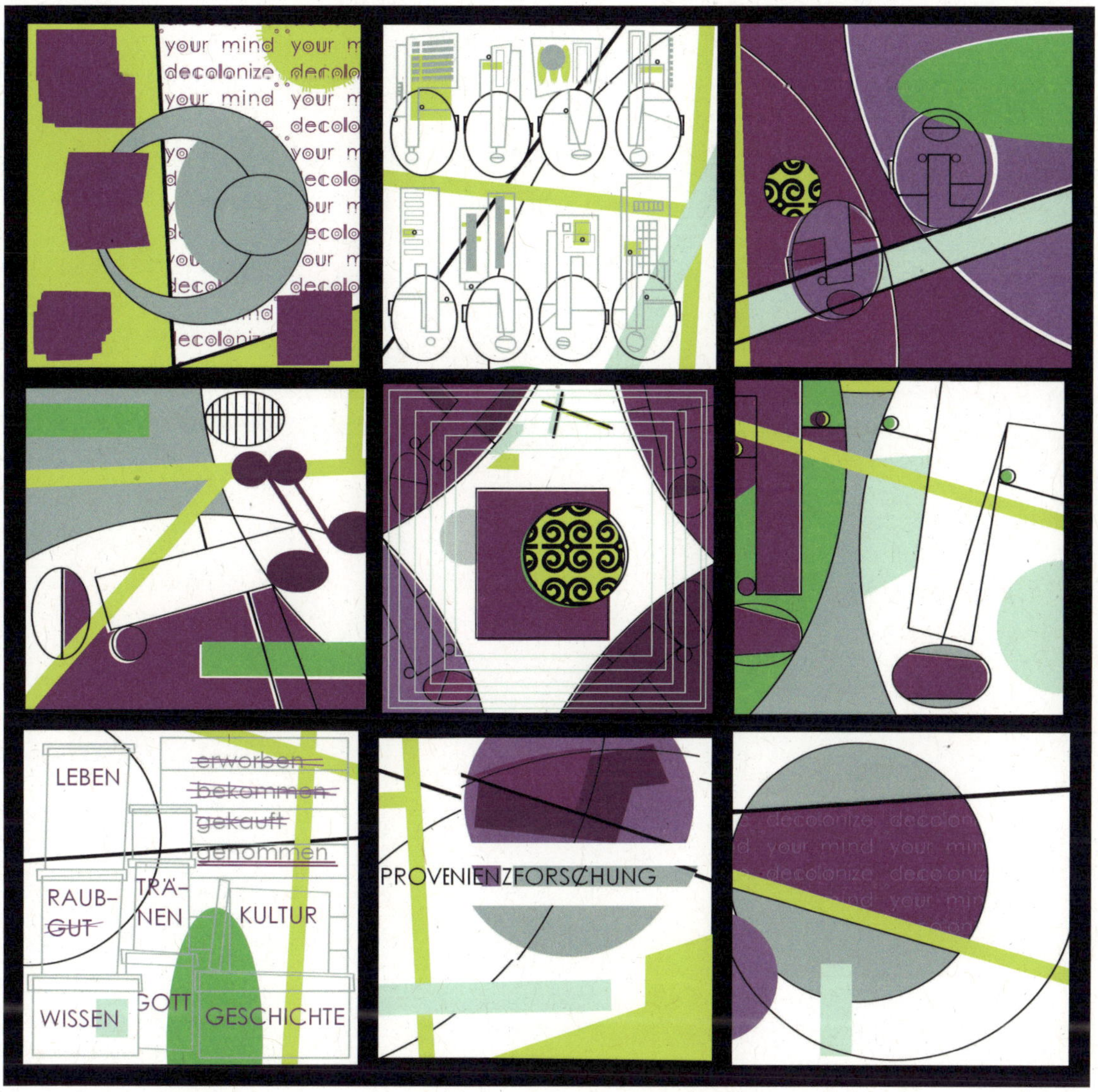
your mind your mind
decolonize decolonize
LEBEN
erworben
bekommen
gekauft
genommen
RAUB-GUT
TRÄ-NEN
KULTUR
WISSEN
GOTT
GESCHICHTE
PROVENIENZFORSCHUNG
decolonize decolonize
your mind your mind

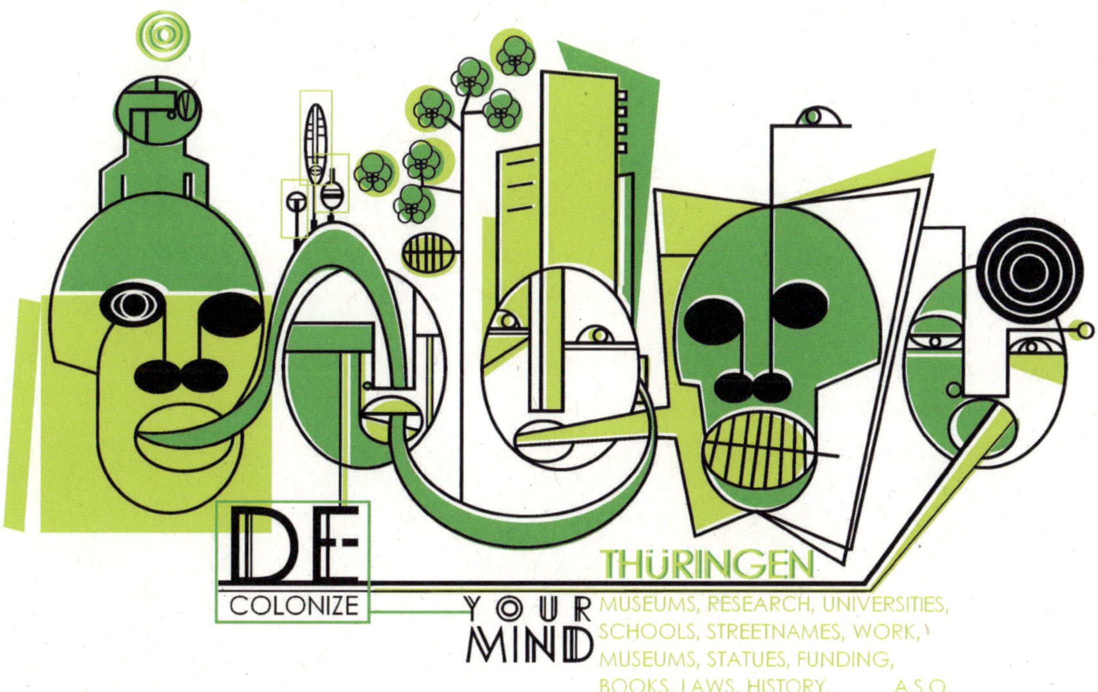
DE-
COLONIZE
YOUR
MIND
THÜRINGEN
MUSEUMS, RESEARCH, UNIVERSITIES,
SCHOOLS, STREETNAMES, WORK,
MUSEUMS, STATUES, FUNDING,
BOOKS, LAWS, HISTORY, A.S.O.

DDR postkolonial? Koloniale Kontinuitäten bis 1990 und in der Transformationszeit

JAN DANIEL SCHUBERT

Die rassistischen Ausschreitungen von Erfurt 1975

3.5

Pogromstimmung und Gewalt, der Widerstand algerischer Arbeitsmigranten und das Schweigen im Nachhinein

„Wenn du eine ganze Stadt hast, die sich auf einmal erhebt, die uns nicht verstanden hat, die nichts verstanden hat, sie erhebt sich auf einmal gegen 150 Algerier, das ist schon was."[1]

Für 2022 zählte ezra, die Beratungsstelle für Betroffene rechter, rassistischer und antisemitischer Gewalt in Thüringen, einen neuen Höchststand von 180 Angriffen. 88 davon waren rassistisch motiviert. In nahezu dreiviertel dieser Fälle handelte es sich um Körperverletzungen; der Anteil schwerer Körperverletzungen hat ebenfalls zugenommen. Während im ländlichen Raum eine hohe Dunkelziffer vermutet wird, erscheint Erfurt mit 53 registrierten Angriffen als Schwerpunkt rechter Gewalt in Thüringen. Rassifizierte Menschen[2] und alle, die nicht in das Weltbild rechter Aggressor:innen passen, sind in der Landeshauptstadt einer erhöhten Gefahr ausgesetzt.[3] Diese Gefahr ist jedoch kein Novum. Ein Beispiel dafür sind die rassistischen Ausschreitungen im August 1975 in Erfurt. Kurz nach der Ankunft von algerischen Arbeitsmigranten[4] entstand in der Stadt eine „aufgebrachte[...], pogromhafte[...] Stimmung" (so die Bezirksleitung der Staatssicherheit)[5] gegen die Neuangekommenen. Vom 10. bis zum 13. August mündete die Pogromstimmung in einer wilden Hetzjagd, verschiedenen Demonstrationen und zahlreichen Angriffen. Wie in diesem Artikel gezeigt wird, unterbanden die DDR-Staatsorgane effektiv eine öffentliche Debatte zur rassistischen Motivlage der Ausschreitungen mit langfristigen Folgen: Die ausbleibende Auseinandersetzung erleichterte eine gesellschaftliche Verdrängung der Ereignisse, die bis heute nachwirkt.

Auch nach dem Ende der DDR wurden die Erfurter Ausschreitungen lange nicht als zeithistorisches Ereignis thematisiert. Erst in den 2010er Jahren tauchen Hinweise darauf in einzelnen Publikationen auf. Inzwischen wird das Ereignis vereinzelt auch in den Medien und von Aktivist:innen aufgegriffen.[6] In Anlehnung an den Journalisten und Autor Mark Terkessidis verstehe ich Rassismus als gesamtgesellschaftliches und diskursiv geprägtes Machtverhältnis. In diesem Verständnis sind rechtsradikale Akteur:innen nur die Spitze des Eisbergs. „Rassistisches Wissen"[7] ist nicht (nur) eine Ansammlung von Vorurteilen, sondern hat Auswirkungen auf weitreichende Wissensformationen. Es steht in einem wechselseitigen Abhängigkeitsverhältnis zu rassistischen Praktiken und Machtverhältnissen.[8] Der „real-existierende Rassismus"[9] in der DDR ist weiterhin unterbelichtet in heutigen Debatten – für die 1970er Jahre ist dies besonders ausgeprägt. Selbst die rechtsradikale Gewalt der 1990er Jahre veranlasste nur Wenige, Rassismus in der DDR-Gesellschaft als mögliche Ursache zu berücksichtigen. Die wenigen Ausnahmen im deutschsprachigen Raum fokussieren die gesellschaftlichen Auswirkungen des DDR-Antifaschismus und sein ambivalentes Verhältnis zur NS-Vergangenheit sowie den in den 1980er Jahren auch in der DDR erstarkenden Rechtsradikalismus.[10] Vor diesem Hintergrund sind die rassistischen Ausschreitungen von 1975 ein herausstechendes Beispiel für rassistische Kontinuitäten im 20. Jahrhundert über historische Zäsuren und Brüche hinweg.

1 Interview mit *Said Bouzid*, 28.9.2022 (eigene Übersetzung, JS). Die Namen von Interviewpartner:innen sind pseudonymisiert.

2 Siehe Fußnote 1 im Beitrag von Ulrike Lötzsch in diesem Band für eine Erklärung des Begriffs „Rassifizierung".

3 Vgl. „Ezra Jahresstatistik 2022". Online unter: https://ezra.de/wp-content/uploads/2023/04/Pressemappe-Jahresstatisti-2022.pdf (Stand: 25.11.2023).

4 Es handelt sich um männlich gelesene Arbeitsmigranten, weswegen ich die männliche Form verwende.

5 Bericht über das Ergebnis der [...] im Zusammenhang mit den Ausschreitungen [...] eingeleiteten Maßnahmen [und weiteres], Bundesarchiv (BArch) MfS ZAIG 30554, S. 78.

6 Vgl. z.B. Waibel, Harry: Rassisten in Deutschland. Frankfurt a. M. 2012, S. 103; Erices, Rainer: „Hetzjagd im August 1975 in Erfurt. Wie Ausländerfeindlichkeit in der DDR verharmlost und verleugnet wurde". In: Gerbergasse 18 Nr. 89 (2018); Schatten auf der Völkerfreundschaft. Rassistische Verbrechen in der DDR (D 2017, R: Christian Bergmann/Tom Fugmann); Heinrich-Böll-Stiftung: „Das Denk.Mal Erfurt". Online unter: https://www.boell-thueringen.de/de/2019/06/04/das-denkmal-erfurt (Stand: 25.11.2023); Giese, Luisa/Langbein, Daniel/Rehling, Charlotte: „Hetze in Erfurt: Alltagsrassismus als koloniales Erbe". Online unter: https://decolonizeerfurt.wordpress.com/hetze-in-erfurt/ (Stand: 25.11.2023); Jadla, Rashid: „Gegen uns. Rassismus, rechte Gewalt und Migrantifa in Erfurt". Online unter:

In wissenschaftlichen Publikationen wurde bisher nur ein kleiner Teil des verfügbaren Aktenmaterials zu den rassistischen Ausschreitungen berücksichtigt. Die Perspektiven der ehemaligen Arbeitsmigranten fehlen gänzlich. Die Ereignisse von 1975 auch aus der Perspektive der Algerier zu erzählen und damit dem *Silencing,* das heißt dem Zum-Schweigen-Bringen, marginalisierter Erfahrungen entgegenzuwirken, ist die zentrale Leerstelle der bisherigen Auseinandersetzung. Diesem Beitrag liegen fünf Interviews mit ehemaligen Arbeitsmigranten zugrunde, die ich im Herbst 2022 geführt habe. Die Interviews sind im Archiv der Oral-History-Forschungsstelle an der Universität Erfurt zugänglich. Bei der Interviewführung, aber auch insgesamt bei der Durchführung des Forschungsprojekts stehe ich stets vor der Herausforderung, dass meine eigene Sozialisierung und die daraus folgenden Positionierungen mein Forschungsvorgehen und meine Interpretationen vielschichtig beeinflussen. Beispielsweise habe ich in meiner bisherigen Forschungstätigkeit bereits festgestellt, dass ich durchaus falsche Vorannahmen gegenüber meinen Interviewpartnern getroffen habe oder bestimmte Leerstellen meine Perspektive beeinflussten. Aus diesem Grund ist es unerlässlich, meine Position als *weißer,* westdeutsch sozialisierter und aus der Mittelklasse stammender Cis-Mann zu reflektieren, um als kritischer Historiker zu einer antirassistischen Geschichtsschreibung in Ostdeutschland beitragen zu können. Bereits die kleine Zahl an bisher geführten Interviews zeigt mir wichtige Perspektiven auf, um schriftliche Archivquellen der DDR-Behörden, in denen algerische Sichtweisen nur andeutungsweise und verzerrt abgebildet sind, zu kontrastieren und kritisch einzuordnen. Zudem erleichterte mir eine breite Archivrecherche, Dokumente unterschiedlicher Urheber:innenschaft quellenkritisch zu vergleichen. Dieses Vorgehen ist besonders relevant, da rassistisches Behördenhandeln in der DDR, das ich in Bezug auf die Erfurter Ausschreitungen weiter konkretisieren werde, noch weitgehend unerforscht ist. Diese vorangestellten Reflexionen bilden zusammen mit den bereits geführten Interviews den Ausgangspunkt für ein größeres Projekt über die Erfahrungen algerischer Arbeitsmigranten in der DDR, das ich 2024 an der Oral-History-Forschungsstelle der Universität Erfurt durchführe.

Im Rahmen des Arbeitsmigrationsabkommens zwischen der DDR und der Volksrepublik Algerien vom 14. April 1974[11] wurden im Juni und Juli des darauffolgenden Jahres 150 algerische Arbeitsmigranten nach Erfurt entsendet.[12] Planmäßig sollten sie vier Jahre bleiben, um die Straßen- und Wohnungsbauindustrie der Stadt durch ihre Arbeitskraft zu unterstützen und ausgebildet zu werden.[13] Die von mir interviewten Algerier erinnern ihre Zeit in der DDR heute überwiegend als eine positive und für sie prägende Zeit mit vielfältigen Liebesbeziehungen und Freundschaften. Sie erzählten zwar auch von Rassismuserfahrungen, tendierten dabei aber im Rückblick zu deren Bagatellisierung. Trotzdem ist aus ihren Aussagen sowie dem Archivmaterial klar ersichtlich: Die in diesem Artikel fokussierten Ausschreitungen sind nicht als isoliertes Einzelereignis zu betrachten. Im Interview berichteten die ehemaligen Arbeitsmigranten von häufig auftretenden Schlägereien, die meist durch rassistische Anfeindungen, Ausgrenzungen und Angriffe entstanden waren.[14] Der Alltagsrassismus wurde dabei verstärkt durch die institutionelle Ungleichbehandlung: segregierte Unterbringung in Wohnheimen, Paternalismus und Überwachung im Wohnbereich[15], Ausbeutung und Vernachlässigung der zugesicherten Ausbildung[16], ein harsches Abschieberegime[17] – circa ein Drittel der 1975 in Erfurt Angereisten waren bis Oktober 1978 bereits vorzeitig „rückgeführt"[18] – und eine überproportionale Kriminalisierung durch DDR-Behörden.[19] Nichtsdestotrotz bildeten die Ausschreitungen ohne Zweifel ein Extrem.

Die Ausschreitungen waren nicht geplant. Die Staatssicherheit ermittelte im Nachhinein zwar gezielt nach „Hintermännern" und Planungsaktivitäten, kam jedoch nach Abschluss des Operativen Vorgangs „Unruhe" mit einer Laufzeit von drei Monaten zu dem Ergebnis, dass „eindeutig Spontaneität und keine organisierte Straftat" vor-

https://gegenuns.de/rashidjadla/ (Stand: 25.11.2023).

7 Terkessidis, Mark: Die Banalität des Rassismus. Migranten zweiter Generation entwickeln eine neue Perspektive. Bielefeld 2004, S. 10.

8 Vgl. Terkessidis: Banalität, S. 98–100.

9 Mende, Christiane: „Migration in die DDR. Über staatliche Pläne, migrantische Kämpfe und den real-existierenden Rassismus". In: Çetin Gürsel (Hg.): Wer MACHT Demo_kratie? Kritische Beiträge zu Migration und Machtverhältnissen. Münster 2023, S. 151–164.

10 Vgl. Leo, Annette/Reif-Spirek, Peter (Hg.): Vielstimmiges Schweigen. Neue Studien zum DDR-Antifaschismus. Berlin 2001; Behrends, Jan C./Lindenberger, Thomas/Poutrus, Patrice G. (Hg.): Fremde und Fremd-Sein in der DDR. Zu historischen Ursachen der Fremdenfeindlichkeit in Ostdeutschland. Berlin 2003; Wagner, Bernd: Rechtsradikalismus in der Spät-DDR. Zur militant-nazistischen Radikalisierung. Berlin 2018.

11 Vgl. Abkommen zwischen der Regierung der Deutschen Demokratischen Republik und der Regierung der Demokratischen Volksrepublik Algerien, Politisches Archiv des Auswärtigen Amtes (PAAA) V 31-BILATDDR/2418.

12 Vgl. Einsatz von ausländischen Werktätigen, Stadtarchiv Erfurt (StAEF) 1-5/25716, unpaginiert.

13 Vgl. Arbeit mit den im Bezirk Erfurt beschäftigten algerischen Werktätigen 12. August 1975–19. Januar 1977, LTHW 6-95-5201 / 2179, S. 63–64; Beschlussprotokoll Nr. 9 der Sekretariatssitzung vom 20. März 1975 (Beschlüsse 160 - 170), LTHW 6-95-2016 / IV C/2/3/124/1, S. 79–83.

14 Vgl. Interview mit *Abdelkader Brahimi*, 24.7.2022; Interview mit *Amar Haddad*, 18.10.2022.

15 Vgl. bspw. Algerische Werktätige: Wohnheime, LTHW 6-62-0001.303 / Altregistratur 22550.

16 Vgl. Interview mit *Abdelkader Brahimi*, 24.7.2022; Interview mit *Amar Haddad*, 18.10.2022; Interview mit *Brahim Slimani*, 15.11.2022; Arbeit mit den im Bezirk, LTHW 6-95-5201/2179, S. 31; Informationsberichte an den

gelegen hatten.[20] Rassistische Gerüchte, die um die Sexualisierung und Kriminalisierung der Arbeitsmigranten sowie um Sozialneid kreisten, hatten zur Teilnahme mobilisiert. So wurden den Algeriern in Erfurt unter anderem Vergewaltigungen und Morde nachgesagt, ihre Unterbringung in Neubauwohnungen als ungerechte Bevorteilung empfunden und junge *weiße* Männer fürchteten die „Wegnahme von Mädchen" durch die Arbeitsmigranten.[21] Mit der Realität hatten diese Gerüchte meist nichts zu tun, insbesondere Mord und Vergewaltigung waren frei erfunden. Die Unterbringung der Algerier erfolgte zwar in Neubauwohnungen in der Moskauer Straße, doch mussten sie sich dort durchschnittlich zu siebt oder acht eine Dreizimmerwohnung teilen.[22] Der rassistisch eingefärbte Sozialneid ignorierte die äußerst prekären Wohnbedingungen unterhalb des Standards für DDR-Bürger:innen.[23] Dass für Algerier ein anderer Wohnstandard als für DDR-Bürger:innen galt, wird in einem Schreiben des VEB Wohnungsbaukombinat vom 7. September 1978 deutlich. Verantwortliche des Betriebs bemühten sich um die erneute Beschäftigung algerischer Arbeitsmigranten ab 1979. Für die 71 in diesem Betrieb verbliebenen algerischen Arbeitsmigranten waren zu diesem Zeitpunkt 25 Wohneinheiten ausreichend, was zwar seit 1975 ein Zuwachs an Wohnfläche und Privatsphäre bedeutete. Doch argumentierten die Betriebsverantwortlichen weiter, dass sie für die gleiche Anzahl deutscher Beschäftigter 40 bis 50 weitere Wohneinheiten benötigen würden. Zusammenfassend hatte „rassistisches Wissen" einen breiten gesellschaftlichen Rückhalt und beförderte besagte „Pogromstimmung"[24] im Sommer 1975.

Am 10. August eskalierte dann die Situation bei einem Volksfest auf dem Erfurter Domplatz. Ein Streit mit wenigen Beteiligten löste eine Massenschlägerei aus – 20 bis 25 Algerier waren mit einer anwachsenden Menge von bis zu 300 aufgebrachten jungen Deutschen konfrontiert.[25] Statt gegen die Angreifer:innen vorzugehen, hetzte die Volkspolizei ihre Diensthunde auf die Arbeitsmigranten. Drei von ihnen mussten in der Folge der Hundeangriffe medizinisch behandelt werden.[26] Aus dieser Situation ergriffen die Arbeitsmigranten die Flucht in verschiedene Richtungen, was Said Bouzid mit „Es rette sich, wer kann!"[27] kommentierte. Während der anschließenden Hetzjagd durch die Innenstadt kam es zu zahlreichen physischen Angriffen auf Algerier.[28] Mehrere wurden krankenhausreif geschlagen, unter ihnen Bouzid.[29] Dabei wurden Holzlatten[30], Rasierklingen[31] und Glasflaschen[32] als Bewaffnung eingesetzt. Erst Stunden später gelang es der Volkspolizei, die Angreifer:innen zu stoppen. Sie löste eine auf dem Anger, einem zentralen Platz unweit des Erfurter Hauptbahnhofs, entstandene Demonstration auf.[33] Noch am gleichen Abend fuhren Gruppen junger Deutscher in die Nordstadt, um die Wohnheime der Algerier anzugreifen. Derartiges wiederholte sich an den Abenden des 11. und 13. August.[34] Auch in der Innenstadt kam es in den darauffolgenden Tagen immer wieder zu versuchten Angriffen, aber keiner physischen Gewalt mehr. Infolge der erhöhten Präsenz von Staatssicherheit und Volkspolizei scheiterten sämtliche weiteren Angriffe. Die weiterhin bestehende aggressive Stimmung führte am Abend des 12. August 1975 zu einer weiteren Demonstration einer aufgebrachten Menge von bis zu 150 jungen Deutschen auf dem Anger. Sie forderte von der Volkspolizei die Auslieferung von in die Hauptpost geflüchteten Algeriern und skandierte rassistische, entmenschlichende Slogans.[35] Dabei sang die Menge *Give Peace a Chance*, einen Protestsong der US-amerikanischen Studierendenbewegung, sowie die DDR-Nationalhymne, welche in den 1970er Jahren bei offiziellen Anlässen nur noch ohne Text gespielt wurde. Denn die Zeile „Deutschland, einig Vaterland" widersprach der politischen Linie der SED, die ab 1971 nicht mehr auf eine Vereinigung Deutschlands abzielte, weswegen die Hymne nur noch als Instrumentalversion gespielt wurde. Die Breite der kulturellen Referenzen vermag erstaunen. Neben dem „rassistischen Wissen" über die Algerier schienen die Protestierenden eine anti-staatliche Protesthaltung gegen die DDR mit Nationalstolz zu vereinen. Jene undifferenzierte Protesthaltung

Bundesvorstand des FDGB Juli–September 1977, LTHW 6-95-5201/1521, S. 206.

17 Vgl. bspw. Algerische Werktätige: Besondere Vorkommnisse, LTHW 6-62-0001.303/Altregistratur Nr. 22551.

18 Vgl. Protokoll der 24. Sekretariatssitzung vom 30. Oktober 1978, LTHW 6-95-5201 / 979, S. 35.

19 Vgl. bspw. Riedel, Almut: Erfahrungen algerischer Arbeitsmigranten in der DDR. „... hatten ooch Chancen, ehrlich!" Opladen 1994, S. 67.

20 OV Unruhe, BArch MfS BV Erfurt AOP 1889/75, S. 113–114.

21 Vgl. bspw. Ermittlungen Abt. XIV, BArch MfS BV Erfurt Abt. XIV Nr. 18, S. 127–135, 149–157, 173; Bericht über das Ergebnis, BArch MfS ZAIG 30554, S. 20–21, 110. Vgl. auch Interviews mit *Said Bouzid*, 28.9.2022 & 22.10.2022.

22 Vgl. Interview mit *Brahim Slimani*, 15.11.2022; Protokoll der Stadtparteiaktivtagung am 18. August 1975, LTHW 6-95-2116/IV C/5.01/137/1.

23 Vgl. Ausländische Werktätige – Algerien: Schriftwechsel, Berichte, LTHW 6-62-0001.303/Altregistratur Nr. 22543, S. 54.

24 Bericht über das Ergebnis, BArch MfS ZAIG 30554, S. 60.

25 Vgl. ebd., S. 97, 129; Ermittlungen Abt. XIV, BArch MfS BV Erfurt Abt. XIV Nr. 18, S. 18; Arbeit mit den im Bezirk, LTHW 6-95-5201/2179, S. 1; <ohne Titel>, BArch DY 34/10236, unpaginiert.

26 Vgl. Bericht über Vorkommnisse, BArch MfS BV Erfurt AIM 15252-78_Bd. 20, S. 201–206; besondere Vorkommnisse, LTHW 6-62-0001.303 / Altregistratur Nr. 22551, S. 222.

27 Interview mit Said Bouzid, 22.10.2022 (eigene Übersetzung, JS). Auch Slimani konnte von dieser Situation berichten. Vgl. Interview mit Brahim Slimani, 15.11.2022.

28 Vgl. Interview mit Lothar Tautz, 4.8.2022; Tautz, Lothar: „August 1975: Pogromstimmung in Erfurt. Eine persönliche Erinnerung von Lothar Tautz". Online unter: https://lothartautz.de/bibliographie/aufsatze/hetzjagt-erfurt.html (Stand: 25.11.2023); Ermittlungen Abt. XIV, BArch MfS

ermöglichte die Übernahme von Liedgut der US-Studierendenbewegung, deren antirassistische Anteile dabei übersehen wurden. Dem „Frieden" sollte durch die kollektive Zurechtweisung der Algerier „eine Chance" gegeben werden. Für deren Anwesenheit machten die Demonstrierenden die DDR verantwortlich. Das Singen der Nationalhymne kann in diesem Zusammenhang als nationalistischer Protest gelesen werden. Die Volkspolizei löste die Versammlung anschließend auf und nahm dabei zahlreiche Beteiligte fest.[36]

Die algerischen Arbeitsmigranten waren von der Gewalt gegen sie zwar überrascht, doch zögerten viele von ihnen nicht lange, dagegen aktiv zu werden. Bereits in der Nacht des 10. Augusts, also unmittelbar nach der Eskalation, hatten die Angegriffenen Komitees gebildet. Streikaufrufe wurden geschrieben und eine Flugschrift mit den Aufschriften „DDR-Faschisten" und „Wir wollen wieder nach Hause" kursierte.[37] Am Folgetag verweigerten einige das Essen und die Arbeit.[38] Bemerkenswert ist die gegenseitige solidarische Unterstützung unter den algerischen Arbeitsmigranten. Als zum Beispiel am 11. August im Wohnheim verbliebene Arbeitsmigranten erfuhren, dass erneut Algerier in der Innenstadt bedroht würden, fand sich schnell eine circa 50 Personen umfassende Gruppe zur Unterstützung der Angegriffenen. Vereinzelt bewaffneten sich die Algerier dafür mit Messern, Stöcken und Drahtseilen. Die Gruppe wollte mit der Trambahn Richtung Innenstadt fahren, kam jedoch nicht bis zur Haltestelle: Sicherheitskräfte stellten sich ihnen in den Weg und der Fahrbetrieb wurde eingestellt.[39] Darüber hinaus nahmen Erfurter Arbeitsmigranten in diesen Augusttagen auch Kontakt zu Algeriern an anderen Orten in der gesamten DDR auf. Einige von ihnen versuchten ebenfalls zur Unterstützung nach Erfurt zu reisen – wurden aber auch von Sicherheitskräften aufgehalten, wie Bouzid berichtete.[40] Häufig schreckten Arbeitsmigranten nicht davor zurück, sich ebenfalls mit Gewalt zu verteidigen. Die von mir interviewten Arbeitsmigranten betonten ihr widerständiges Handeln, lehnten eine Opferrolle ab und behaupteten sich als selbstbewusste Akteure.[41] Durch ihr eigen-sinnig politisches Agieren verweigerten sie sich der ihnen zugewiesenen Rolle als lernbedürftige „~~Klassenbrüder~~", denen der Sozialismus erst nahe- beziehungsweise beigebracht werden müsste. Ihre Selbstorganisation offenbart dagegen ihre bereits existente Politisierung, die vermutlich Widerstand- und Streikerfahrungen im kolonialen und postkolonialen Algerien widerspiegelte.

Die Staatssicherheit und die Volkspolizei reagierten vielfältig auf die Ausschreitungen. Die algerischen Arbeitsmigranten standen unter Generalverdacht und eine besondere Überwachung erschien gerechtfertigt. Zwei mutmaßlich an Auseinandersetzungen beteiligte Algerier wurden zeitnah abgeschoben.[42] Dieses Agieren sowie das tendenziöse Eingreifen der Volkspolizei zu Beginn der Ausschreitungen legt rassistische Vorannahmen in Behördenkreisen nahe. Nichtsdestotrotz griffen die Sicherheitsorgane ab dem 11. August hart gegen die jungen Deutschen mittels einer umfangreichen Strategie aus Repression, Überwachung und Abschreckung durch: Polizeistreifen waren in der Innenstadt und im Wohnbereich der Algerier vermehrt im Einsatz; Volkspolizei und Staatssicherheit nahmen zahlreiche „~~Rowdys~~" in Untersuchungshaft;[43] gegen „Gerüchteverbreiter" ging die Staatssicherheit mit individuellen Aussprachen und Verwarnungen vor.[44]

Am 14. August beschlossen SED-Verantwortliche, durch schnelle Verurteilungen ein Exempel zu statuieren. Bereits für den 19. August wurde eine Gerichtsverhandlung anberaumt.[45] Dort wurden fünf junge deutsche Männer zu Gefängnisstrafen von zweieinviertel bis viereinhalb Jahren verurteilt.[46] Zur Abschreckung veröffentlichten Lokalzeitungen die Strafmaße der Verurteilten – inklusive ihrer Namen. Ihre „~~rowdyhafte[n]~~" Taten wurden in diesen Berichten als Störung der „öffentliche[n] Ordnung" beschrieben, das rassistische Tatmotiv aber verschwiegen.[47] Weitere Verurteilungen mit geringerem Strafmaß folgten, jedoch sollte es keine weitere Presse-

BV Erfurt Abt. XIV Nr. 18, S. 87–90, 205; Ermittlungen Abt. XIV, BArch MfS BV Erfurt Abt. XIV Nr. 23, S. 91–92, 140–141; Gerichtsverhandlung 19.8.1975, BArch MfS BV Erfurt AU 1507/75, S. 207–210; OV Unruhe, BArch MfS BV Erfurt AOP 1889/75, S. 60–82, 98–103.

29 Vgl. bspw. Interview mit *Said Bouzid,* 22.10.2022; Bericht über das Ergebnis, BArch MfS ZAIG 30554, S. 78, 97, 129; Ermittlungen Abt. XIV, BArch MfS BV Erfurt Abt. XIV Nr. 18, S. 58–60.

30 Vgl. bspw. ZAIG-Informationen 561/75, 573/75, 574/75; BArch MfS ZAIG 2420, S. 2.

31 Vgl. Ermittlungen Abt. XIV, BArch MfS BV Erfurt Abt. XIV Nr. 23, S. 154.

32 Vgl. Interview mit *Said Bouzid,* 22.10.2022.

33 Vgl. Ermittlungen Abt. XIV, BArch MfS BV Erfurt Abt. XIV Nr. 18, S. 187, 207; Ermittlungen Abt. XIV, BArch MfS BV Erfurt Abt. XIV Nr. 23, S. 234–238; <ohne Titel>, BArch DY 34/10236.

34 Vgl. Gerichtsverhandlung 19.8.1975, BArch MfS BV Erfurt AU 1507/75, S. 215–238; Bericht über das Ergebnis, BArch MfS ZAIG 30554, S. 98–99; Ermittlungen Abt. XIV, BArch MfS BV Erfurt Abt. XIV Nr. 23, S. 23–31, 46–66.

35 Z.B. u.a. „~~Algerier in Ketten~~", „~~wir wollen sie hängen~~", „~~Schlagt die Algerier tot, jagt sie heim, sie sollen sich wieder in den Busch scheren~~". Vgl. bspw. Bericht über das Ergebnis, BArch MfS ZAIG 30554, S. 77, 92–94; ZAIG-Informationen, BArch MfS ZAIG 2420, S. 5–8.

36 Vgl. Ermittlungen Abt. XIV, BArch MfS BV Erfurt Abt. XIV Nr. 18, S. 9–14, 65–66, 114, 127–148, 191–194, 205–225; Ermittlungen Abt. XIV, BArch MfS BV Erfurt Abt. XIV Nr. 23, S. 40–41, 73–74, 92–94, 104, 162–163, 210–213; Bericht über das Ergebnis, BArch MfS ZAIG 30554, S. 60, 77, 92–98; Karteikarte zum Delikt "Rowdytum – Zusammenrottungen gegen algerische Bürger", BArch MfS BV Erfurt Abt IX Nr. 355, S. 20; Gerichtsverhandlung 19.8.1975, BArch MfS BV Erfurt AU 1507/75, S. 195–206, 223–228; ZAIG-Informationen; BArch MfS ZAIG 2420, S. 5–8.

37 Vgl. ZAIG-Informationen; BArch MfS ZAIG 2420, S. 2;

berichterstattung geben. Stattdessen intensivierte die SED sowohl intern als auch in den Betrieben die „politisch-ideologische Arbeit“. Das offizielle Narrativ wurde auf kurzfristig einberufenen Stadtparteiaktiv- und FDJ-Tagungen mit jeweils mehreren hundert Teilnehmenden präsentiert: Die Gerüchteverbreitung über die Algerier wäre eine „Methode der Feindarbeit“, gegen die sich die DDR-Gesellschaft qua „Völkerfreundschaft“ und „proletarischem Internationalismus“ wenden würde. Das „nationalistische und diskreminierende [sic] Verhalten gegenüber den algerischen Freunden“ sei Resultat westlicher Einflussnahme. Dementsprechend galten die rassistischen Angriffe als „Beweis“ dafür, „daß die Reaktion ihre Handlanger sucht, um die Politik unseres Staates in Mißkredit zu bringen.“[48] Die SED erstickte damit eine Debatte über die Ursachen von Rassismus in der DDR-Gesellschaft im Keim und festigte das Selbstverständnis der DDR als antifaschistischer Staat. Für das SED-Politbüro war es völlig ausgeschlossen, dass Rassismus seine Ursachen im Innern des antifaschistischen Staats und seiner Gesellschaft haben könnte.[49] In Erfurt wurde, wie dargestellt, auf ambivalente Weise – Rassismus auf individueller Ebene einerseits repressiv unterdrückt, andererseits aber dessen gesellschaftliche Basis verschwiegen und letztlich toleriert. Es ist als Resultat dieser SED-Informationspolitik zu betrachten, dass die Erinnerung an die Erfurter Ausschreitungen und die begleitende rassistische Pogromstimmung aus dem gesamtgesellschaftlichen Bewusstsein verdrängt werden konnte – mit Konsequenzen bis heute.

Bericht über das Ergebnis, BArch MfS ZAIG 30554, S. 89.

38 Vgl. Ermittlungen Abt. XIV, BArch MfS BV Erfurt Abt. XIV Nr. 18, S. 3; Arbeit mit den im Bezirk, LTHW 6-95-5201 / 2179, S. 1–2; AIG Informat. 1975, BArch MfS HA XVIII 21411, S. 8.

39 Vgl. ZAIG-Informationen; BArch MfS ZAIG 2420, S. 2; Bericht über das Ergebnis, BArch MfS ZAIG 30554, S. 79, 91–98.

40 Vgl. Interview mit *Said Bouzid*, 22.10.2022.

41 Vgl. Interviews mit *Said Bouzid*, 28.9.2022 & 22.10.2022; Interview mit *Abdelkader Brahimi*, 24.7.2022; Interview mit *Amar Haddad*, 18.10.2022; Interview mit *Brahim Slimani*, 15.11.2022.

42 Vgl. Arbeit mit den im Bezirk, LTHW 6-95-5201 / 2179, S. 21.

43 Es kam insgesamt zu 57 vorübergehenden Festnahmen von Deutschen. Vgl. Bericht über das Ergebnis, BArch MfS ZAIG 30554, S. 100.

44 Vgl. bspw. Bericht über das Ergebnis, BArch MfS ZAIG 30554, S. 11–12, 101–102; Einsatz BV Erfurt 1975, BArch MfS HA XX 11192, S. 13–14.

45 Vgl. Bericht über das Ergebnis, BArch MfS ZAIG 30554, S. 61–62, 101; Ermittlungen Abt. XIV, BArch MfS BV Erfurt Abt. XIV Nr. 18, S. 62; Ermittlungen Abt. XIV, BArch MfS BV Erfurt Abt. XIV Nr. 23, S. 90–94.

46 Vgl. Gerichtsverhandlung 19.8.1975, BArch MfS BV Erfurt AU 1507/75.

47 „Rowdies verurteilt“. In: Das Volk vom 21.8.1975, S. 8; „Rowdies verurteilt“. In: Thüringer Landeszeitung vom 22.8.1975.

48 Protokoll der Stadtparteiaktivtagung, LTHW 6-95-2116/IV C/5.01/137/1, S. 2, 10–11.

49 Vgl. bspw. Slobodian, Quinn: „Socialist Chromatism. Race, Racism, and the Racial Rainbow in East Germany“. In: Ders. (Hg.): Comrades of Color. East Germany in the Cold War World. New York u. a. 2015, S. 23–39.

3.6

PAOLO LE VAN / NICK WETSCHEL

„Where are your roots, Ruth?"

Vorläufige Antworten aus dem Projekt *Ostdeutsche Migrationsgesellschaft selbst erzählen (MigOst)* [1]

Die Frage nach den Wurzeln kann am Anfang einer Auseinandersetzung mit der eigenen Biografie, vielleicht am Beginn einer lebensgeschichtlichen Erzählung stehen. Die Frage nach den Wurzeln erlaubt es auch, beinahe das gesamte Feld postkolonialer und postmigrantischer beziehungsweise migrationsbezogener Themen anzusprechen. Denn offenkundig ist sie alles andere als unproblematisch: Sie lässt sich sowohl als selbstbestimmte und selbstbewusste Frage stellen – oder als Frage, die Zugehörigkeiten in Zweifel zieht.

„Where are your roots, Ruth?" So eröffnete Ruth – in ihrer Rolle und zugleich als sie selbst – das Bürgerbühnen-Stück *dinnor on se bood*, das im Sommer 2023 im Kleinen Haus des Dresdner Staatsschauspiels zu sehen war.[2] Gleich zu Beginn konfrontiert das Stück das Publikum mit beiden Fragen. Was formal als Wortspiel daherkommt, eröffnet eine Erzählung über DDR-Migrationsgeschichte, binationale Elternschaften, Migrantisierungen und Rassismuserfahrungen zwischen dem Jemen und der späten DDR. Für solche, auch individuell komplexe Zusammenhänge interessierte sich das Citizen-Science-Projekt *Ostdeutsche Migrationsgesellschaft selbst erzählen (MigOst)*. Im Rahmen dieses Projekts wurden in Cottbus, Halle und Dresden gemeinsam mit Migrant:innenorganisationen und vielen Partner:innen Erzählcafés veranstaltet, lebensgeschichtliche Interviews geführt und schließlich Übersetzungen des gesammelten Materials in Bühnenstücke und Ausstellungen produziert.

Im Folgenden stellen wir dieses Projekt genauer vor. Postkoloniale Perspektiven spielen dabei durchaus eine Rolle, auch wenn die beteiligten Migrant:innenorganisationen, Partner:innen und Aktivist:innen ihre Themen selbst setzten und postkoloniale Fragen und Themen nicht explizit fokussiert hatten. In der Beschäftigung mit Migrationsgeschichten in Ostdeutschland ergeben sich jedoch zwangsläufig postkoloniale Fragen: Nach den Beziehungen zwischen der damaligen DDR und den sich gerade in Dekolonialisierungskämpfen befindenden Staaten, nach dem Charakter beziehungsweise dem Fortleben von rassistischem Wissen in der DDR, nach dem Ort dieser Beziehungen in geschichtswissenschaftlichen und erinnerungskulturellen Diskussionen über die DDR, nach transnationalen Bezügen – gerade nach dem Ende der DDR. Ausgeklammert bleibt dabei die Debatte um die Transformation Ostdeutschlands als Form der kolonialen Übernahme, obwohl dies im Projekt *MigOst* ein Thema ist. Denn gerade Migrant:innen waren und sind besonders von Betriebsschließungen, der westdeutschen Besetzung von Verwaltung und Spitzenämtern, der bundesdeutschen Migrationspolitik in Form von zugespitzten Debatten, rechtsextremen Ausschreitungen und den Verschärfungen im Asyl- und Ausländerrecht betroffen. Diesen komplexen Zusammenhängen von Transformations-, Migrations-, Rassismusforschung und Postkolonialer Theorie können wir hier nicht nachgehen.[3] Im Mittelpunkt sollen vielmehr die Projektarbeit und die Erzählungen der Interviewten stehen.

Wir können den geteilten Lebensgeschichten an dieser Stelle zwar nicht umfassend gerecht werden, aber doch einen Einblick in grundlegende Erfahrungen und Geschichten geben.

1 Teile dieses Textes greifen auf Texte des Projektteams zurück, siehe: Böhm, Luise et al.: „Migrationsgeschichte(n) als Citizen Science: Ostdeutsche Migrationsgesellschaft selbst erzählen". In: Lernen aus der Geschichte, 25.5.2022. Online unter: https://lernen-aus-der-geschichte.de/Lernen-und-Lehren/content/15330 (Stand: 22.12.2023) und Böhm, Luise/Wetschel, Nick: „Kollaborativ forschen". In: Linde Apel/Stefan Müller (Hg.): Handbuch Oral History. Von A wie Aufnahmegerät bis Z wie Zuhören, Paderborn 2025 (im Erscheinen).

2 O.A.: „108 – Ostdeutsche Migrationsgesellschaft selbst erzählen – MigOst". Online unter: https://lga.isgv.de/projekte/144 (Stand: 7.5.2024).

3 Axster, Felix: „Die ‚Wende' als Form der Kolonisierung? Zur Genese und Aktualität eines populären Deutungsschemas". In: Zeithistorische Forschungen/Studies in Contemporary History, Online-Ausgabe, 1 (2023), S. 161–180. Online unter: https://doi.org/10.14765/zzf.dok-2674 (Stand: 22.12.2023).

Citizen Science – Anspruch und Möglichkeiten

MigOst war ein ab dem Frühjahr 2021 für drei Jahre laufendes Vorhaben und der Versuch, das Wissen über ostdeutsche Migrationsgeschichte zu erweitern und in seiner Vielstimmigkeit darzustellen. Neben der Frage der Wissensproduktion standen deshalb die Verstetigung von Oral History und Selbstgeschichtsschreibung in den lokalen Migrant:innenorganisationen und Communities, die Etablierung von Kooperationen mit städtischen Kulturinstitutionen und die breite Auseinandersetzung mit postmigrantischer und postkolonialer Erinnerungskultur im Vordergrund. In den deutschen Debatten über Kolonialgeschichte und (Post-)Kolonialismus – sowohl den aktivistischen als auch den akademischen Debatten – steht die DDR nämlich selten im Mittelpunkt. Dasselbe gilt für ostdeutsche Migrationsgeschichte in der gesamtdeutschen Selbstbetrachtung, und es gilt für die gelebten Erfahrungen und mündlichen Überlieferungen der Einwanderer:innen, die im heutigen Ostdeutschland leben.

Wie also sprechen wir über die Vergangenheit? Wer ist dabei Teil des *Wirs*, wessen Erinnerungen werden gehört? Und wie lassen sich hier Mitsprache und Teilhabe gestalten und vergrößern? *MigOst* näherte sich diesen Fragen im Hinblick auf die jüngere Geschichte Ostdeutschlands. Denn obwohl auch die ostdeutsche Gesellschaft eine kontinuierliche Geschichte der Migration hat, dominieren weiße, mehrheitsgesellschaftliche Perspektiven auf die Vergangenheit. Perspektiven von Menschen, die Migration und Migrantisierung erfahren, fehlen oder werden überhört. Ihnen und ihren lebensgeschichtlichen Erfahrungen sollte im Projekt Raum gegeben werden. Es wollte sie ermutigen, ihre eigenen Geschichten zu teilen, an gemeinsamen Narrativen zu arbeiten und diese weiter zu vermitteln. Ähnlich wie in dem parallelen Vorhaben *30 Jahre Deutsche Einheit – Migrantische Perspektiven auf den Wiedervereinigungsprozess*[4] ging es um Möglichkeiten eines Perspektivwechsels und somit einer Veränderung der Wissensproduktion:

„Dieser reflektierende Blick ist eine wichtige Voraussetzung für eine inklusive Wissenschaft, die mit den Transformationsprozessen in einer Gesellschaft verflochten ist. Konkret bedeutet dies für unsere Forschung: Das ostdeutsche migrantische (Erfahrungs)Wissen in die Generierung der Wissen(schaft) einzubeziehen, leistet einen Beitrag u.a. zur Dekolonialiserung der Wissen(schaft) über die Communitys of Color in Ostdeutschland.“[5]

Im Sinn einer engagierten Forschungspraxis wollte *MigOst* als Forum dienen, um teilnehmende Zeitzeug:innen und das Wissen über ihre Geschichte zu vernetzen, gemeinsam Hierarchien und Ausschlüsse in der Erinnerungskultur und Wissensproduktion zu hinterfragen und neue Sichtweisen zu entwickeln. *MigOst* verfolgte einen partizipativen Forschungsstil, der eine einseitige wissenschaftliche Aneignung von Lebensgeschichten zu vermeiden beziehungsweise zu reflektieren versuchte. Eine gleichberechtigte Mitbestimmung der Forschungsbeteiligten und die kontinuierliche Reflexion der Rolle und Positionalität des Projektteams wurde daher in allen Phasen des Forschungsprozesses angestrebt und mit Hilfe eines selbst erarbeiteten Leitbilds, welches im Prozess ständig auf seine Praxis hin befragt und novelliert wurde, umgesetzt. Mit dem partizipativen Ansatz im Rahmen von *Citizen Science* ermöglichte es *MigOst* Menschen, die vor Jahrzehneten in die DDR oder in jüngster Zeit nach Ostdeutschland migriert sind, über ihre Lebensgeschichten zu sprechen. Diese Geschichten wurden in (sicheren) Diskussionsräumen und biografischen Interviews geteilt. Somit funktionierte *MigOst* grundlegend als Oral-History-Vorhaben, war jedoch, so die Einschätzung von Kristin Oswald, erweitert um einen „ko-kreativen Citizen-Science-Ansatz“.[6] Bei diesem Vorgehen stell(t)en sich zahlreiche Fragen, die nur auf den ersten Blick als allein organisatorische erscheinen. Sie mussten sowohl von Seiten des Projekts geklärt als auch gegenüber Partner:innen glaubhaft beantwortet

4 Kaya, Asiye/Nguyễn, Phương Thúy/Abed-Ali, Riham: Projekt 30 Jahre Deutsche Einheit – Migrantische Perspektiven auf den Wiedervereinigungsprozess. Projekt an der Hochschule Mittweida 2020.

5 Kaya, Asiye: „Wissen ist situiert“. In: Ayse Kaya et al. (Hg.): Im Osten was Neues? Perspektiven von Migrantinnen – Schwarzen Menschen – Communitys of Color auf 30 Jahre (Wieder-)Vereinigung und Transformationsprozesse in Ostdeutschland, S. 193–201. Online unter https://library.fes.de/pdf-files/bueros/dresden/19079-20220331.pdf (Stand: 22.12.2023).

6 Oswald, Kristin: „Citizen Science (un-)gleich Oral History“? Online unter: https://bkw.hypotheses.org/2048 (Stand: 22.12.2023). Zur Erweiterung des Wissens(produktions)begriffs in der Citizen-Science-Diskussion siehe auch Weißpflug, Maike: „Citizen Science“. In: Martin Sabrow/Achim Saupe (Hg.): Handbuch Historische Authentizität, S. 92–98, S. 97.

werden: Wer ist in die Konzeption und Entwicklung der Fragen eingebunden? An wen und mit wem erfolgen Ansprachen? Wie erfolgt nach der Datenerhebung die Autorisierung? Wer muss oder will pseudonymisiert oder anonymisiert werden? Sind gemeinsame Auswertungen vorgesehen? Wer verfügt schlussendlich über das geteilte Wissen? Ist die Zugänglichkeit der Daten für alle Beteiligten gewährleistet? Last but not least ist die Frage zu beantworten, inwiefern Citizen- Science die Freizeit von Teilnehmer:innen oder die Kapazitäten von Selbstorganisationen beansprucht und wie diese kompensiert werden können.

Damit fällt der Blick auch auf die Grenzen von und Kritik an Citizen-Science-Ansätzen, die sich bereits am Bürger:innenbegriff theoretisch entwickeln lassen, jedoch auch aus der Erfahrung des Projekts beschreibbar werden: Auch *MigOst* stößt kapazitätsbedingt an Grenzen, wenn wir hinterfragen, wer alles nicht spricht oder sprechen kann. Wer ist beispielsweise wegen sozioökonomischen Faktoren nicht zu erreichen oder kann aufgrund von sprachlichen Barrieren nicht partizipieren? Wer ist durch seine vermeintliche Gruppenzugehörigkeit und fehlende Repräsentanz an den Projektstandorten ausgeschlossen? Wer ist durch verengte postkoloniale Betrachtungskategorien nicht ins Blickfeld gekommen? Während das Projekt organisatorisch (Zeitressourcen der Teilnehmer:innen, Kinderbetreuung) oder sprachlich (Dolmetschen in der Gruppe) so flexibel wie möglich war, um die Vielstimmigkeit ostdeutscher Migrationserfahrung abzubilden, gelangten unter anderem Stimmen aus jüdischen Gemeinden, von Sintize oder Romnja nicht in die Erzählformate des Vorhabens. Diese Selbstreflexion über Ideale der Partizipation und Feldforschung sowie des Projektsettings im Rahmen der Citizen-Science-Diskussion waren wichtige Säulen bei der Projektkonstruktion und Forschungsgestaltung.

Datenerhebung – Erzählcafés, Stadtlabore, Kulturproduktionen, Interviews

Die Erzählcafés in Cottbus, Halle und Dresden wurden in erster Linie als Austauschforen konzipiert, in denen gemeinsam neue Narrative erprobt werden konnten. *MigOst* lehnt sich methodisch an die Oral History an, deren Ziel die subjektive Deutung von Geschichtsprozessen ist: im Fokus stehen lebensweltliche Alltagsgeschichten – eine *situierte Geschichte von unten*. Die Erzählcafés eröffneten einen Raum für die Rekonstruktion von Lebenswegen und die biografischen Erinnerungen der Teilnehmer:innen. Methodisch bot sich eine Kombination unterschiedlicher qualitativer, kontextsensibler Vorgehensweisen an, die zugleich dem wissenschaftlichen Anspruch des Projekts gerecht wurde und die vertrauensvolle Atmosphäre in der Zusammenarbeit bewahrte. Das Vertrauen der Teilnehmer:innen bildete einen zentralen Baustein des partizipativen Vorgehens und war Voraussetzung für das Teilen persönlicher, teils traumatischer Erinnerungen und Erfahrungen. Die Erzählcafés waren thematisch offen angelegt, wodurch die Teilnehmer:innen selbst darüber entscheiden konnten, welche Themen bedeutsam und welche Erinnerungen zentral waren. Sie fanden als Gruppengespräche in zwei Phasen in den Jahren 2021/22 statt, um einen individuellen und kollektiven Erinnerungsprozess zu ermöglichen. Dabei wurden biografische Erfahrungen und Geschichten, Gegenstände und Dokumente des Alltags aus der DDR, der Wende- und Nachwendezeit sowie auch des gegenwärtigen Alltags gesammelt und gemeinsam ausgewertet.

Im Sinne eines postmigrantischen Gesellschaftsverständnisses, das Migrationsgeschichte als gemeinsame Geschichte versteht, wurden über die migrantischen Zeitzeug:innen hinaus weitere Menschen einbezogen, die beispielsweise als Kolleg:innen, Nachbar:innen oder Freund:innen migrationsbezogene Erfahrungen gemacht haben und sich darüber austauschen mochten. Die Erzählcafés sollten damit einen Erinnerungsprozess ermöglichen, der die Gleichzeitigkeit verschiedener Perspektiven in ihrer Unterschiedlichkeit und in ihren Ähnlichkeiten anerkennt. Außerdem wurden in der zweiten Phase auch öffentliche Formate wie etwa Stadtspaziergänge oder (digitale) Podiumsdiskussionen als Erweiterung der Gruppendiskussionen angeboten, bei denen interessierte Teilnehmer:innen als Expert:innen und Referent:innen ihrer Geschichte auftreten konnten. Darüber hinaus wurden begleitend biografische Interviews geführt: mit Teilnehmer:innen der Erzählcafés beziehungsweise weiteren Gesprächspartner:innen, die bereit waren, ihre eigene Geschichte ausführlicher zu teilen. Hierbei wurde eine weitgehend selbstbestimmte Erzählung ermöglicht, indem soweit wie möglich auf steuernde Elemente wie Leitfragen oder Erklärungen verzichtet wurde. Die Fragenden haben sich vor allem als Zuhörende verstanden.

Im letzten Projektjahr 2023 wurden an den drei Standorten Cottbus, Dresden und Halle jeweils Stadtlabore durchgeführt, die der weiteren Auswertung der Ergebnisse und der Entwicklung von kulturellen Formaten dienen: in Kooperation mit dem Staatsschauspiel Dresden, dem Stadtmuseum Halle sowie dem Stadtmuseum Cottbus sollte die lokale Stadtgeschichte um Migrationsgeschichten erweitert und in eine breitere Öffentlichkeit getragen werden.

Was erzählt *MigOst* in postkolonialer Hinsicht?

Manche der erzählten Geschichten thematisieren explizit die Ambivalenz sozialistischer antikolonialer Solidarität. Andere können im Hinblick auf Fragen kolonialer Kontinuitäten in migrantischen Arbeitsregimen oder auf Rassismus hin untersucht werden. Sie verweisen auch auf die Kämpfe von Migrant:innen um Wohnsitz, Zugehörigkeit und Selbstorganisation in der Transformationszeit. Was zunächst eine individuelle Erzählung ist, hat das Potenzial, die allgemeine Geschichte zu erweitern oder produktiv zu stören. Die Geschichte von Dekolonialisierungskämpfen, Erzählungen darüber und daraus resultierende (erinnerungskulturelle) Konflikte sind dann nicht mehr scheinbar fern, sondern werden direkt „vor Ort“ thematisiert und verhandelt. Oder die damalige DDR wird vom (meist temporären) Migrationsziel und vor allem als Auswanderungsland verstandener Staat zum Teil des „Westens“, der völlig neue Optionen eröffnet. In den Erzählungen der Interviewten sind Länder und Gesellschaften biografisch und erzählerisch verflochten und nicht mehr allein Vertragspartner in außenpolitischen Fragen und Wirtschaftsbeziehungen. Nicht zuletzt treten Empörung über rassistische Diskriminierung und Gewalt und Verwunderung über die Unerfahrenheit im Umgang mit gesellschaftlicher Heterogenität zu Tage, die vermeintlich sicher geglaubte Charakteristika des „Westens“ in Frage stellen.

Somit ermöglichen die geteilten Geschichten und gesammelten Interviewdaten Interventionen in lokale Erinnerungsdiskurse und -institutionen: Während das Projekt langfristig darauf abzielt, Migrant:innenorganisationen dabei zu unterstützen, die Geschichten von Migrant:innen zu erzählen und zu hören, besteht das kurzfristige Ziel des Projekts in der Übertragung und Übersetzung von Geschichten und Rechercheergebnisse in Ausstellungen und Theaterproduktionen.

Der Faktor „Generation“ und ein Ausblick

Zum Schluss kommen wir auf die Frage „Where are your roots, Ruth?" zurück. Sie stellt sich im übertragenen Sinne, wenn ehemalige Vertragsarbeiter:innen von der Kolonialerfahrung ihres Heimatslands erzählen, ihr Aufwachsen in der DDR daraufhin befragen oder nach fast 40 Jahren über Zugehörigkeit(en) sprechen. Wenn Geflüchtete vor der Herausforderung stehen, in ablehnenden und zurückweisenden lokalen Kontexten anzukommen, Netzwerke neu zu knüpfen und über große Distanzen aufrechtzuerhalten. Vor allem manifestiert sich die Frage nach den Wurzeln, wenn Kinder ihre Eltern befragen beziehungsweise befragen wollen. Die Erfahrung der Generation, sei es in der eigenen Familie oder zwischen verschiedenen Migrationszeitpunkten, war ein wichtiger Auslöser für Erzählungen oder die Initiative zum eigenen Mitwirken im Projekt *MigOst*.

So resümiert Vũ Vân Phạm aus einem Chemnitzer Projekt über Lebensgeschichten vietnamesischer Vertragsarbeiterinnen: „[F]ür mich war die Arbeit an diesem Projekt auch ein guter Vorwand, um endlich mal Fragen an meine eigenen Eltern stellen zu können. Nicht getraut haben ist vielleicht nicht die richtige Formulierung, aber es gab zumindest davor nie den richtigen Moment, um sich mal hinzusetzen und zu fragen, wie es ihnen denn eigentlich damals ergangen ist und wie es ihnen heute damit geht.“[7]

7 Blokus, Georg im Interview mit Frauke Wetzel und Vũ Vân Phạm: „Vietnamesische Vertragsarbeiter:innen-Geschichten aus Chemnitz, die nicht auf der Bühne enden“. Online unter: https://transnationalorganizing.eu/handbook/interview-wetzel-pham-vertragsarbeiterinnen-chemnitz/ (Stand: 22.12.2023).

Wenn sich Forschungs- und Kulturinstitutionen sowohl thematisch als auch bestenfalls organisatorisch-personell weiter öffnen, dann wird auch über das Projektende von *MigOst* plurales Erinnern vorangetrieben. Die Beteiligung von Zeitzeug:innen sowie derer Kinder bilden dafür ein zentrales Multiplikator:innennetzwerk. Das durch das Projekt entstandene Potenzial für Forschung und Gesellschaft – und nicht zuletzt für die Betroffenen – gilt es auch weiterhin zu heben. Deshalb stehen in enger Abstimmung mit den Gesprächspartner:innen unterschiedliche in den Veranstaltungen erhobene Materialien, Elemente der Kulturproduktionen sowie Interviewtranskripte im Lebensgeschichtlichen Archiv des Instituts für Sächsische Geschichte und Volkskunde in Dresden für künftige Forschungsvorhaben in Wissenschaft und Praxis zur dauerhaften Verfügung.

*„Ostdeutsche Migrationsgesellschaft selbst erzählen“ (MigOst) war ein Projekt des Zentrums für Integrationsstudien der TU Dresden, des Dachverbands der Migrant*innenorganisationen in Ostdeutschland e.V. und der Brandenburgischen Technischen Universität Cottbus-Senftenberg in Zusammenarbeit mit dem Institut für Sächsische Geschichte und Volkskunde Dresden. Es wurde im Rahmen des Förderbereichs Bürgerforschung vom Bundesministerium für Bildung und Forschung von März 2021 bis Februar 2024 gefördert.*

INTERVIEW MIT DEM ZEITHISTORIKER PATRICE POUTRUS

Die DDR dekolonisieren?

3.7

Post-koloniale Perspektiven auf den SED-Staat

Die DDR verstand sich als antikolonial und antiimperialistisch. Welche Rolle spielte die koloniale Vergangenheit für das Selbstverständnis der DDR? Wie wurde insbesondere der Verbrechen des Deutschen Kaiserreichs gedacht?

Ehrlich gesagt habe ich ein richtiges Problem damit, über ein Selbstverständnis „der DDR" zu sprechen. Die DDR war in meinem Verständnis kein Subjekt mit eigener Identität. Sie war eine politische Ordnung, welche von einer kommunistischen Staatspartei auf diktatorische Weise beherrscht wurde. Deshalb finde ich das Synonym SED-Staat für DDR auch erkenntnisfördernd, weil damit deutlich gemacht werden kann, dass politische Herrschaft und soziale und kulturelle Beziehungen in der DDR damit keinesfalls in Eins fallen. Tatsächlich finden sich in der politischen Programmatik der Staatspartei SED über die Jahrzehnte hinweg starke antikoloniale und antiimperialistische Proklamationen, wie beispielsweise die politische Unterstützung der nationalistischen FLN (dt.: Nationale Befreiungsfront) im Kampf gegen die französische Kolonialherrschaft in Algerien und die Solidaritätsbewegung zu Gunsten des kommunistischen Nordvietnams während des Vietnamkriegs. Die politische Praxis des SED-Staats erscheint mir gleichwohl zumindest widersprüchlich. Auch ist die Frage, welchen Stellenwert solche Positionierungen für die 2,3 Millionen Mitglieder der Staatspartei hatten, zumindest nicht hinreichend geklärt. Überaus skeptisch bin ich aber hinsichtlich der Wirkungsmacht solcher Verlautbarungen und Kampagnen auf die circa 16 Millionen DDR-Bürger:innen.

Neben dem nicht zu leugnenden Zwangscharakter der kommunistischen Herrschaft geht es mir dabei aber gerade auch um den zumindest problematischen Umgang mit der Kolonialgeschichte des deutschen Reichs in der DDR. Nach den Maßgaben der SED-Programmatik wurde Kolonialismus als ein Kennzeichen des historisch als rückschrittlich angesehen Kapitalismus bewertet, für den die Verantwortung in der deutschen Vergangenheit oder in Westdeutschland zu verorten gewesen sei. Da sich von beiden ideologisch wie auch politisch scharf abgrenzt wurde, galten in der DDR öffentliche Auseinandersetzungen über die normativen und kulturellen Grundlagen des Kolonialismus in der deutschen Gesellschaft als überflüssig. Zugleich sah sich die kommunistische Staatspartei SED gern als Verbündete der anti-kolonialen Bewegungen in Afrika und Asien, auch wenn ein Blick in die gelenkten Medien der DDR deutlich macht: Das Vokabular des deutschen Kolonialismus wurde allerdings nur selten überwunden. Eins von vielen Beispielen: Die unabhängig gewordenen ehemaligen Kolonien wurden überwiegend als „junge Nationalstaaten" tituliert, was ihnen eine nach- wenn nicht sogar untergeordnete Rolle im „revolutionären Weltprozess" zuwies. Und obwohl die zeithistorische Forschung im Feld Post-Kolonialismus noch am Anfang steht, lässt sich aus dem Wissen über den zumindest widersprüchlichen Umgang mit dem DDR-Gründungsmythos Antifaschismus schlussfolgern, dass die Externalisierung von historischer Verantwortung ungeeignet ist, die gesellschaftlichen Folgewirkungen von Massenverbrechen in der Tätergesellschaft zu problematisieren oder gar zu bewältigen.

Was bedeutet es, eine postkoloniale Perspektive auf die DDR anzuwenden?

Ich will hier nur einen Punkt machen, der sich aus meiner Arbeit als Zeithistoriker ergeben hat: Die Migrationspraxis des SED-Staats ist aus postkolonialer und menschenrechtlicher Perspektive ein bemerkenswerter Fall von doppelten Standards gegenüber Menschen aus dem globalen Süden. Meine politische Kritik daran ist, dass die Migrationsverhältnisse in der DDR gerade nicht an Normen wie Internationalismus, Solidarität und Völkerfreundschaft orientiert waren oder gar durch Anti-Kolonialismus und Anti-Imperialismus erklärt werden können. Zwar fehlte es im Kontext von Arbeitsmigration in die DDR nicht an solchen Verlautbarungen durch die Vertreter:innen des SED-Staats. Gleichwohl waren die in diesem Zusammenhang getroffenen Entscheidungen geprägt von der Ausnutzung politischer Abhängigkeiten, ökonomischen Nützlichkeitsannahmen sowie implizit und zuweilen auch explizit von nationalem Chauvinismus und rassistischen Ressentiments von Seiten der Verantwortlichen des SED-Staats und auch von Seiten der DDR-Bevölkerung. In diesem Sinne vollzog sich in der DDR eine Praxis der Arbeitsmigration, die konservative Innenpolitiker:innen in der alten und der gegenwärtigen Bundesrepublik wohl als akzeptables Model betrachten würden. Wie die Forschungen dazu zeigen, war die Migrationsverhältnisse in der DDR sehr restriktiv, eine Integration der Migrant:innen war nicht vorgesehen und Abweichungen von den gemachten Vorgaben wurden überwiegend mit Abschiebung oder auch Gefängnis geahndet. Rassistische Übergriffe, die wiederholt gleich am Beginn der außereuropäischen Arbeitsmigration in die DDR ab Mitte der 1970er Jahre vorkamen, wurden entweder den Migrat:innen selbst angelastet oder weitgehend tabuisiert.

Das finde ich weiterhin bemerkenswert und denke, dass sich auch bei einer post-kolonialen Perspektive beziehungsweise Kritik an den Verhältnissen in der DDR und in Ostdeutschland von einfachen Gegenüberstellungen wie „gute Intention und schlechte Praxis" oder auch „böse Diktatur und schöner Alltag" verabschiedet werden sollte. Dies führt sicher zu Konflikten mit Erinnerungen von Zeitzeug:innen in Ostdeutschland, wie aber auch sonst. Als Historiker und als anti-faschistischer wie post-kolonialer Kritiker der Gegenwart erscheint es mir gleichwohl nicht angebracht, weder gegen biografische Erzählungen zu intervenieren noch mich zum Anwalt dieser Zeitzeug:innen zu machen. Die Herausforderung besteht meines Erachtens also gerade darin, persönliche Erfahrungen und gesellschaftliche Verhältnisse nicht gegeneinander aufzurechnen, sondern diese in eine plausible Beziehung zu setzen. Eine kritische Auseinandersetzung mit der kolonialen Vergangenheit der Deutschen erfordert meines Erachtens aber den Abschied von Aufstiegs-, Fortschritts- und Wohlstandserzählungen in der deutschen Geschichte. Stattdessen muss immer wieder gefragt werden, auf wessen Kosten diese Entwicklungen gingen und welche Auswirkungen das bis in die Gegenwart hat. Diese Debatte steht erst am Anfang, und aus meiner Erfahrung sind hier deutliche Gegenbewegungen auszumachen, mit denen sichergestellt werden soll, dass an den alten Erklärungsmustern festgehalten werden kann. Das trifft paradoxerweise gerade auch auf jene ostdeutsche Opfererzählung zu. Die sozial-ökonomische Transformation in Ostdeutschland ausgerechnet als Kolonialismus zu klassifizieren, zeugt von geringer Sachkenntnis und ist ein erneuter Versuch, jegliche historische und gegenwärtige Verantwortung für die Verhältnisse in Ostdeutschland und selbstverständlich auch für die Geschichte des deutschen Kolonialismus abzuwehren.

In Ihrem Vortragstitel für die Tagung „Koloniales Erbe in Thüringen" warfen Sie die Frage auf, wie man einen antikolonialen Staat dekolonisieren kann. Was ist Ihre Antwort darauf?

Auch auf die Gefahr hin, mich zu wiederholen, will ich nochmals betonen, die Selbstentlastung des SED-Staats und der Gesellschaft in der DDR verhinderte nicht nur eine kritische Auseinandersetzung mit der deutschen Kolonialgeschichte. Sie führte auch zu einer nachhaltigen Belastung für eine offene, demokratische Gesellschaft. Der Kolonialismus war ein System rücksichtsloser Gewaltanwendung zur Ausbeutung und Unterdrückung ganzer Weltregionen, in denen Bürger- und Menschenrechte für die Vertreter:innen der Kolonialmacht galten, aber nicht für die kolonisierten Menschen. Gerechtfertigt wurde diese Doppelmoral durch eine rassistische Weltanschauung, welche die Gesellschaften wie die globalen Verhältnisse bis heute prägt. Ohne sich mit den gesellschaftlichen Dimensionen des Rassismus auseinanderzusetzen, kann es keine aufrichtige Auseinandersetzung mit dem Erbe des Kolonialismus geben und umgekehrt. Diese Auseinandersetzung kann dann die unterschiedlichen Positionen und Perspektiven auf Kolonialismus und koloniales Erbe nicht überbrücken oder vereinheitlichen. Wer Kolonialismus nicht als Unrechtsregime, sondern weiterhin als eine zivilisatorische Mission verteidigt, ist meines Erachtens auch nicht im Stande oder ist auch nicht Willens, die strukturellen, kulturellen und alltäglichen Dimensio-

nen von Rassismus zu erfassen und wird die damit einhergehenden Gefahren für Bürger- und Menschrechte nicht erkennen.
Welche Schwierigkeiten sich aus der Idee einer öffentlichen Vergemeinschaftung von Erinnerung ergeben, zeigte sich während meiner Forschungen zu Familienerinnerung in Ostdeutschland an der Universität Erfurt. Auch ohne unmittelbaren Bezug zu Debatten um Kolonialgeschichte und Dekolonisierung offenbarte sich nicht selten eine Dissonanz zwischen dem öffentlichen Geschichtsbild und den privaten Familienerinnerungen, die auch die aktuellen feuilletonistischen Debatten um Ostdeutschland prägt: Während im Schulunterricht, in Gedenkstätten und in politischen Reden vor allem die repressiven Aspekte der DDR-Herrschaft hervorgehoben werden, spielen im privaten Gedächtnis meist die alltäglichen Lebenserfahrungen eine Rolle, die oft positiv erinnert werden. Einer affirmativen Würdigung der Überwindung des DDR-Unrechtsstaats und der deutschen Einheit durch Politik und Publizistik stehen vielfach kritische private Bewertungen des deutschen Vereinigungsprozesses gegenüber. Dabei spielen nicht nur unterschiedliche Erfahrungsperspektiven und damit verbundene Werturteile, sondern auch unterschiedliche Plausibilitätskriterien und Geltungsansprüche eine Rolle. Familienerinnerungen stabilisieren auf ihre Weise die Identität der Familienmitglieder und der Familie als Gruppe. Erinnerungskonflikte zwischen privater Erinnerung und offizieller „Erinnerungskultur" tangieren daher nicht nur die Bewertung vergangener Ereignisse selbst, sondern stellen auch die Funktionsweisen der privaten Erinnerung und damit die innerfamiliäre Selbststabilisierung in der Gegenwart in Frage.
Allein schon deshalb stellt sich mir die Frage, ob nicht zwischen individuellem Erinnern und kollektivem beziehungsweise öffentlichem Gedenken an Gedenktagen, Gedenkstätten oder Gedenkorten unterschieden werden sollte. Diese Unterscheidung ist nicht allein eine semantische Feinheit, sondern sucht zu vermeiden, die Differenz zwischen persönlicher Erfahrung und öffentlicher Geschichtsdarstellung zu verwischen. Die Homogenisierung von individuellen Erinnerungen in ein vermeintlich kollektives Gedächtnis wird von vielen Zeitzeug:innen nicht nur als Überwältigung wahrgenommen, sondern verstellt auch den Blick auf die intentionale Seite von öffentlichem Gedenken. Dabei macht es einen bedeutsamen Unterschied, ob das Ziel von Gedenkkultur die mythologisierte Formierung einer nationalen Gemeinschaft oder die gesellschaftliche Aushandlung eines demokratischen Geschichtsverständnisses sein soll. Letzteres entspricht auch meiner Vorstellung von Dekolonisierung der DDR-Geschichte. Nach meiner Auffassung ist es nur auf diesem Weg möglich Minderheiten, wie zum Beispiel Migrant:innen oder auch Ostdeutsche, in eine demokratische Gedenkkultur der Berliner Republik einzubeziehen.
Allerdings kann dies nicht bedeuten, dass damit die Konflikte um eine demokratische Gedenkkultur hierzulande beendet wären. Es geht nicht nur um eine neue beziehungsweise hinzugefügte Vielfalt in der bundesdeutschen Gedenkkultur. Die postkoloniale Kritik an den gegenwärtigen Verhältnissen bedeutet meines Erachtens auch verstärkt zu fragen, welche Elemente beziehungsweise Repräsentationen vordemokratischer deutscher Gedenkkultur nicht fortbestehen sollten, weil sie chauvinistische, imperiale und menschenfeindliche Geschichtsbilder fortschreiben. Diese Auseinandersetzung steht erst am Anfang und ehrlicherweise muss ich anmerken, dass ich dafür momentan keine hinreichende gesellschaftliche Unterstützung wahrnehme. Im Gegenteil, die allgegenwärtige historistische Rekonstruktion von Bauten einer vor- wenn nicht sogar antidemokratischen Ordnung stimmen mich gerade in Ostdeutschland nicht sonderlich optimistisch, dass eine Dekolonisierung ostdeutscher Geschichte und Gesellschaft ein Projekt mit bald sichtbaren Erfolgen werden könnte. Seine Notwendigkeit steht für mich gleichwohl außer Zweifel.

DENKEN LERNEN
IRASSISMUSKRITISCH
DENKEN LERNEN
IRASSISMUSKRITISCH
DENKEN LERNEN
DENKEN LERNEN
IRASSISMUSKRITISCH
DENKEN LERNEN
IRASSISMUSKRITISCH
DENKEN LERNEN

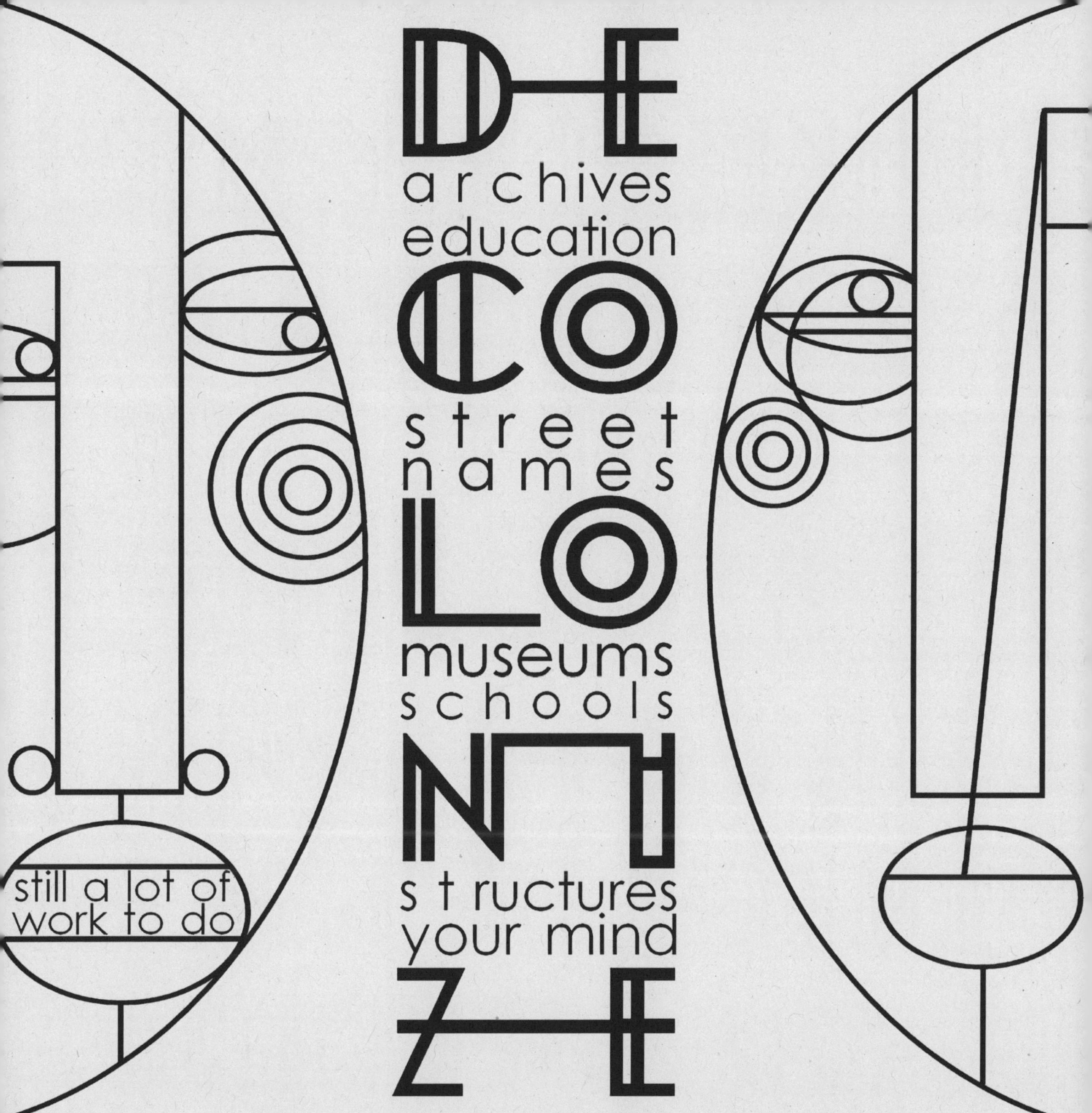

IV DEKOLONIALITÄT

Koloniale Strukturen überwinden

4.1

DECOLONIZE WEIMAR![1]

Decolonize Weimar

Von kolonialen Spuren im Stadtraum zur Stadt als Medium dekolonialer Bewegungen

Was können wir als Teil der Decolonize-Bewegung in Thüringen heute angesichts eines verstärkten Rechtsrucks, aber auch eines gesteigerten Interesses an den vielseitigen Geschichten der Stadt Weimar, bewegen?[2] In diesem Text berichten wir konzeptuell und anhand von Beispielen über unsere Arbeit und schließen mit einem selbstkritischen Kommentar und einigen Zukunftsfragen.

decolonize Weimar! ist eine aktivistische Forschungsinitiative, die die Kolonialität des Weimarer Stadtraums darstellt und eine andere Geschichte Weimars erzählt, nämlich von einem kolonialen Weimar.[3] Wie viele andere Initiativen will auch *decolonize Weimar!* in die „koloniale Amnesie"[4] deutscher Erinnerungspolitik intervenieren.

Weimar als „heimliche Kolonialhauptstadt"?

Weimar hat zwar keinen Hafen und keine meterhohe Bismarckstatue wie Hamburg, in Weimar wurde Afrika nicht auf dem Reißbrett unter Europäer:innen aufgeteilt, aber es war eine Stadt, in der die Kolonialpropagandisten im Fürstenhaus ein- und ausgingen, eine Stadt für selbsternannte Missionare und eine des Kolonialpublizismus. Der Historiker Peter Merseburger schlägt darüber hinaus sogar vor, Weimar als „heimliche Kolonialhauptstadt"[5] zu bezeichnen. An vielen Stellen in und um Weimar finden sich heute entsprechende architektonische, bildliche oder funktionale Muster, die in ihrer Vielfalt und Dichte bei Weitem noch nicht aufgearbeitet sind. Insbesondere gilt es, auch unsichtbar gemachte Spuren aufzuzeigen, wie zum Beispiel den in der DDR abgebauten Kolonialgedenkbrunnen,[6] und diese angemessen zu kontextualisieren.

Neben der Erzählung über Weimar als Stadt der Klassik, als Stadt der Moderne, als Stadt der Demokratiegeschichte, aber auch als „Musterstadt" der nationalsozialistischen Diktatur ist Bildungsarbeit hier wichtig – nicht nur vor dem Hintergrund eines blühenden Weimar-Tourismus. Dekoloniale Stadtführungen eröffnen dabei ein multidirektionales Erinnern[7] und bilden ein Gegennarrativ zur gebauten Geschichte der Stadt, wie Miriam Friz Trzeciak im Anschluss an Michael Rothberg vorschlägt – ein Argument, das insbesondere vor dem Hintergrund baulich gezielt hergestellter Geschichtsbilder in Weimar relevant für die vermeintliche Klassikerstadt wird.[8]

Viele Spuren des Kolonialismus sind unsichtbar gemacht worden. Hingegen gestalten die Spuren *weißer*, vor allem männlicher Menschen Erinnerungsmedien, wie Straßennamen und Büsten, die Öffentlichkeit – auch das ist koloniale Erinnerungskultur: das Wirken Schwarzer Menschen und des dekolonialen Widerstands bleibt weitestgehend undargestellt.[9] Diese Geschichten müssen erzählt werden, um deutlich zu machen, dass Kolonialismus auch ‚damals' kein Konsens war.

Decolonize Weimar – ein kritischer Stadtrundgang

Als Gruppe haben wir vor allem in Form von Stadtrundgängen auf diese Gegenerzählungen hingearbeitet. Zu Beginn jedes Rundgangs verweisen wir daher auf die Arbeit, die rassismuskritische Initiativen im Stadtraum an anderen Orten geleistet

1 Hier schreiben für decolonize Weimar! Julia Bee, Margarita Garcia, Max Königshofen, Denise Lee, Jannik Noeske, Dean Ruddock, Sonja Wendelken.

2 Miriam Friz Trzeciak setzt sich im Anschluss an Rothbergs Konzept des multidirektionalen Erinnerns mit Stadtführungen als „Gegennarrativen" auseinander, spezifisch bezogen auf die ostdeutsche und koloniale Geschichte. Dabei weist Trzeciak auch auf die Rolle von Stadtführungen als ein Mittel zur Bekämpfung des Rechtsrucks hin, indem rechte Narrative gestört würden. Trzeciak geht es auch darum, durch Stadtführungen die Geschichte und Gegenwart Schwarzer Menschen und BIPOC sichtbarer zu machen, um so durch multidirektionales Erinnern Teilhabe zu ermöglichen. Vgl. Trzeciak, Miriam Friz: „Multidirektionale Formen des Erinnerns und Vergessens. Das Beispiel einer postkolonialen und postsozialistischen Stadtführung". In: Gesellschaft – Individuum – Sozialisation (GISo). Zeitschrift für Sozialisationsforschung, 1 (2) (2020). Online unter: https://doi.org/10.26043/GISo.2020.2.4.

3 Grundlegend für Forschungen zum kolonialen Weimar: Rößner, Alf: „Das koloniale Weimar". In: Ulrich van der Heyden/Joachim Zeller: Kolonialismus hierzulande. Eine Spurensuche in Deutschland. Erfurt 2007, S. 27–33. Dekolonisierung bedeutet in Europa etwas anderes als in den Ländern des Kolonialismus seit dem 15. Jahrhundert. Es geht nicht um die Rückgabe von Land an Indigene Gruppen und erste Nationen wie in den Amerikas. Vielmehr geht es darum, die kolonialen Spuren in den am stärksten kolonisierenden Ländern sichtbar zu machen. Dekoloniale Arbeit ist daher nicht nur symbolisch zu verstehen. Vgl. Tuck, Eve/Yang, Wayne K.: „Decolonization is not a metaphor". In: Decolonization:

haben. Wir stellen uns damit ‚auf die Schultern von Ries:innen', von Menschen, die diese mediale, interaktive Form vor Jahrzehnten erfunden haben und durch ihre Recherchen und ihre Ideen Vorbild waren. Ein Beispiel dafür ist die Gruppe Berlin Postkolonial[10].

Wir haben neben den interaktiven Stadtrundgängen mit einer Online-Karte gearbeitet, um uns in die Tradition des kritischen Kartierens zu stellen.[11] Auf diese Weise wird eine neue Geografie der Stadt sichtbar. Diese können Menschen, die nicht von Rassismus betroffen sind, leichter ausblenden als diejenigen, die aus der Stadt ausgeschlossen werden oder von *Racial Profiling*, negativen Blicken und Beleidigungen im Alltag betroffen sind und damit hypersichtbar gemacht werden.

So heißt es oft, heute könne die kolonialrassistischen Denkmäler niemand mehr lesen. Dabei werden Menschen durch unterschiedliche Erinnerungsmedien im Stadtraum unterschiedlich adressiert. Warum sollte etwa Paul Krugers Büste[12] am Herderplatz, zu Ehren des früheren *weißen* Präsidenten Südafrikas, der eine segregierende, rassistische Politik propagierte, für südafrikanische Studierende, Besucher:innen oder Bürger:innen heute nicht mehr lesbar sein?

Wir verstehen, wie andere de- und postkoloniale Stadtinitiativen, Kolonialismus nicht als eine abgeschlossene Periode, die mit uns heute nichts mehr zu tun hat.[13] Wir versuchen anhand von Erinnerungsorten[14] verständlich zu machen, wie koloniale Perspektiven oftmals als erklärungsbedürftige Artefakte im Stadtraum fortbestehen und so zur Fortschreibung historischer Rassismen beitragen. Sie aufzudecken und in Frage zu stellen kann dabei helfen, heute handlungsfähig gegen Rassismus, Antisemitismus und das Erstarken von rechten Parteien und Diskursen zu sein.

Zudem sehen wir trotz der konkret vorgestellten Erinnerungsorte die Stadt nicht nur als punktuell kolonial an – durch Stadtrundgänge und Vorträge soll der Blick auf das dichte Netz rassifizierender Prozesse in der Stadt gelenkt werden, die in einem kolonialen Kontinuum stehen. Wer zum Beispiel ist in Weimar sicher? Welche polizeilichen Maßnahmen führen zu Stigmatisierung und Exklusion? Wie wurde beispielsweise mit den Angriffen auf die Gedenkkultur und Selbstrepräsentation von BIPOC (Black, Indigenous, and People of Color) aus Weimar umgegangen?[15] Zukünftige Touren müssten diese Perspektiven stärker einbeziehen und verschiedene Gewaltformen abbilden – womit neue Herausforderungen in der Repräsentation verbunden sind.

Von Orten zu Strukturen

Es geht also nicht nur um einzelne Bauwerke oder städtische Objekte, sondern vielmehr um Strukturen der „Kolonialität der Stadt"[16]. Diese haben oder hatten besondere Bedeutung und weisen eine bestimmte Wirkung und Materialität bezüglich von Erinnerung und kollektivem Gedächtnis auf. Ensembles, wie die machtgesättigte Sichtachse zwischen der Statue von Johann Gottfried Herder und der Paul-Kruger-Büste, stellen nicht nur Erinnerungsorte, sondern soziale Wechselverhältnisse her. Damit prägen sie soziale Räume.[17] Dazu ist es hilfreich, beim Stadtrundgang gemeinsam an konkreten Orten zu stehen und sich mit der Wirkung und Geschichte zum Beispiel der genannten Büste von Paul Kruger am Herderplatz 3 auseinanderzusetzen. Das heißt aber nicht, dass andere Orte gleichsam per se rassismusfrei seien – eine Wahrnehmung, die diese Fokussierung auf kolonial geprägte Stellen in der Stadt nach sich ziehen könnte: Schließlich darf man sich diese nicht als städtische ‚Kolonialismusinseln' vorstellen. Die Stadt selbst – mit ihren Medien und Strukturen (Infrastrukturen, Architekturen, Sichtachsen) – wird vielmehr durch die Klassifizierung und Zuweisung von Positionen und Zugängen herum gekennzeichnet. Dazu gehören insbesondere Rassifizierungen[18], also rassistische Erzählweisen und soziale Praktiken von Wohnorten, Mobilität oder auch kommerziellen Aktivitäten. Dies wird an

Indigeneity, Education & Society, Bd. 1, Nr. 1 (2012), S. 1–40.

4 Kößler, Reinhart/Melber, Henning: „Koloniale Amnesie: Zum Umgang mit der deutschen Kolonialvergangenheit". In: Standpunkte (2018), S. 1–4.

5 Merseburger, Peter: Mythos Weimar. Zwischen Geist und Macht. München 2013, S. 215–242. Merseburger hebt hier vor allem auf die Kolonialbegeisterung Carl Alexanders und seine ideelle und monetäre Unterstützung des deutschen Kolonialismus ab, siehe auch Rößner: Das koloniale Weimar.

6 Vgl. Besel, Antonia: „Kolonialgedenkbrunnen", decolonize Weimar! Online unter: https://decolonize-weimar.org/karte/kolonialgedenkbrunnen (Stand: 31.5.2024).

7 Siehe den Beitrag von Urs Lindner in diesem Band zum Konzept des multidirektionalen Erinnerns.

8 Vgl. Trzeciak: Multidirektionale Formen des Erinnerns. Zur städtebaulichen Selbst-Erzählung Weimars, vgl. von Engelberg-Dočkal, Eva: „Klassikerstadt!". In: Dies./Oliver Trepte (Hg.): Stadtbilder Weimar. Städtische Ensembles und ihre Inszenierungen nach der politischen Wende. Heidelberg 2019, Online unter: https://doi.org/10.11588/arthistoricum.537.

9 Auch wir haben hier nur an der Oberfläche gekratzt. Isabella Schwaderer hat beispielsweise versucht, die Rolle des durch Gerhard Rohlfs nach Weimar verschleppten Noëlle nachzuzeichnen. Johanna Staden hat den kolonialen Widerstand des aus Erfurt stammenden Willi Münzenberg nachgezeichnet. Marie Günther und Josepha Kirchner haben sich zudem mit den sogenannten Vertragsarbeitenden in Weimar beschäftigt und damit kolonialrassistische Strukturen in der nach außen antiimperialistischen damaligen DDR offengelegt, aber auch von Solidarität und Zusammenhalt erzählt. Günther, Marie/Kirchner, Josepha: „Auf den Spuren von Vertragsarbeit in Weimar", decolonize Weimar! Online unter: https://decolonize-weimar.org/karte/auf-den-spuren-von-vertragsarbeit-in-weimar (Stand: 31.5.2024); Staden, Johanna: „Willi Münzenberg – antikoloniale Bewegungen in den 1920er

Jahren“, decolonize Weimar! Online unter: https://decolonize-weimar.org/karte/willi-muenzenberg (Stand: 31.5.2024); Schwaderer, Isabella: „Gerhard Rohlfs: Wie waren Forschungsreisende am deutschen kolonialen Denken beteiligt?“, decolonize Weimar! Online unter: https://decolonize-weimar.org/karte/gerhard-rohlfs (Stand: 31.5.2024).

10 Berlin Postkolonial etwa hat viel dazu beigetragen, koloniale Protagonisten aus dem Straßenraum zu verdrängen – aber noch viel wichtiger ist es, an afrodeutsche Künstler:innen und Wissenschaftler:innen wie May Ayim zu erinnern, wie beispielsweise mit dem Berliner May-Ayim-Ufer geschehen. Das ist uns in Weimar noch nicht gelungen. Anknüpfungspunkte an historischen, antikolonialen Widerstand und dekoloniale Perspektive würden auch Möglichkeiten der Gegennarrative eröffnen.

11 Vgl. Orangotango: „Critical Mapping“. Online unter: https://orangotango.info/critical-mapping/(Stand: 31.5.2024).

12 Bee, Julia: „Herderplatz 3“, decolonize Weimar! Online unter: https://decolonize-weimar.org/karte/herderplatz-3 (Stand: 31.5.2024).

13 Vgl. die Studie von Annika Wappelhorst zu de- und postkolonialen Stadtrundgängen mit Fokus auf den deutschsprachigen Raum: Challenging Narratives of Colonalism – the Alternative City Tours of Research Activists in German. ICA extended abstract, im Erscheinen. Die Studie beruht auf der 2022 abgeschlossenen Masterarbeit in Media and Communication Studies an der Universität Jönköping (Schweden) mit dem Titel „Forging New Narrative Step by Step. Postcolonial and Decolonial City Walking Tours in Germany“. Wappelhorst untersucht vergleichend das Selbstbild und den Anspruch post- und dekolonialer Initiativen durch Interviews und teilnehmende Beobachtungen.

14 Vgl. zu Erinnerungsorten der deutschen Kolonialgeschichte: Zimmerer, Jürgen (Hg.): Kein Platz an der Sonne. Erinnerungsorte der deutschen Kolonialgeschichte. Berlin 2013.

bestimmten Stellen aber besonders deutlich. Dazu gehören zum Beispiel Denkmäler oder Straßennamen. Eine veränderte Erinnerung in der Stadt kann hier aufzeigen, dass diese den Stadtraum bis heute mitprägen, da sie immer noch unkritisch, ja stellenweise sogar wertschätzend und nie nur neutral dokumentierend auf den deutschen Kolonialismus verweisen. Dabei ist es wichtig, bei einem Stadtrundgang deutlich zu machen, dass sich Kolonialismus im Stadtraum vielfältig und oft widersprüchlich ausdrückt und keine einheitliche Erzählung bildet.

Von Kolonialismus zu Rassismus in der Stadt heute

Wir decken also nicht bloß einen weiteren Teilbereich der Weimarer Stadtgeschichte auf, sondern skizzieren eine neue Perspektive auf die Stadt und das kollektive Erinnern ihrer Einwohner:innen genau wie ihrer Besuchenden. Das heißt auch, eine Grenze zwischen Wissenschaft und Aktivismus zu überschreiten – wissenschaftliche Forschungskompetenz zu nutzen, zu teilen oder gegenstandsbezogen auszubilden, um Aushandlungsräume in der Stadtgesellschaft zu erzeugen. Deshalb endet der Stadtrundgang auch immer mit dem Hinweis auf das Hörstück *Major Noise, Minor Voice* von Dean Ruddock und Zelda Diedrich[19], die für ihren Beitrag aktuelle Stimmen zu Rassismus in Weimar gesammelt haben, um zu zeigen, dass historisch entstandener Rassismus – Ursache und Folge des Kolonialismus zugleich – auch heute noch präsent ist. So hat Dean Ruddock 2020 auch eine Station hinzugefügt, die sich speziell mit rassistischen Angriffen auf BIPOC-Präsenz wie eine Ausstellung zu BIPOC-Biografien im städtischen Raum auseinandersetzt. Zudem wird das Gedenken an die Ermordeten von Hanau ins Zentrum gerückt. Dieser Aufruf von Dean Ruddock ist ebenfalls in diesem Band dokumentiert.

Margarita Garcia hat sich im November 2023 in performativer Form mit dem Zentrum Weimars, dem Theaterplatz, auseinandergesetzt und so das Repertoire der medialen Formate des Stadtrundgangs erweitert, siehe dazu ihren Text in diesem Band.

Die Stadt als Medium des Erinnerns

Da bei *decolonize Weimar!* neben Künstler:innen viele Medienwissenschaftler:innen und Urbanist:innen aktiv sind, war es uns wichtig, Medien wie Kino, Zeitungen, aber auch Denkmäler, Straßennamen und Museen zu dokumentieren. So nehmen wir in den Blick, welche Strukturen und Räume diese Medien auch heute noch aufrechterhalten, welche Geschichten sie im Stadtraum manifestieren und wie sie die Stadtgesellschaft und somit Teilhabemöglichkeiten gestalten. Denkmäler werden dabei zu konkreten Orten der Diskussion und Reflexion.

Ein Beispiel ist das sogenannte Goethe-Hafis-Denkmal, das der Klassik Stiftung Weimar im Jahr 2000 von der UNESCO anlässlich des Internationalen Jahrs des Dialogs der Kultur geschenkt wurde. Es erinnert an Johann Wolfgang von Goethe als bedeutenden, mit Weimar verbundenen Dichter und an Ḫāǧe Šams ad-Dīn Moḥammad Ḥāfiẓ-e Šīrāzī, den persischen Dichter des 14. Jahrhunderts. Bei der Einweihung waren der damalige iranische Präsident Mohammed Chātami und der deutsche Bundespräsident Johannes Rau anwesend.

Die Skulptur wurde von den deutschen Bildhauern Ernst Thevis und Fabian Rabsch entworfen. Sie besteht aus zwei Stühlen, die aus demselben Granitblock geschlagen wurden und so ausgerichtet sind, dass sie in die östliche und die westliche Himmelsrichtung zeigen. Die Stühle werden als unbesetzt dargestellt, vermutlich, damit man selbst Platz nehmen kann. Schon in der Struktur wird so eine Gegenüberstellung angelegt, wenngleich man diese durch Begegnung abmildern soll. In den Sockel, der mit einem islamischen geometrischen Muster verziert ist, sind Gedichte von Goethe, auf Deutsch, und Hafis, in persischer Zierschrift, eingraviert. Goethes Gedicht stammt aus seiner Sammlung *West-östlicher Divan*, die wiederum von Hafis' Lyrik inspiriert wurde. Während das Denkmal Goethes Bewunderung für das Werk des persischen Dichters würdigt, kann die Haltung Goethes als idealisierend und damit verallgemeinernd und orientalistisch beschrieben werden.[20] David Pan nennt dies „Annäherung durch Einverleibung", die sich in einer generalisierenden Schwärmerei ausdrückt, die durchaus strategisch eine Aufwertung außereuropäischer Poesie vornimmt, dabei aber verallgemeinert.[21] Das allein wäre schon Anlass der Kritik an einem Denkmal, das für sich beansprucht, interkulturellen Dialog und Toleranz – nach strikt europäischem Verständnis – zu vermitteln: Das Aufschlussreichste an diesem Denkmal aber ist seine Zeitgenossenschaft. Im Unterschied zu vielen anderen Denkmälern in Weimar stammt dieses aus dem 21. Jahrhundert und versucht, die beiden Gesellschaften intellektuell und poetisch als verflochten darzustellen. Dies bezieht sich jedoch vor allem auf Goethes Bewunderung. Wenn es um die Beziehung mit dem sogenannten ~~Orient~~ – bei Goethe: „~~Orient~~ und ~~Okzident~~ / Sind nicht mehr zu trennen" – geht, hat es für Europa und auch für Deutschland selbst viele ausgeprägte Verschiebungen gegeben. Von Invasionen und Kolonialgrenzen bis hin zu Stellvertreterkriegen, Allianzen und staatlichen Eingriffen – ihre blutigen Hinterlassenschaften sind bis heute zu sehen und zu spüren.

Man kann das Denkmal als Intervention verstehen, die eine Art von „Völkerfreundschaft" in das klassische Erbe Deutschlands einzuschreiben und diese in der Geschichte Weimars sichtbar zu machen versucht, um das Othering arabischer und muslimischer Kulturen zu durchbrechen. Doch das Denkmal steht in einem seltsam schweigsamen Verhältnis dazu: Diese Konflikte, die ihre Wurzeln in den kolonialen Verhältnissen haben, und die daraus resultierenden Migrationsbewegungen von Menschen in den sogenannten ~~Okzident~~ führten zu einer Zunahme rassistischer Einstellungen, die wir heute noch erleben; von alltäglichen rassistischen Mikroaggressionen über Schwierigkeiten bei der Wohnungssuche bis hin zum rassistischen und antisemitischen Terror. Die gelebte Realität der Menschen, die mit dieser Region der Welt verbunden sind, steht also in krassem Gegensatz zu dem Bild von Freundschaft und Akzeptanz, das in dieser Skulptur dargestellt wird. Die Frage, wer von der Darstellung vermeintlicher Völkerfreundschaft tatsächlich profitiert, drängt sich förmlich auf.

Vor diesem Hintergrund zeigt das Goethe-Hafis-Denkmal eine scheinbar positive Beziehung der kulturellen Verehrung.[22] Die Anerkennung der dunkleren Teile dieser ~~Ost-West-Dichotomie~~ und des damit einhergehenden Blicks bleiben ausgespart. Im besten Fall ist das Denkmal eine optimistische, aber einseitige Widerspiegelung dieser Beziehung und verleiht Weimar das Selbstbild einer aufgeklärten, weltoffenen Stadt mit einer langen, verflochtenen Geschichte. Im problematischeren Fall ist es ein Beispiel einer Selbstidealisierung: Eine Stadt, die ihrer vermeintlichen Offenheit im wahrsten Sinne des Wortes ein Denkmal setzt, ohne sich dabei die Mühe zu machen, vergangenes Unrecht und strukturellen Rassismus systematisch anzuerkennen und sich mit den Problemen zu befassen, die zu ungleichen Rechten für die tatsächlichen Menschen in der eigenen Stadtgesellschaft führen.

Wissen, Erinnerung, Transformation – eine städtische Verantwortung?

Alle Epochen der Stadtgeschichte sind seit der Neuzeit durch koloniales Handeln und Denken geprägt worden. Damit ist Weimar kein Sonderfall, wenngleich es lokal spezifische Strukturen und Erinnerungsmedien gibt und Weimar „als Ganzes" ein besonderer Erinnerungsort ist. Die Decolonize- und Postkolonial-Bewegungen haben bundes-, ja weltweit auf koloniale Spuren im Stadtraum und die diesen zugrundeliegenden Wissensformationen aufmerksam gemacht.[23] Sie haben die Städte als

15 Siehe Text von Dean Ruddock in diesem Band.

16 „Untertitel der Publikation: Zwischenraum Kollektiv (Hg.): Decolonize the City! Zur Kolonialität der Stadt. Gespräche, Aushandlungen, Perspektiven. Münster 2017.

17 Vgl. Bee: Herderplatz 3.

18 Siehe den Beitrag von Ulrike Lötzsch in diesem Band für eine Erklärung des Begriffs „Rassifizierung".

19 Diedrich, Zelda/Ruddock, Dean: „Major Noise, Minor Voice", decolonize Weimar! (2020). Online unter: https://decolonize-weimar.org/en/karte/major-noise-minor-voice (Stand: 31.5.2024).

20 Dieser Begriff stammt aus Edward Saids Dekonstruktion des westlichen Blicks auf alles 'Östliche' in: Said, Edward: Orientalism. New York 1972, vgl. auch Weber, Mirjam: Der „wahre Poesie-Orient": eine Untersuchung zur Orientalismus-Theorie Edward Saids am Beispiel von Goethes „West-östlichem Divan" und der Lyrik Heines. Wiesbaden 2001.

21 Pan, David: „Goethes 'west-östlicher Divan' und der Islam: Annäherung durch Einverleibung". In: Zimmerer: Kein Platz an der Sonne, S. 323–343.

22 Es handelt sich daher vermutlich nicht um eine kulturelle Selbstrepräsentation.

23 Linda Boukhris zeigt anhand des Black-Paris-projects, wie deokoloniale Projekte auch in Bilder von Städten intervenieren können. Hierzu ist es vor allem wichtig, Schwarze Geografien sichtbar zu machen und nicht nur die vorhandenen kolonialen Narrative zu kritisieren. Boukhris, Linda: „The Black Paris project. The pro-
duction and reception of a counter-hegemonic tourism narrative in postcolonial Paris". In: Journal of Sustainable Tourism, 25:5, (2017), S. 684–702. Online unter: DOI: 10.1080/09669582.2017.1291651.

24 Kwesi Aikins, Joshua/Hoppe, Rosa: „Straßennamen". In: Susan Arndt/Nadja Ofuatey-Alazard (Hg.): Wie Rassismus aus Wörtern spricht. (K)Erben des Kolonialismus im Wissensarchiv deutsche Sprache. Ein kritisches Nachschlagewerk. Berlin 2011, S. 521–537.

25 Vgl. van der Heyden/Zeller: Kolonialismus hierzulande; Zimmerer: Kein Platz an der Sonne.

26 Teilnehmende von Stadtrundgängen sind zudem von der Darstellung und Manifestation des Rassismus im Stadtraum unterschiedlich betroffen. Deshalb verwenden wir keine Bilder oder reproduzieren kolonialrassistische Sprache.

27 Trezciak: Multidirektionale Formen der Erinnerung.

von kolonialen Strukturen und symbolischer Gewalt geprägt beschrieben. Die Initiativen haben die mediale Form des Stadtrundgangs, des Blogs, des Audiowalks oder etwa der digitalen Karte genutzt oder erfunden und jeweils lokal spezifisch umgesetzt, wenngleich bestimmte städtische Räume immer wieder auftauchen: Zoologische und botanische Gärten, Denkmäler zu Ehren von Kolonialverbrecher:innen und -akteur:innen, Straßennamen[24] oder etwa ehemalige Kolonialwarenläden erzeugen in vielen Städten ähnliche Muster.[25] Nicht nur wird durch diese Methode der deutsche Kolonialismus im (eigenen) Stadtraum – und damit im Alltäglichen – konkret verortet und greifbar. Auch werden seine vielfältigen Weisen und Medien offengelegt, die die Gesellschaft erinnerungspolitisch und baulich formen. Darüber hinaus steht auch unser eigenes Verhältnis zu Wissen und zur Wissenspraxis des dekolonialen Stadtrundgangs auf dem Spiel. Hier ist viel Positionierungs- und Situierungsarbeit notwendig: Wer hat dieses Wissen, wie steht sie:er damit in der Öffentlichkeit und wer hat keinen Zugang dazu? Wer erhält Anerkennung für die Arbeit – zum Beispiel in akademischen Kontexten – und wer nicht? Wessen Stimmen werden gehört und wessen Texte zitiert? Eine Dekolonisierung des Wissens muss auch symbolische und finanzielle Anerkennungsstrukturen durchdenken. Denn Wissensproduktion ist nie neutral. Was wir erforschen, mit welchem Blick und aus welcher Positionalität heraus – zum Beispiel als Forscher:in of Color vs. als *weiße* Professor:in oder Aktivist:in – macht einen Unterschied. Dazu muss es auch interne Dekolonisierungsprozesse in Initiativen und Forschungsgruppen geben, einige sind in diesem Prozess. Als mehrheitlich, aber nicht ausschließlich *weiße* Gruppe, deren Mitglieder aus einer Institution wie der Bauhaus-Universität Weimar kommen, müssen wir uns stärker damit auseinandersetzen, für wen wir – in stellenweise illegitimer Weise – sprechen. Aktuell bilden sich erfreulicherweise andere dekoloniale Initiativen an der Bauhaus-Universität Weimar, die dies in den Blick nehmen.

Wer spricht – und wer hört zu?

Eine weitere selbstkritische Frage für die Zukunft ist nicht nur, wer spricht, sondern auch, wer zuhört. Läuft ein Stadtrundgang nicht Gefahr, konsumierbar zu werden, touristisch und im Symbolischen zu verharren oder können hier festgefahrene Erinnerungs- und damit kulturell gefestigte Identitätsstrukturen zumindest temporär aufgebrochen werden? Gerade wenn es um die Bedeutung Weimars im kulturellen Gedächtnis der Bundesrepublik geht, sind diese Fragen, die auch den Tourismus betreffen, zentral. Kritische politische Bildungsarbeit vermittelt, informiert, klärt auf, interveniert auch in Wissensproduktion – nicht alles kann jedoch von einer Initiative allein geleistet werden. Dazu muss Dekolonisierung als Anspruch strukturell und nachhaltig in der Stadtgesellschaft verankert sein und im Zusammenspiel breiter Bildungsangebote fungieren. Dies ist in Weimar trotz zahlreicher BIPOC- und rassismuskritischer Initiativen bis heute nicht gelungen.[26]

Wenn es um die Problematik des kolonialen Stadtraums und seiner Erinnerungspolitik geht, muss auf die strukturelle Dimension und physische Dauerhaftigkeit von Objekten im Stadtraum hingewiesen werden. Dabei ist es zentral, nicht nur einzelne Orte hervorzuheben, sondern durch Gespräche und Interaktionen Strukturen im Stadtraum mit den Teilnehmenden herauszuarbeiten. Durch die Gespräche werden auch immer wieder Dritte auf die Gruppe aufmerksam und können sich anschließen oder im öffentlichen Raum etwas mitbekommen. Es entsteht aber die Gefahr, dass Stadtrundgänge Formate des linearen, frontalen Wissenstransfers werden. Gegenstrategien zu diskutieren und Überlegungen für Veränderungen zu skizzieren, sollte stärker Gegenstand interaktiver Stadtrundgänge sein. So können sich starke zivilgesellschaftliche Gegennarrative gegen das Erstarken rechter Akteur:innen bilden.[27]

Vielfältige Erinnerungsräume

Weimar steht nicht zuletzt auch für das Unrechtsregime des Nationalsozialismus wie kaum eine andere Stadt dieser Größe. Die Geschichte des Nationalsozialismus überschneidet sich an vielen Stellen mit jener des Kolonialismus, etwa durch Kolonialrassismus, den Revanchismus der Kolonialvereine, die es nach dem Ersten Weltkrieg auch in Weimar gab, und den Völkermord an den OvaHerero und Nama, kann aber nicht als Kontinuum im Sinne historischer Gleichsetzungen verstanden werden.[28] Mit der Stiftung Gedenkstätten Buchenwald und Mittelbau-Dora gibt es Potential, gemeinsam zu arbeiten. Die Historikerin Manuela Bauche nennt diese Perspektive „verschränktes Erinnern"[29] und setzt das Forschungsprojekt zur Ihnestraße in Berlin, welches sie leitet, in Bezug zu rassismus- und antisemitismuskritischer Erinnerungskultur, ohne die historischen Unterschiede und methodischen Herangehensweisen zwischen Nationalsozialismus und Kolonialismus einzuebnen. Angesichts der Notwendigkeit sowohl dekolonialer als auch antifaschistischer Bildungsarbeit in Thüringen und anderswo gilt es, das gemeinsame Selbstverständnis zu erneuern und auf die aktuelle Situation zu beziehen, aber auch die Differenzen auszubuchstabieren. Wie kann zum Beispiel durch eine starke erinnerungspolitische Markierung des öffentlichen Raums verhindert werden, dass rechte Gruppen diesen zur Selbstrepräsentation nutzen?

Wie führt die dekoloniale Forschungsarbeit zu konkret dokumentierten Hinweisen im Stadtraum? *Decolonize Erfurt* setzt sich zum Beispiel intensiv für eine Umbenennung des Nettelbeckufers ein. Spuren des Kolonialismus müssen lesbar gemacht werden. Eine materielle, multiperspektivische und dynamische Erinnerungskultur, die partizipativ gestaltet werden kann, könnte daraus entstehen. Einiges an Wissen ist auch in Weimar vorhanden: zum Beispiel in Bezug auf das Stadtschloss und seine Sammlung, das Stadtmuseum oder die Orangerie des Schloss Belvedere. Auch Planungs- und Gestaltungsansätze sind auf ortsübergreifender Ebene grundlegend zu problematisieren. So haben Studierende der Bauhaus-Universität Weimar wiederholt die Logik von Zentrum und Peripherie bei der Unterbringung von Studierenden of Color am Stadtrand und die schlechte Busanbindung in Frage gestellt.

Institutionen der Stadt – ihre kommunalen Einrichtungen, aber auch die großen Kulturinstitutionen, allen voran die Klassik Stiftung Weimar – müssen langfristig ihre eigenen Selbsterzählungen und Repräsentationen in Form beispielsweise von Ausstellungen überdenken und eine aktive, kontinuierliche und partizipative Arbeit der Dekolonisierung in ihren Strukturen fest verankern. Erst dann wird der Weg zu einem sich dekolonisierenden Weimar geebnet.

28 Zimmerer, Jürgen: Von Windhuk nach Auschwitz. Beiträge zum Verhältnis von Kolonialismus und Holocaust. Münster 2011; Rothberg, Michael: Multidirektionale Erinnerung. Holocaustgedenken im Zeitalter der Dekolonisierung. Berlin 2021.

29 Bauche, Manuela: „Menschliche Überreste auf Uni-Gelände. Verschränktes Erinnern". In: taz (27.2.2021). Online unter: https://taz.de/Menschliche-Ueberreste-auf-Uni-Gelaende/!5752230/ (Stand: 31.5.2024).

4.2

DEAN RUDDOCK

Statement zur Eröffnung der Ausstellung *Re:Action*

Das Statement wurde von Dean Ruddock anlässlich der Eröffnung der Ausstellung Re:Action verlesen, die im Juli 2021 als Reaktion auf die gezielte Zerstörung durch Unbekannte der im Rahmen der Internationalen Wochen gegen Rassismus durch das Weimarer Netzwerk Antirassismus erstellten Open-Air-Ausstellung an verschiedenen Orten in Weimar platziert wurde.

In Anbetracht der Ereignisse in den letzten Wochen und Monaten – dem Angriff auf das Café Spunk, den übersprühten Stolpersteinen, die Zunahme rechter Graffitis und weitere Vorfälle – lesen wir die Zerstörung unserer vergangenen Ausstellung zu den Themen Diversität, Vielfalt und Rassismus als eine politisch motivierte Attacke und haben diese auch als solche – bisher ohne Ergebnisse – zur Anzeige gebracht.

Als wir in der Gruppe über den Vorfall sprachen, wurde Angst geäußert: Denn in der Ausstellung waren Gesichter von Menschen zu sehen, die in Weimar leben. Menschen, die hier studieren, arbeiten, leben. Menschen, die ihr Gesicht gezeigt haben, um von sich, ihrem Alltag und den daraus resultierenden Perspektiven zu erzählen.

Wir können feststellen, dass das Beanspruchen des eigenen Rechts auf Existenz und die friedliche Repräsentation desselben genügt, um Menschen in dieser Stadt zu provozieren – So sehr, dass sie gewaltsam und hinterhältig angreifen, um den Selbstausdruck anderer zu stören.

Die Angst in unserem Umfeld rührt daher, dass wir uns in Weimar nicht mehr sicher fühlen. Wir fragen uns nach den vielen Anschlägen auf nicht weiß bzw. nicht deutsch wahrgenommene Personen in Hanau, Halle und Celle, ob auch in Weimar Menschen in Gefahr sind.

Ein Freund schrieb mir, nachdem ich ihm erzählte, was passiert ist: „In Reaktion wird Relevanz von Aktion gespiegelt; im Grad der Polarisierung zeigt sich die Notwendigkeit von kollektiver Reflexion des in Aktion verhandelten Themas. Man sieht durch die mutwillige Zerstörung – wieder einmal – glasklar, wie extrem wichtig entsprechendes Bewusstsein, wie es durch die Aktion transportiert wurde, ist. Und dass mehr geschaffen werden muss."

Das bedeutet: Wenn die Reaktion auf eine Ausstellung, in der Menschen von Rassismuserfahrungen erzählen, so heftig ausfällt, dann kann es als Hinweis darauf gesehen werden, dass die Auseinandersetzung mit diesem Thema unbedingt notwendig und noch lange nicht abgeschlossen ist – auch nicht in der vermeintlich weltoffenen Kulturstadt Weimar.

Es gibt viel zu tun und wir werden nicht still werden, weil jemand versucht, uns am Sprechen zu hindern.

Deswegen haben wir eine weitere Ausstellung organisiert.

Wir wollen uns weiter selbst eine Plattform geben, um uns Gehör zu verschaffen.

Wir lassen uns das Recht zu sprechen, uns zu zeigen und zu existieren nicht nehmen.

Dean Ruddock, Weimar im Juli 2021
BIPOC YMR / POL.B / Netzwerk Antirassismus

MARGARITA C. GARCIA

Manifest(o) towards de(colonial) a/historical future imaginaries

4.3

Theaterplatz – Weimar, November, 2023

Transcribed and Adapted from a speech by Vivi Matarem

Writing a de(colonial) text embodied as a femme-read BIPOC in Germany – the center of "Fortress Europe" seems a privileged endeavor given the multiple wars and the overlapping intersectional/environmental and political conflicts that seem to render artistic response meaningless.

Yet, the need to mourn and *resist* manifestations of inequality can be informed by what I pose as (a)historical, artistic and imaginative provocations. Gestures outside the canon of what is traditionally defined as 'Art', and derided as 'political' that give voice to those usually silenced, despite the limitations to who can hear, who can be understood, and how the audience(s) are affected – If at all – but this is the nature of the work of decolonization. It is after all *handarbeit,* and the walls of Europe which were built to protect colonial spoils need to be taken down brick by brick, or vaulted over with new imaginaries.

An important space for provocation is the Theaterplatz in Weimar. The German National Theater, (DNT) dominates the square, seeming to loom over two figures on a pedestal, the authors Goethe & Schiller who seem to be looking down at a museum, locally known as "The House of Democracy." Nearly every visitor poses for an obligatory picture at the statue and nearly every child in Germany is dragged on a school trip to this square.

Created in 1857 by the sculptor Ernst Rietschel, the statue honors two of the most revered dead white men of German literature. As Paul Zankerl wrote in *The Mask of Socrates: The Image of the Intellectual in Antiquity* (1996) the statue was built just as "Germans began to see themselves, as 'the people of poets and thinkers'... and the most famous of those monuments — and the one considered most successful by people of the time — was" the statue of Goethe and Schiller.[1]

I once staged "The Marriage of Goethe and Schiller" as part of a work entitled *Suchen Heimat / Finding Homeland*. In colonial era costumes an Afro-Cuban performance artist re-embodied Goethe, and a Turkish one Schiller. They kissed on the steps in front of the statue, inscribing a classic image with potential alternatives.

Interrupting the pilgrimage of tourists in their quest to be documented here can actually be dangerous. The artist Andrea Theis once stood in front of the statue for 5 days, refusing to move. She writes that because "the Goethe and Schiller monument, [is] one of the most important monuments in Germany and the symbol of the city" [it] is where photographs are taken. For a single moment, the tourist claims the monument all to him/herself: Alone, pure, and idealized. The tourist tolerates neither banal everyday life nor the presence of other tourists. The entire sojourn is concentrated and immortalized in this photograph. It is the product of having visited a modern place of pilgrimage. It is the evidence of having been there, close to genius."

1 Zankerl, Paul: The Mask of Socrates: The Image of the Intellectual in Antiquity. Berkeley, CA 1995, S. 4.

2 Theis, Andrea: WEIMAR DAY TO DAY. Weimar, 2006, S. 62.

3 Dover, Cedric: "The Racial Philosophy of Johann Herder". In: The British Journal of Sociology Vol. 3 (2) (1952), S. 124–133.

4 Noyes, John: "Goethe on Cosmopolitanism and Colonialism: Bildung and the Dialectic of Critical Mobility". In: Eighteenth-Century Studies Vol. 39 (4) (2006), S. 443–462.

Theis' intervention resulted in a level of anger and abuse that far outweighed expectations.[2] She ended the action earlier than planned as tourists became so loud and personally abusive that she felt unsafe as some tourists even physically threatened her.

Personally, I prefer to stand on the steps of the theater (address the authors' backsides) as no one seems to care. One is almost *augenhöhe* (eye-to-eye) if only they could turn around. Here, one can ask, what do Goethe and Schiller, authors from the 18th century, have to do with decolonization?

Many prefer to highlight how progressive, international Weimar is and how open Goethe and Schiller were for their time. Yet the cult of Goethe can be viewed in a critical light,[3] as Weimar's culture and European heritage as can be seen as part of a colonial project of eurocentric patrimony. The concept of a singular site as the home of arts and democracy cannot exist without the colonial view that the task of European culture is to serve as a model – created to improve and modernize other (backward) cultures. The key to understanding why *pictures* at the Goethe/Schiller Denkmal matter and why every German eventually undertakes a cultural pilgrimage to Weimar is the German idea of *Bildung*. In this concept of self-formation, there is a built-in idea of self-improvement that links the past and present in a way that presents the formation of German culture as one of natural improvement and progress.[4]

While Goethe did not advocate colonial violence, colonial themes of progress run through much of his work (as do racist and sexist ones). In one of his most famous plays, Faust, the character of Mephistopheles declaims: "Krieg, Handel und Piraterie / Dreieinig sind sie, nicht zu trennen. War, trade, and piracy together are / a trinity not to be severed!" Faust answers "Die wenig Bäume, nicht mein eigen, / Verderben mir den Weltbesitz. The few trees spoil, because I do not own them / all the world that I possess. Mephistopheles answers: "Was willst du denn hier genieren? Musst du nicht längst kolonisieren? Why let yourself be bothered by this? Shouldn't you have colonized long ago?" This reference is crucial in its' matter of fact acceptance of the colonial violence prevalent during his time; illuminating a symptom of colonialism manifested in Weimar itself; the repression of the violence of the ongoing colonial project holds faith with the optimistic view that Europe is on a course of improvement and modernization.

This could be confusing – It might feel disambiguous, or disconnected, but just something as basic as sugar is deeply connected to colonization and slavery, the very elements of culture are steeped in the history of colonization. This is why the Goethe Schiller Denkmal has been contested by generations of activists, artists, and citizens. It has been appropriated for racist purposes; the first Nazi Congress took place in Weimar in the DNT in 1926 and thousands of Nazis marched through the streets of Weimar, wearing brown shirts as a uniform for the first time and waving Swastikas as ‚blood flags'; and re-appropriated by activists.

In 2022, a booth with a large sign stating that "Weimar has a Neo-Nazi Problem" was put up next to the statue, then vandalized and reconstructed. This is not the only clear evidence that Germany has a Neo-Nazi problem and requires decolonization. Right-wing violence in Weimar has been increasing yearly. Stolperstein – commemorating places where Jewish people were murdered by the Nazis are routinely damaged. A cafe closed after the windows were smashed and the staff physically threatened, (once with a rainbow flag that was broken by the attacker off the front of the business) presumably because it was left-leaning. Nearly 95% of BIPOC residents with a migration background in Weimar reported in a survey that they had been insulted, threatened, and/or even physically attacked with racist motives. All of this reflects the increasing danger of the political and social situation in Thuringia. The memorial site of Buchenwald has experienced significant increases in vandalism – even before the outbreak of the current conflict and the subsequent heated debates over Gaza, sadly accompanied all too often by racialized hate.

What is needed are more financial resources directed anti-discrimination, consistent prosecution of right-wing crimes and unambiguous positioning against neo-Nazis, discrimination, and fascist ideologies, including those within the state.[5] Only mutual, overlapping, and intersectional work, demonstrations in the streets, democratic and/or Antifascist activism, and scientific and social academic research and even the seemingly pointless provocations of a mere performance artist can affect the tone, background, and even terms of civic debate and engagement. One gain is that an *actual* anti-racism office (possibly in response to the provocation of having an artist run one) was funded and takes its place along a long list of civic, academic, and community projects that are dedicated to the basic handwork of decolonization.

I once imagined BIPOC queer people with migration backgrounds as Goethe and Schiller in the hopes that a re-embodied past, as well as all of *your* work, imaginaries and actual bodies in the streets protesting and in the libraries and laboratories researching helps us to: DECOLONIZE WEIMAR.

5 O.A.: "Pavillon mit dem Titel 'Weimar hat ein Neonazi-Problem' umgeworfen". Online unter: https://www.mdr.de/nachrichten/thueringen/mitte-thueringen/weimar/nazi-pavillon-umgekippt-100.html (Stand: 11.6.2024).

4.4

URS LINDNER

Solidarität oder Trennung?

Der Historiker:innenstreit 2.0, multidirektionale Erinnerung und Thüringen[1]

Im Frühjahr 2020 haben Decolonize Erfurt und die Initiative Schwarze Menschen begonnen, für die Umbenennung des Erfurter Nettelbeckufers in Gert-Schramm-Ufer zu werben. Nach dem Selbstverständnis der beiden Initiativen handelte es sich dabei um eine multidirektionale Erinnerungspraxis, die die Geschichten von Kolonialismus und Nationalsozialismus miteinander in Beziehung setzt. Joachim Nettelbeck (1738–1824) war aus dieser Perspektive nicht nur Obersteuermann auf niederländischen Versklavungsschiffen, Koloniallobbyist und „Volksheld“ des deutschen Nationalismus, sondern auch eine zentrale Propagandafigur in Joseph Goebbels „totalem Krieg“, wovon insbesondere der Durchhaltefilm *Kolberg* zeugt. Gert Schramm (1928–2016) wiederum haben die Initiativen als Schwarzen Überlebenden des Konzentrationslagers Buchenwald, Antifaschist und Bundesverdienstkreuzträger gewürdigt. Gleichzeitig haben sie den anti-Schwarzen Rassismus, der ihn ins Konzentrationslager brachte, als Produkt des Kolonialismus thematisiert und hervorgehoben, dass Schramms Vorfahren väterlicherseits im Zuge des transatlantischen Versklavungshandels nach Kuba verschleppt worden waren. Entsprechend wurde ein *„doppelter* Perspektivwechsel“ von den Tätern zu den Opfern gefordert: Kolonialismus und Nationalsozialismus waren sowohl auf der Täter- als auch auf der Opferseite miteinander verknüpft.[2]

Die Konzeption multidirektionaler Erinnerung, die der US-amerikanische Literaturwissenschaftler Michael Rothberg geprägt hat, ist Teil einer Auseinandersetzung, in der um das Verhältnis von Nationalsozialismus- und insbesondere Shoah-Erinnerung einerseits sowie der Erinnerung an die deutschen Kolonialverbrechen andererseits gerungen wird. Diese Kontroverse, für die sich die Bezeichnung „Historikerstreit 2.0“ eingebürgert hat, beschäftigt seit dem Frühjahr 2020 die deutsche Öffentlichkeit. Ich möchte in meinem Text folgende Frage diskutieren: Welche Relevanz hat dieser Streit für Thüringen und wie verhält sich die lokale Erinnerungspraxis im Freistaat zu ihm? Ich gehe dabei in drei Schritten vor. Zunächst führe ich in den Historiker:innenstreit 2.0 ein. In einem zweiten Schritt wird Rothbergs Konzeption der multidirektionalen Erinnerung vorgestellt. Drittens zeige ich anhand von Beispielen, wie Multidirektionalität in Thüringen bereits gelebt wird.

Historiker:innenstreit 2.0

Der Anfang der Kontroverse lässt sich leicht bestimmen. Es ist die „Causa Mbembe“: Im Frühjahr 2020 forderten zunächst ein FDP-Landtagsabgeordneter aus NRW und dann der Antisemitismusbeauftragte der Bundesregierung Felix Klein, den aus Kamerun stammenden postkolonialen Theoretiker Achille Mbembe als Eröffnungsredner der Ruhrtriennale auszuladen. Stein des Anstoßes war Mbembes Auffassung, der Shoah, der südafrikanischen Apartheid und der israelischen Besatzungspolitik läge ein gemeinsames Prinzip zugrunde, das er als „Trennungswahn“[3] bezeichnet. Im Anschluss an die Ausladungsforderung entspann sich eine öffentliche Debatte, in der es schnell nicht mehr nur um Mbembe ging, sondern um das Verhältnis der deutschen Erinnerungskultur zu kolonialismuskritischen Ansätzen insgesamt beziehungs-

1 Für Anmerkungen zu diesem Text danke ich Claudia Bruns, Janine Fubel, Sahra Rausch, Peter Reif-Spirek, Michael Rothberg, Hartwig Schuck und Annette Weinke.

2 Lindner, Urs: „Was war eigentlich mit Nettelbeck? Die Erfurter Umbenennungskampagne und ihre Forschungsergebnisse“. In: Landeszentrale für politische Bildung Thüringen. Hg. v. Sahra Rausch und Christiane Bürger. Erfurt (im Erscheinen)

3 Mbembe, Achille: Politik der Feindschaft. Berlin 2020.

weise um deren Sichtweisen auf Shoah, Antisemitismus und Israel. Innerhalb dieser Debatte tauchte auch erstmals der Terminus „Historikerstreit 2.0" auf.[4] Im Historikerstreit (1.0), der im Jahr 1986 vor allem in der *Frankfurter Allgemeinen Zeitung* und der *Zeit* geführt wurde, lautete die primäre Frage, ob die Shoah als Reaktion auf die stalinistischen Verbrechen betrachtet und Verantwortung damit externalisiert werden kann (so der Historiker Ernst Nolte, der in kolonial-orientalistischer Manier von einer „asiatischen Tat" sprach), oder ob die Verantwortungsübernahme für die nationalsozialistischen Massenverbrechen Ausgangspunkt für das nationale Selbstverständnis der Bundesrepublik sein muss (so der Philosoph Jürgen Habermas und mit ihm diverse linksliberale Historiker).[5]

Die nächste Etappe des „Historikerstreits 2.0" – der Begriff hatte sich mittlerweile eingebürgert – war im Februar 2021 erreicht, als die Studie von Michael Rothberg über multidirektionale Erinnerung, die bereits 2009 auf Englisch erschienen war, auch in deutscher Übersetzung veröffentlicht wurde.[6] Wie im nächsten Abschnitt gezeigt wird, besteht Rothbergs Projekt in einer solidarischen Verknüpfung von Shoah- und Kolonialismus-Erinnerung. Rothberg kritisiert dabei auch bestimmte Versionen der These von der Singularität der Shoah (explizit die Auffassung einer Unvergleichbarkeit, implizit die Sichtweise, die Shoah konstituiere eine eigene Kategorie jenseits der etablierten Verbrechenstypen des Völkerstrafrechts) sowie die Verwendung dieser These als Bekenntniszwang. Deswegen wurde ihm und dem Historiker Jürgen Zimmerer, der Rothberg beigesprungen war, vorgeworfen, die Shoah zu „relativieren".[7]

In Reaktion auf diese Polemiken veröffentlichte der australische Genozidforscher A. Dirk Moses im Mai 2021 eine nicht minder polemische Streitschrift über den *Katechismus der Deutschen*. In dieser wird die deutsche Erinnerungskultur als erstarrt und doktrinär kritisiert. Sie sei von Glaubenssätzen regiert, deren Einhaltung rigide überwacht werde und die Perspektiven aus dem Globalen Süden *nolens volens* ausschlössen.[8] Die Diskussionen, die sich in Anschluss an Moses' Intervention entspannen, können als Höhepunkt des Historiker:innenstreits 2.0 angesehen werden.[9] Aber waren sie auch sein Ende? Das Jahr 2022 wurde erinnerungspolitisch dominiert vom Streit um die Documenta 15 und der Frage, wie sich Kunstfreiheit und einseitige Positionierungen im Israel/Palästina-Konflikt zu Antisemitismus (bekämpfung) verhalten, insbesondere wenn es um Kunst aus dem Globalen Süden geht. Nach dem 7. Oktober 2023 schallte es dann „Nie wieder ist jetzt!" durch die deutschen Medien, während „der Postkolonialismus" zu einer Bruststätte von Antisemitismus und Rechtfertigungsinstanz für die Hamas-Untaten erklärt wurde.[10]

Es ist gar nicht so einfach zu sagen, worum es im Historiker:innenstreit 2.0 genau geht. Zweifelsohne wird um (historische) Verhältnisbestimmungen gerungen: zwischen Shoah und Kolonialismus, zwischen Antisemitismus(bekämpfung) und Rassismus(kritik) sowie um deutsche Positionierungen im Nahostkonflikt. Darüber hinaus sind angemessene Formen des Erinnerns Thema, wie inklusiv diese sind, wen sie wie adressieren und damit um die Ausrichtung der hiesigen Erinnerungskultur. Letztlich scheint mir jedoch eine politische Frage entscheidend: nämlich ob die Shoah-Erinnerung Teil eines solidarisch-antirassistischen Projekts ist, das Kämpfe gegen Antisemitismus, anti-Schwarzen Rassismus, Antiziganismus, antimuslimischen Rassismus und Antislawismus zusammenführt, oder nicht. Dabei ist die Zurückweisung von erinnerungspolitischen Neuerungen keineswegs homogen. In ihr verbinden sich rechter Kulturkampf, Verstaatlichung der Erinnerungspolitik und die wissenschaftsinterne Abwehr von Verflechtungsperspektiven mit dem genuinen Versuch, die richtigen Konsequenzen aus den deutschen Verbrechen des 20. Jahrhunderts zu ziehen.

Bei den inhaltlichen Verhältnisbestimmungen scheint mir das Problem zentral, wie mit Unterschieden umgegangen wird: Werden aus diesen Dichotomien gemacht, das heißt Entgegensetzungen, die keine Abstufungen und Überschneidungen zulassen,

4 Lühmann, Hannah: „Mbembe-Debatte: Der Schlussstrich". In: Welt, 9.6.2020.

5 Zu Unterschieden zwischen den beiden Kontroversen nach wie vor instruktiv: Rothberg, Michael: „Vergleiche vergleichen: Vom Historikerstreit zur Causa Mbembe". In: Geschichte der Gegenwart, 23.9.2020.

6 Rothberg, Michael: Multidirektionale Erinnerung. Holocaustgedenken im Zeitalter der Dekolonisierung. Berlin 2021.

7 Z.B. von Schmid, Thomas: „Erinnerungskultur: Der Holocaust war kein Kolonialverbrechen". In: Zeit Online, 11.4.2021.

8 Moses, Dirk: „Der Katechismus der Deutschen". In: Geschichte der Gegenwart, 23.5.2021.

9 Vgl. vor allem die Beiträge in: Friedländer, Saul et al.: Ein Verbrechen ohne Namen. Anmerkungen zum neuen Streit über den Holocaust. München 2022; Neiman, Susan/Wildt, Michael (Hg.): Historiker streiten. Gewalt und Holocaust – die Debatte. Berlin 2022.

10 Z.B. von Pfister, René: „,Postcolonial Studies': Wie der Hass auf Israel intellektuell veredelt wird". In: Spiegel Online, 22.10.2023; Bovermann, Philipp: „Krieg in Nahost: Falsch abgebogen". In: Süddeutsche Zeitung, 28.10.2023; Klein, Felix: „Hierarchien des Hasses". In: Frankfurter Allgemeine Zeitung, 21.2.2024.

oder werden Differenzen auf Kontinua und Spektren angesiedelt?[11] So betonen auch kolonialismuskritische Ansätze die Unterschiede der Shoah gegenüber anderen Massenverbrechen, halten diese jedoch für nicht groß genug, um die Shoah als eigenen Verbrechenstypus zu klassifizieren. Für die Singularitätsthese bleibt dann nur noch die Option, die Shoah als Extremfall einer übergeordneten Kategorie wie etwa derjenigen des Genozids zu verstehen, was zum Beispiel die Rede vom „präzedenzlosen Genozid" verdeutlicht.[12] Beim Verhältnis von Antisemitismus und Rassismus lautet die Frage, ob in Anbetracht der Heterogenität der verschiedenen Rassismen und angesichts ihrer Gemeinsamkeiten und Verschränkungen mit antisemitischen Manifestationen nicht doch viel dafür spricht, Antisemitismus als eine *spezifische* Form von Rassismus zu begreifen.[13] Was schließlich den Konflikt um Israel/Palästina anbelangt, stehen sich häufig manichäische Sichtweisen gegenüber: „Zionismus ist Kolonialismus und daher böse" versus „Zionismus ist gut und kann daher nichts mit Kolonialismus zu tun haben". Diese Verhärtung lässt sich vermeiden, wenn anerkannt wird, dass der Konflikt grundlegend nationale *und* koloniale Züge trägt. Auf diese Weise wird es möglich, einen gemeinsamen Raum zu schaffen, in dem sowohl für die jüdische Erfahrung von Antisemitismus und Shoah als auch für die palästinensische von Kolonisierung und Nakba Platz ist.[14]

Multidirektionale Erinnerung

Michael Rothbergs Konzeption multidirektionaler Erinnerung ist historisch und ethisch-politisch angelegt. Historisch hat Rothberg vor allem am französischen Beispiel der Proteste gegen den Algerienkrieg (1954–1962) gezeigt, wie sich Shoah-Erinnerung und Dekolonialisierung wechselseitig verstärken können. Ethisch-politisch geht er davon aus, dass solidarisches Erinnern, das unterschiedliche Gewaltgeschichten miteinander in Beziehung setzt, Demokratie und gesellschaftlichen Zusammenhalt befördert. Rothberg unterscheidet dabei zwischen den politischen Affekten der Solidarität und der Konkurrenz sowie den Praktiken der Gleichsetzung und Differenzierung. Von den vier möglichen Kombinationen, die sich daraus ergeben (Konkurrenz mittels Gleichsetzung oder Differenzierung sowie Solidarität mittels Gleichsetzung oder Differenzierung), ist die „differenzierende Solidarität" das, was multidirektionale Erinnerung ausmacht.[15] Zentral sind dabei drei Annahmen: 1) Erinnerung ist kein Nullsummenspiel: Wenn die deutschen Kolonialverbrechen mehr Aufmerksamkeit bekommen, muss daraus nicht folgen, dass Aufmerksamkeit von der Shoah abgezogen wird. 2) Kollektive Erinnerungsprozesse beruhen auf Vergleichen, Analogien, Auslassungen und Kompromissbildungen. Insofern ist Erinnerung – so eine von Rothbergs zentralen Thesen – immer schon multidirektional, selbst dann, wenn versucht wird, Verbindungen zu kappen. 3) Das Miteinander-in-Beziehung-setzen der multidirektionalen Erinnerung ist ein kreativer und produktiver Prozess, der über die historische Forschung hinausgeht. Gleichzeitig muss er sich die Frage gefallen lassen, ob auch tatsächliche Verflechtungen, Verbindungen und Kontexte existieren, ob der Konstruktionsprozess also nicht beliebig wird.

Die Ablehnung, die die Konzeption multidirektionaler Erinnerung in Deutschland erfährt, ist erstaunlich. Ich möchte hier die Gelegenheit nutzen, den Vorwurf der „Shoah-Relativierung", der auch gegenüber „dem Postkolonialismus" insgesamt erhoben wird[16], einer kleinen Sprachanalyse zu unterziehen. „Shoah-Relativierung" kann zweierlei bedeuten: „absolut" eine Verharmlosung der Enormität der Vernichtung der europäischen Jüdinnen:Juden; „komparativ" eine Verringerung des Abstands zwischen Shoah und anderen Massenverbrechen. Ein bekanntes Beispiel für die „absolute Relativierung" ist die „Vogelschiss"-Äußerung des AfD-Ehrenvorsitzenden Alexander Gauland: Die Shoah sei nur eine Marginalie in einer großartigen deutschen Geschichte. Autoren wie Rothberg, Moses oder Zimmerer eine solche

11 Zum Überblick: Lindner, Urs: „Postkolonialismus und Shoah-Forschung: Wege aus der Dichotomie". In: taz, 2.4.2024.

12 Lindner, Urs: „Begründung und Konsequenz: Was heißt Singularität der Shoah?" In: Widersprüche 44 (2024), S. 15–28.

13 Mehr dazu in: Lindner, Urs: „A continuum of oppression: Revisiting the relationship between antisemitism and racism" (unveröffentlichtes Manuskript 2024).

14 Als „Nakba" wird die Flucht und Vertreibung von ca. 750 000 Palästinenser:innen bezeichnet, die im Zug des israelischen Unabhängigkeitskriegs 1947/48 stattfand. Vgl.: Diner, Dan: „Geschichte Israels: Genesis und Geltung". In: Frankfurter Allgemeine Zeitung, 23.1.2024; Bashir, Bashir/ Goldberg, Amos (Hg.): The Holocaust and the Nakba: A New Grammar of Trauma and History. New York 2019.

15 Rothberg, Michael: The Implicated Subject: Beyond Victims and Perpetrators. Stanford 2019.

16 Ausgiebig bei Elbe, Ingo: Antisemitismus und postkoloniale Theorie. Der ‚progressive' Angriff auf Israel, Judentum und Holocausterinnerung, Berlin 2024.

Relativierung zu unterstellen, ist schlichtweg unsinnig. Dagegen plädieren diese Autoren in der Tat für eine „komparative" Abstandsverringerung. Allerdings verringert jede Sichtweise, die überhaupt Gemeinsamkeiten zwischen Shoah und anderen Massenverbrechen zulässt, den Abstand zwischen ihnen. Sprich, die gesamte deutsche Erinnerungskultur macht sich der „Shoah-Relativierung" schuldig, sofern sie nicht von einem *maximalen* Abstand und einer *vollständigen* Andersheit der Shoah ausgeht. Damit entpuppt sich der an „den Postkolonialismus" gerichtete Vorwurf der „Shoah-Relativierung" als leere und selbst-widersprüchliche Rede. Sprachpragmatisch erschwerend kommt hinzu, dass in Deutschland „Shoah-Relativierung" und „Shoah-Leugnung" häufig in eins gesetzt werden.[17] Wer kritischer Kolonialismusforschung „Shoah-Relativierung" vorwirft, rückt sie in die Nähe eines Straftatbestands. Es wäre gut, wenn diejenigen, die den Vorwurf erheben, nochmals überdenken würden, was sie damit tun.

Ich vermute, es gibt in Deutschland zwei wesentliche Missverständnisse bezüglich der multidirektionalen Erinnerung: 1) Die Shoah soll nicht länger im Zentrum der hiesigen Erinnerungskultur stehen; 2) der Shoah darf nicht länger separat, sondern nur noch gemeinsam mit den anderen deutschen Massenverbrechen gedacht werden. Diese Missverständnisse resultieren unter Umständen daraus, dass Rothberg im Jahr 2009 (!) bezogen auf die spezifische US-Konstellation der 1990er Jahre diskutiert hat, inwiefern die Shoah-Erinnerung dort als „Deckerinnerung" fungierte, d.h. als Gedächtnisschicht, die sich über Sklaverei und Segregation sowie die Verbrechen an den *Native Americans* gelegt hatte und somit deren Aufarbeitung blockierte.[18] Nicht nur ist die US-Konstellation heute eine andere – was sich darin symbolisiert, dass es an der National Mall in Washington D.C. neben dem Holocaust Memorial mittlerweile entsprechende Gedenkorte für die US-amerikanischen Gründungsverbrechen gibt. Es wäre zudem absurd, die US-Konstellation der 1990er Jahre auf (das heutige) Deutschland zu übertragen. Hierzulade fungiert, vor allem im Nicht-Offiziellen, das autochthone Kriegsleiden nach wie vor als „Deckerinnerung" für sämtliche deutsche Massenverbrechen. Multidirektionale Erinnerung, so wie ich sie verstehe, will die Shoah nicht aus dem Zentrum der hiesigen Erinnerungskultur verbannen, sondern mehr Aufmerksamkeit für die deutschen Kolonialverbrechen. Der Shoah kann selbstverständlich weiterhin separat gedacht werden, nur sollten an den Orten, an denen Verflechtungen mit anderen deutschen Massenverbrechen bestehen, diese auch repräsentiert werden. Da Multidirektionalität in beide Richtungen geht, wird mit mehr Kolonialismus-Erinnerung auch die Shoah-Erinnerung gestärkt.

Erinnerungskulturen, das halte ich für zentral, sind komplex, weisen widersprüchliche Tendenzen auf und finden auf unterschiedlichen Ebenen statt. In einem Text von 2023 unterscheidet Rothberg zwischen einem hegemonialen deutschen Diskurs, der dem solidarischen In-Beziehung-Setzen von verschiedenen Gewaltgeschichten feindlich gegenübersteht, und migrantischen Subkulturen, in denen Multidirektionalität bereits als solche „gelebt" wird und neue Verbindungen von Shoah-Erinnerung und nicht-westlichen Erfahrungen erprobt werden.[19] Ich denke, diese Diagnose lässt sich erweitern. Multidirektionale Erinnerung, so meine These, wird auch in vielen Gedenkstätten, an Erinnerungsorten und von lokalen Initiativen gelebt. Dies ist nur noch nicht in den überregionalen Feuilletons und sozialen Netzwerk-Blasen angekommen und die Akteur:innen, die sich dort tummeln, sehen nicht, zumindest nicht hinreichend, was „on the ground" passiert.

Thüringen

Ich möchte abschließend anhand von drei Beispielen zeigen, wie multidirektionale Erinnerung in Thüringen bereits praktiziert wird: der Stiftung Gedenkstätten

17 Selbst von Bundeskanzler Scholz. Vgl: „Nahostkonflikt: Olaf Scholz verurteilt Äußerungen von Mahmud Abbas". In: Zeit Online, 17.8.2022.

18 Rothberg problematisiert dabei Sigmund Freuds Begriff der Deckerinnerung und kommt zu dem Schluss, dass die Verdrängungsleistung der Deckerinnerung immer unvollständig bleiben muss.

19 Rothberg, Michael: „Gelebte Multidirektionalität. Der ‚Historikerstreit 2.0' und die Politiken der Holocausterinnerung". In: Jürgen Zimmerer (Hg.): Erinnerungskämpfe. Neues deutsches Geschichtsbewusstsein, Ditzingen 2023, S. 223–246.

Buchenwald und Mittelbau-Dora, dem Erinnerungsort Topf & Söhne in Erfurt sowie der zivilgesellschaftlichen Initiative Decolonize Erfurt.

Im Mai 2024 hat die Stiftung Gedenkstätten Buchenwald und Mittelbau-Dora in Weimar das Museum Zwangsarbeit im Nationalsozialismus eröffnet. Das Museum soll sich der „gesamteuropäischen Dimensionen der NS-Zwangsarbeit" widmen. Die Dauerausstellung, so heißt es in der Ankündigung, „erzählt an vielen Beispielen, was Zwangsarbeit bedeutete und wo sie stattfand: etwa in den ersten Konzentrationslagern noch in den 1930er-Jahren, in den Ghettos für Jüdinnen und Juden im besetzten Polen, im Handwerksbetrieb um die Ecke, bei BMW in München Allach oder bei der Produktion von Raketen im Konzentrationslager Mittelbau-Dora. Sie schildert unter anderem beispielhaft die Schicksale von polnischen Zwangsarbeiter:innen in der Landwirtschaft, von russischen Kriegsgefangenen am Polarkreis in Norwegen oder von italienischen Militärinternierten in Kahla in Thüringen."[20]

Natürlich bedeutete Zwangsarbeit in den polnischen Ghettos etwas anderes als „im Handwerksbetrieb um die Ecke": In den Ghettos war sie die Vorstufe zur systematischen Vernichtung von Jüdinnen:Juden. Dennoch handelte es sich in beiden Fällen um eine rassistisch hierarchisierte Ausbeutungspraxis. Das Gemeinsame im Verschiedenen und das Verschiedene im Gemeinsamen festzuhalten, ist exakt das „differenzierende In-Beziehung-Setzen" multidirektionaler Erinnerung.

Auf dem Gelände der Gedenkstätte Buchenwald fand im September 2023 erstmals ein Rundgang statt, der „koloniale Kontexte im KZ Buchenwald" beleuchtet: „Mindestens 1 000 Menschen mit kolonialen Erfahrungen gerieten in das System des Konzentrationslagers Buchenwald, allein etwa 300 Männer und Frauen aus Algerien waren in Buchenwald und seinen Außenlagern."[21] Eine erste Publikation der Gedenkstätte zum Thema handelt von den prominenten niederländischen Geiseln, darunter hohe Kolonialbeamte, die 1940 in das Konzentrationslager Buchenwald verschleppt wurden und dort in einer, so die Bezeichnung der Häftlinge, „goldenen Ecke" über die Kolonialpolitik in ~~Niederländisch-Indien~~, dem heutigen Indonesien, stritten.[22] Mitte April 2024 fand unter dem Titel „Zwangsgemeinschaftliche Verflechtungen" erstmals ein Workshop der Gedenkstätte und der Universität Erfurt statt, der die kolonialen Kontexte in nationalsozialistischen Lagern beleuchtete.[23]

Der Erinnerungsort Topf & Söhne – Die Ofenbauer von Auschwitz wiederum widmet sich dem Erfurter Beitrag zum „Holocaust", der auf der Website des Erinnerungsorts als „Völkermord an den europäischen Juden und Sinti und Roma" expliziert wird: Die Ingenieure der Erfurter Firma J.A. Topf & Söhne errichteten in Auschwitz die Verbrennungsöfen und installierten die Technik für die Belüftung der Gaskammern.[24] Dass der Name Holocaust in einem derart inklusiven Sinn verwendet wird, ist in Deutschland ungewöhnlich, aber angesichts der Tatsache, dass in Auschwitz auch Sint:izze und Rom:nja systematisch ermordet wurden, fast schon zwingend. Gleichzeitig legen die Dauerausstellungen – aufgrund von Erfurts jüdischer Geschichte nachvollziehbar – einen Schwerpunkt auf die Shoah, während die Sonderausstellungen multidirektionale Fäden spinnen. So gab es 2014 eine Ausstellung zu 20 Jahren Genozid in Ruanda, 2019 ging es um antisemitische und rassistische Aufkleber in Vergangenheit und Gegenwart, 2022/23 waren die Euthanasiemorde der Nationalsozialist:innen Thema und von 2022 bis 2024 wurden die Gestaltungsentwürfe des Erfurter Gedenkorts für die NSU-Opfer präsentiert. Am Erinnerungsort fanden auch mehrere Veranstaltungen zu den Verflechtungen von NS und Kolonialismus sowie zu multidirektionaler Erinnerung statt.

In der Ausstellung „Kolonialismus in Erfurt. 1503 bis heute", die in Kooperation mit der Universität Erfurt entstanden ist und 2019 an mehreren Orten der Landeshauptstadt zu sehen war, thematisiert die Initiative Decolonize Erfurt auch Verknüpfungen von Antisemitismus und Kolonialrassismus: Die lokale ~~M*-Apotheke~~ wurde 1928 durch den jüdischen Pharmazeuten David Littmann erworben und nach 1933

20 Logemann, Daniel: „Ein Museum entsteht ... Das neue Museum Zwangsarbeit im Nationalsozialismus". In: Reflexionen 2023. Online unter: https://www.stiftung-gedenkstaetten.de/en/reflexionen/reflexionen-2023/ein-museum-entsteht (Stand: 8.5.2024).

21 „Koloniale Kontexte im KZ Buchenwald", 2.9.2023. Online unter: https://www.buchenwald.de/besuch/veranstaltungen/koloniale-kontexte-im-kz-buchenwald (Stand: 8.5.2024).

22 Hirte, Ronald: „Zwangsgemeinschaftliche Verflechtungen. Koloniale Kontexte Buchenwalds". In: Reflexionen 2023. Online unter: https://www.stiftung-gedenkstaetten.de/reflexionen/reflexionen-2023/zwangsgemeinschaftliche-verflechtungen (Stand: 8.5.2024). Siehe außerdem Hirtes Beitrag in diesem Band.

23 Gedenkstätte Buchenwald: „Zwangsgemeinschaftliche Verflechtungen – Workshop". Online unter: https://www.buchenwald.de/besuch/veranstaltungen/workshop-zwangsgemeinschaftliche-verflechtungen (Stand: 8.5.2024).

24 Erinnerungsort Topf & Söhne: „Erinnerungsort Topf & Söhne – Die Ofenbauer von Auschwitz". Online unter: https://www.topfundsoehne.de/ts/de/index.html (Stand: 8.5.2024).

25 Lindner, Urs: „Geschichtspolitik der DDR: Wie kam der Sklavenhändler wieder zu Ehren?" In: Frankfurter Allgemeine Zeitung, 1.11.2021.

mit Boykotten überzogen, so dass Littmann sie noch vor der Zwangsarisierung weit unter Wert verkaufen musste. Die Apotheke und ihre verwobene Geschichte ist auch bei den dekolonialen Stadtrundgängen, die die Initiative anbietet, regelmäßig Thema.

Im Frühjahr 2020 startete Decolonize Erfurt zusammen mit der Initiative Schwarze Menschen in Deutschland die eingangs erwähnte Kampagne zur Umbenennung des Erfurter Nettelbeckufers in Gert-Schramm-Ufer. Neben der Forderung nach einem doppelten Perspektivwechsel, der sowohl auf der Täter- wie der Opferseite Kolonialismus und Nationalsozialismus verknüpft, hat die Umbenennungskampagne die Konzeption multidirektionaler Erinnerung dahingehend erweitert, dass auch die DDR-Geschichte einbezogen wurde. Die historische Grundlage dafür war, dass das Nettelbeckufer 1950 in Goerdeler-Ufer umbenannt wurde, um dann bereits 1956 wieder rückbenannt zu werden. Nach der Auffassung der beiden Initiativen verknüpft die Straßengeschichte damit *drei* deutsche Unrechtsregime. Das Gemeinsame dieser Regime, das die multidirektionale Erinnerung betont, war der Nationalismus. Im Fall der frühen DDR sollte nationalistische Geschichtspolitik dazu beitragen, die Westbindung der BRD zu verhindern, indem diese mit der Konstellation der antinapoleonischen Kriege analogisiert wurde: die NATO war Napoleon, Adenauer ein Rheinbundfürst, während die deutsch-sowjetische Freundschaft das preußisch-russische Bündnis aktualisierte.[25]

Fazit

Nach diesem Parforceritt durch den Historiker:innenstreit 2.0, die Konzeption multidirektionaler Erinnerung und lokale Beispiele aus Thüringen möchte ich auf die eingangs gestellte Frage zurück kommen: Welche Relevanz hat der Historiker:innenstreit 2.0 für Thüringen, und was kann die lokale Erinnerungspraxis im Freistaat zu dieser Kontroverse beitragen? Ich denke, das methodische Problem, wie mit Unterschieden umzugehen ist, ohne in Dichotomien zu verfallen, ist auch für die lokale Erinnerungsarbeit hochrelevant. Es ist gut, wenn die entsprechenden Akteur:innen wissen, was „Singularität der Shoah" sinnvollerweise bedeuten kann, wenn sie ein Bewusstsein dafür haben, wie komplex das Verhältnis von Antisemitismus und (anderen) Rassismen ist und wenn sie bezogen auf Israel/Palästina keine Manichäismen produzieren. Auch ist für sie die Frage relevant, wann die Betonung von Verflechtungen angemessen ist und wo nicht. Umgekehrt kann die überregionale Debatte, die oftmals extrem verhärtet erscheint, vom Geist der Solidarität, der im Lokalen sichtbar wird, nur profitieren. In Thüringen wird die

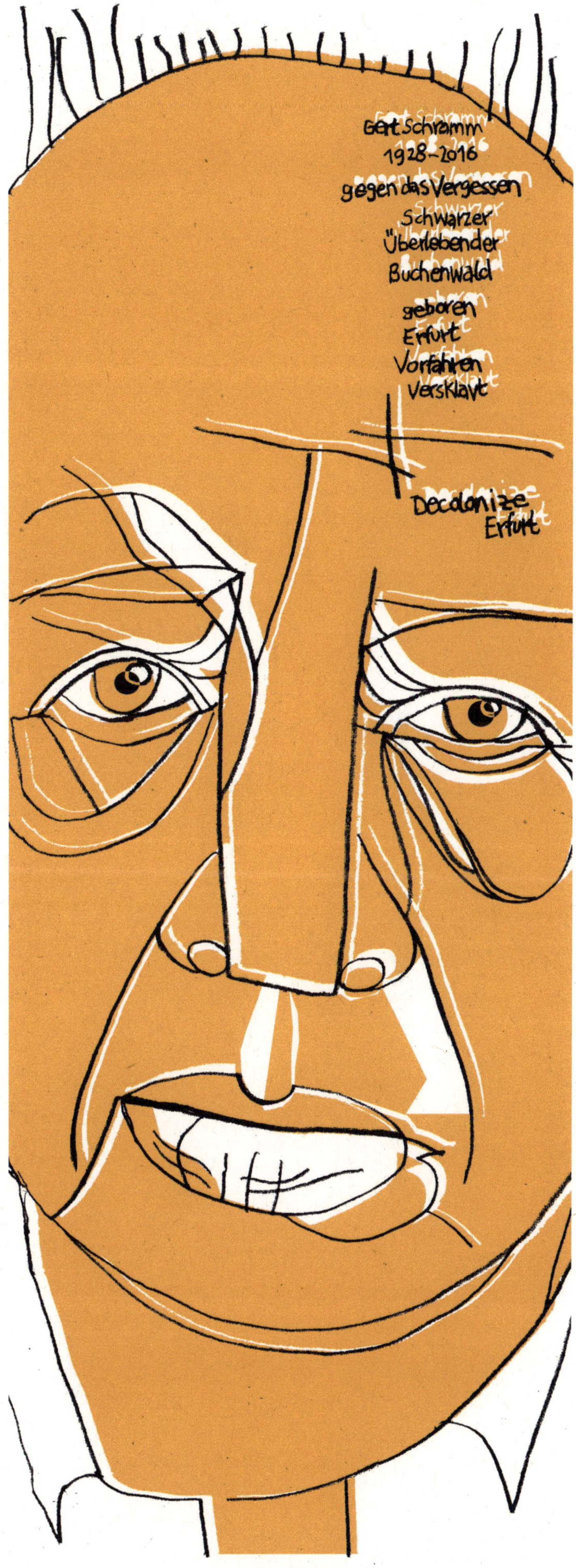

multidirektionale Erinnerung bereits als solche gelebt, und zivilgesellschaftliche Initiativen, universitäre Forschung und staatliche Gedenkorte gehen gemeinsam verwobenen Geschichten nach. „On the ground" löst sich damit auch die Konfrontation von zwei „Lagern" auf. Es bleibt die Hoffnung, dass der Historiker:innenstreit 2.0 doch noch irgendwann ein gutes Ende beziehungsweise zumindest tragfähige Kompromissbildungen findet.

PATRICIA VESTER

Wessen Geschichte?

4.5

Graphic Novels als Mittel zur Thematisierung der kolonialen Vergangenheit im Schulkontext

Welche Perspektiven teilen wir, wer hat geforscht und warum und wer war beteiligt? Wer benutzt und benutzte im Laufe der Geschichtsschreibung welche Vokabeln, zu welchem Zweck? Wie können wir über Koloniales sprechen, welche Vorkenntnisse sind nötig, wer will das überhaupt, an wen ist was gerichtet und wer kann die Konsequenzen aushalten?

Zwischen Trauma und Aphasie, Verunmöglichung, artifiziellem Koma, musealen Zukunftsängsten und Aufarbeitungsdruck, zwischen Semantik-Kämpfen und Pionierarbeit suche ich nach erzählenden Lösungen über Schuld, Anerkennung, Aufarbeitung, Aufklärung und totaler Verweigerung.

Bilder spielen für die Vermittlung eine große Rolle. Wie können wir koloniale Themen und Kontexte und die dafür notwendige sensible Sprache und Bild-Ethik schnellstmöglich in die Lehrpläne und die Lehrerbildung einbinden – wie diese Themen in die museale Praxis bringen? Wo können sich Schule und Museum dazu verknüpfen? Wie müssen bereits vorhandene Bilder und Publikationen, Schulmaterial und in Schulbibliotheken Befindliches kritisch, rassismuskritisch, diskriminierungskritisch aufgearbeitet/überarbeitet werden, um Reproduktionen zu vermeiden und das Wiederholen von Rassismen zu verhindern? Wie können wir LEHRMATERIALIEN FÜR ALLE schaffen, in denen sich alle Kinder und Jugendlichen der Gesellschaft, gesehen, gelesen und respektiert fühlen?

Was braucht die Erzählung für mich? Wie gelingt mir eine respektvolle ausgewogene Erzählweise?

Wann spreche ich als Tochter eines Ashanti und wann überlasse ich dem Älteren, dem Weiseren eines anderen afrikanischen Kulturkreises das Wort? Wie sprechen wir über Trauer und Anerkennung von Unrecht? Spreche ich in einer Bildsprache, die sich der Weisheit Afrikas bedient? Wie vermittle ich Unrecht in deutscher Geschichte multikulturell und kritisch? Wie spreche ich über etwas, das ich nicht erlebt habe, dessen Auswirkungen ich heute aber spüre – was in mir ist und in allem was mich umgibt: in der Sprache, im Alltag, im Klassenzimmer, in den Medien?

Während meines einjährigen Artist in Residence sind viele Illustrationen, Muster, Skizzen, Texte, von Skizzen begleitete Interviews und illustrative Auseinandersetzungen entstanden:

+ Eine Geschichte für Kinder ab sechs Jahren, die über die Geschichte des Usambaraveilchens – welches mit der Kolonialgeschichte Tansanias verwoben ist – einen Bezug zur eigenen Lebenswelt herstellt und so in die Auseinandersetzung mit der Kolonialzeit führt. Das aus Tansania stammende Usambara Veilchen steht hierbei für die koloniale Aneignung von Land und Natur. Ich bin der Meinung, dass wir mit jedem Alter koloniale Kontexte teilen können, es ist nur eine Frage des „WIE?": Wie weit gehe ich in der Erzählung? Wo kann ich mit Metaphern oder Ähnlichem arbeiten?
+ Zwei Comics (in Plots und Exposé vorhanden), die einen eigenen Raum und Zeit zur Ausarbeitung brauchen, über diesen Sammelband hinaus. Für den Sammelband habe ich einen kleinen Teaser und einige Skizzen der Graphic Novel vorbereitet, die den Prozess spiegeln. Ich erzähle darin die Geschichte von Chief

Mkwawa, der im 19. Jahrhundert Widerstand gegen die deutsche Kolonialexpansion in „Deutsch-Ostafrika", dem heutigen Tansania, leistete und versucht hat, sein Volk, das Volk der Hehe, zu retten. Nach seinem Tod 1898 wurde sein Schädel von einem deutschen Feldwebel als „Trophäe" nach Deutschland verbracht. Die Rückgabe des Schädels war bereits 1919 Bestandteil des Versailler Vertrags. Einen Einblick in die Auseinandersetzung des „Zuwortkommenlassens" einer wehrhaften Stimme der Kolonialzeit aus afrodeutscher Perspektive war die Herausforderung. Ich möchte die Geschichte teilen, weil bisher all die wehrhaften Stimmen, wie die von Chief Mkawawa oder von Yaa Asantewaa, Nzinga von Ndongo und Matamba und vielen anderen, in deutschen Lehrbüchern über ein Jahrhundert unerzählt geblieben sind. Dieser Teil deutscher Geschichte wird und wurde verklärt, negiert, einseitig gespiegelt und nur aus der Perspektive der Täter, der Kolonialisten, geschildert. Das muss sich ändern! Hier können Comic und Graphic Novels die Mittel der Vermittlung sein.

Ich teile meine Träume, Wünsche und Hoffnungen, eine wehrhafte Stimme der Kolonialzeit zu Wort kommen zu lassen, weil sie mir selbst in meinem Aufwachsen gefehlt hat. Ich bin Schwarze Deutsche und trage das Trauma des Kolonialismus in Form eines gewachsenen Rassismus, ein Trauma, das meine Wege beschneidet, meinen Alltag stört, mich behindert, tötet, mich täglich verletzt, mein Wachstum schwächt, krank macht und sich völlig entgrenzt Bahn bricht/ungelöst verstrickt, in eine neokoloniale ungewisse noch zu erkämpfende Zukunft.

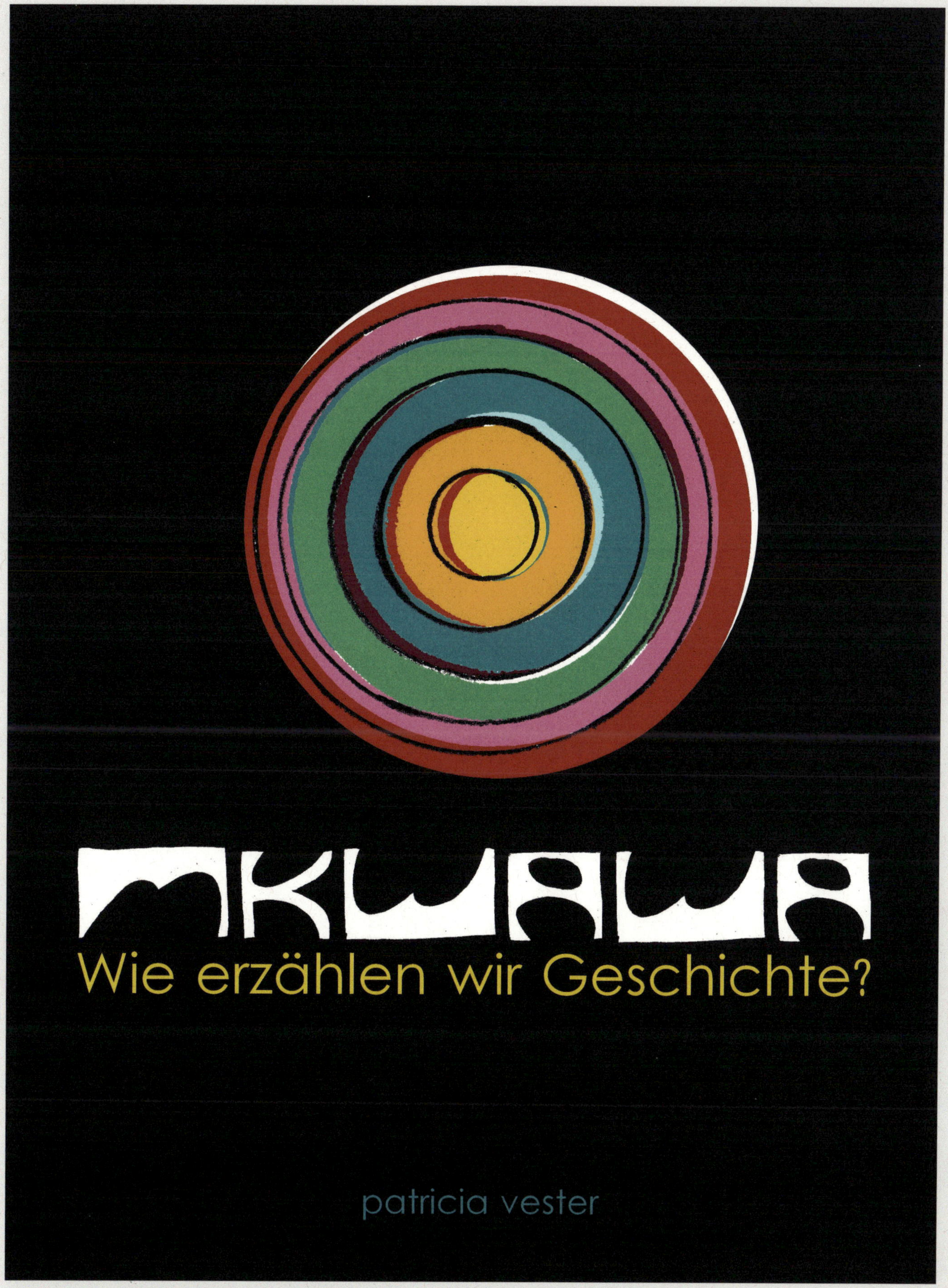
MKWAWA
Wie erzählen wir Geschichte?
patricia vester

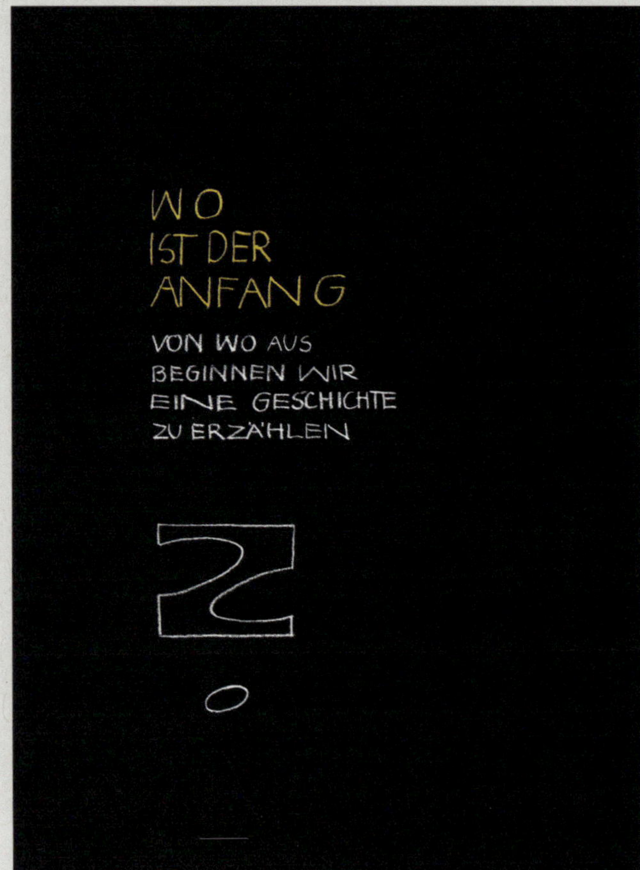
WO
IST DER
ANFANG
VON WO AUS
BEGINNEN WIR
EINE GESCHICHTE
ZU ERZÄHLEN

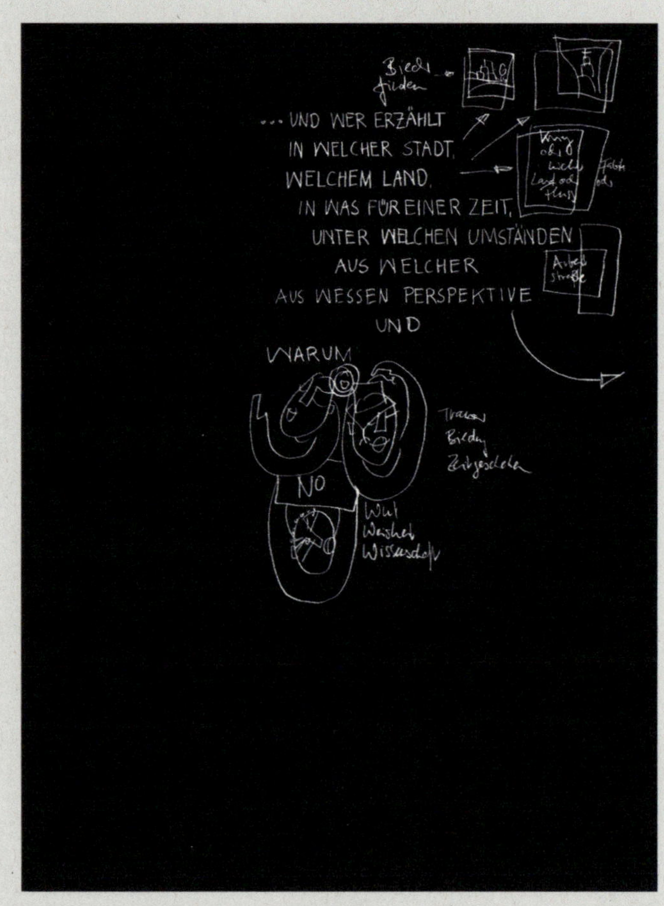
... UND WER ERZÄHLT
IN WELCHER STADT,
WELCHEM LAND,
IN WAS FÜR EINER ZEIT,
UNTER WELCHEN UMSTÄNDEN
AUS WELCHER
AUS WESSEN PERSPEKTIVE
UND
WARUM
NO

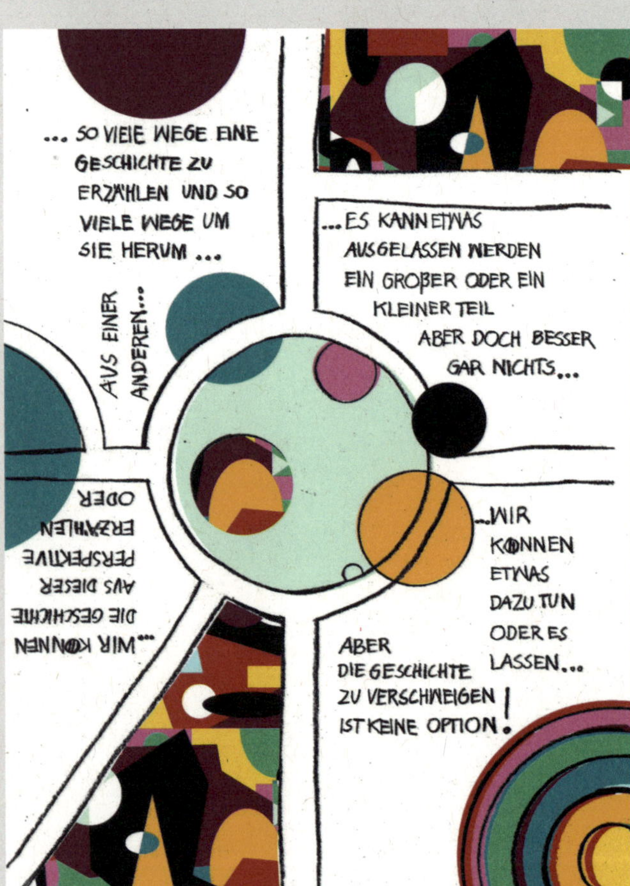
... SO VIELE WEGE EINE GESCHICHTE ZU ERZÄHLEN UND SO VIELE WEGE UM SIE HERUM ...
... ES KANN ETWAS AUSGELASSEN WERDEN EIN GROßER ODER EIN KLEINER TEIL ABER DOCH BESSER GAR NICHTS ...
AUS EINER ANDEREN ...
... WIR KÖNNEN DIE GESCHICHTE AUS DIESER PERSPEKTIVE ERZÄHLEN ODER
... WIR KÖNNEN ETWAS DAZU TUN ODER ES LASSEN ...
ABER DIE GESCHICHTE ZU VERSCHWEIGEN IST KEINE OPTION!

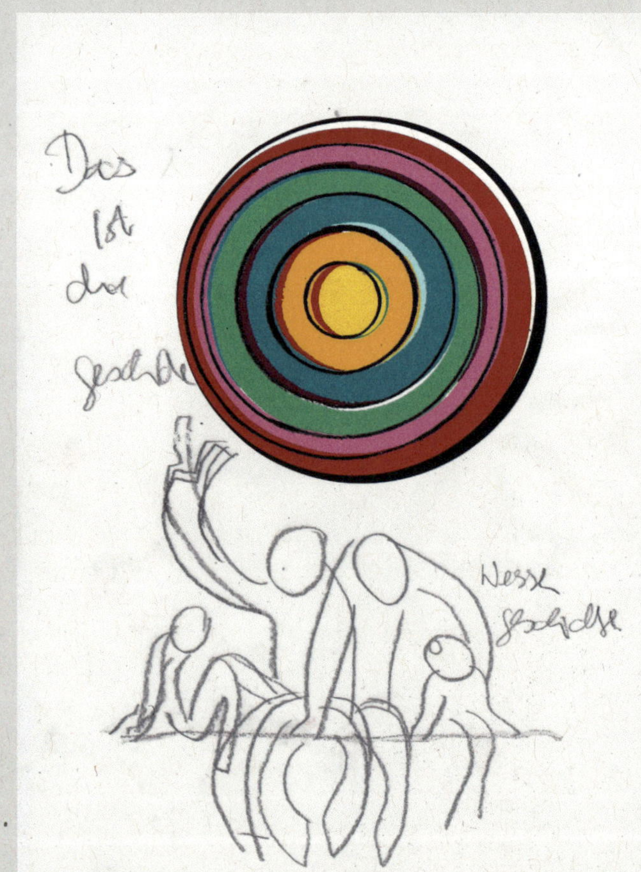
Das ist die Geschichte
Wessen Geschichte

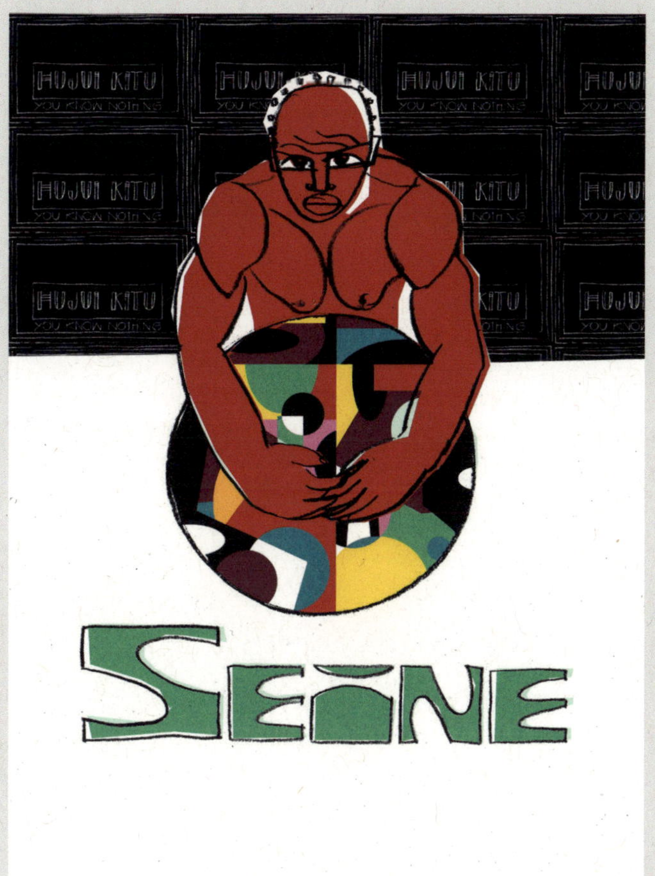
HUJUI KITU
SEINE

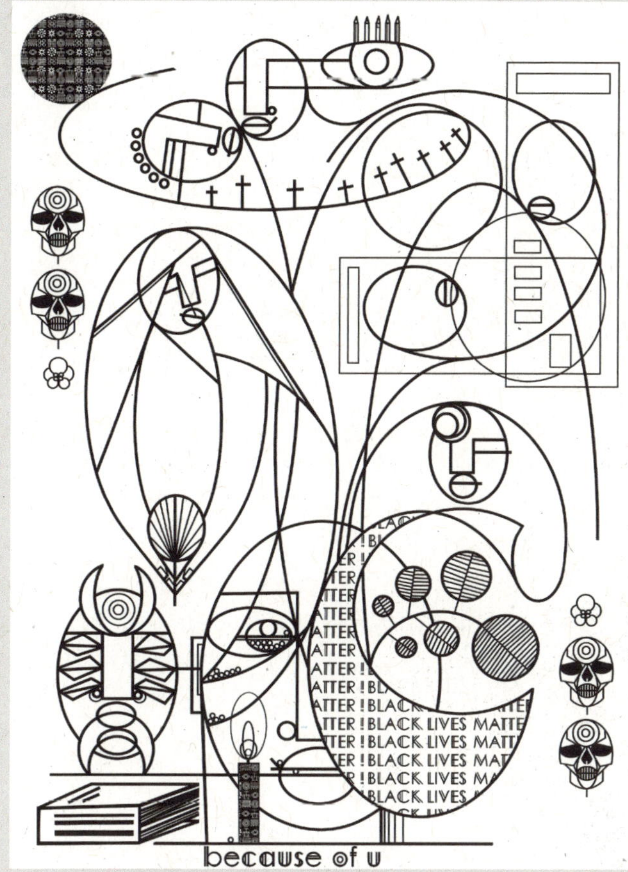
BLACK LIVES MATTER!
because of u

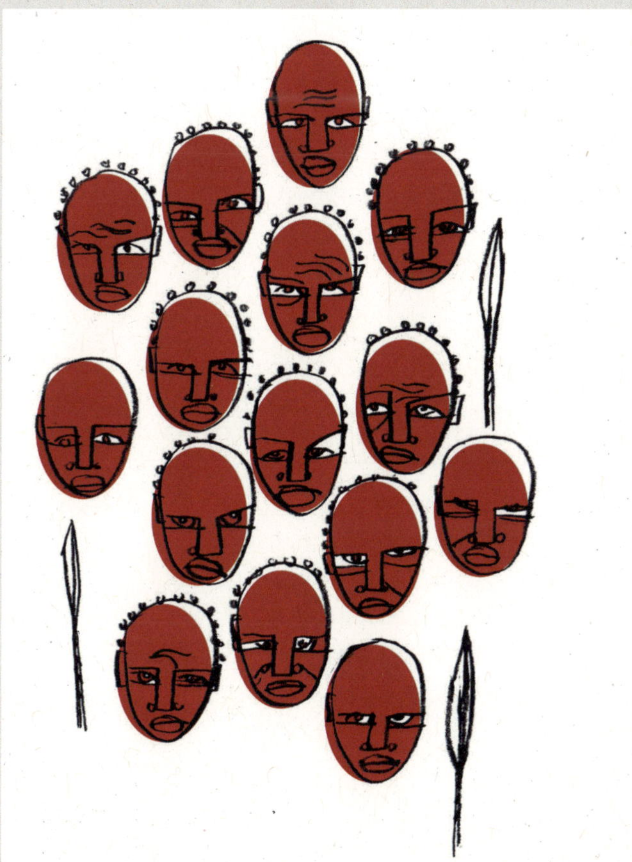

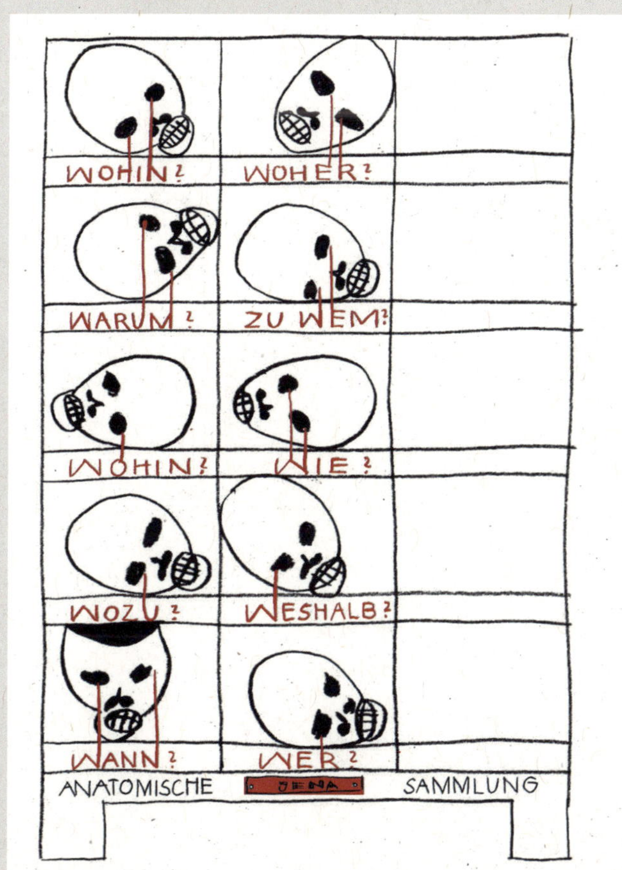
WOHIN?
WOHER?
WARUM?
ZU WEM?
WOHIN?
WIE?
WOZU?
WESHALB?
WANN?
WER?
ANATOMISCHE
JENA
SAMMLUNG

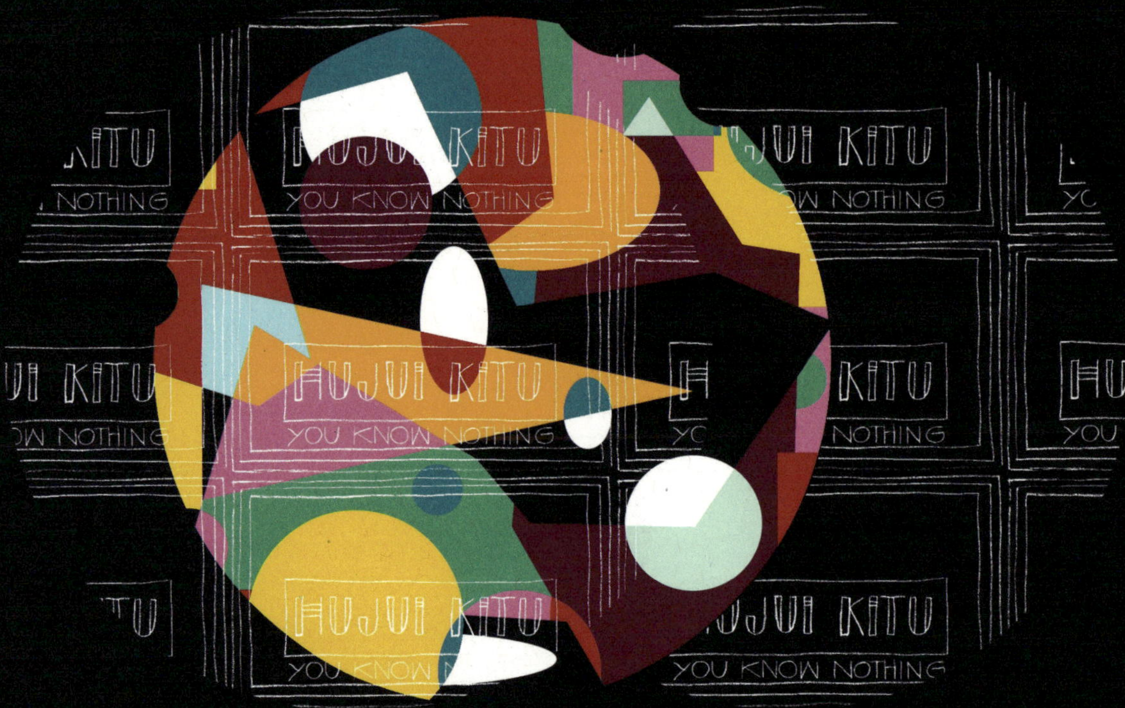

Seine Geschichte
fragt nach dem Warum?
Sie hat viele dunkle Flecken,
dessen Farben eher
aus vielen Farben bestehen
und sich heute in allem finden,
was uns umgibt.
In Allem!
Sein schwarz steht für die große Trauer
in seiner Geschichte
und die Unendlichkeit,
in der seine Geschichte nachhalt.
Das Gelb erinnert ihn,
an die Schönheit seines Landes
und an friedvolle Zeiten.
Das Blau steht für die Meere,
über die, die Geschichte getragen wurde,
und die Wiederholungen
und Wandlungen der Geschichte,
die seine Nachfahren
durchleben, erdulden und tragen mussten
und müssen.

Und seine Geschichte hat vielen Augen,
Augen die sehen,
und solche, die gesehen haben,
aber so tun als hätten sie es nicht.
Diese Augen stehen
für das stumme Schweigen.

Hm...

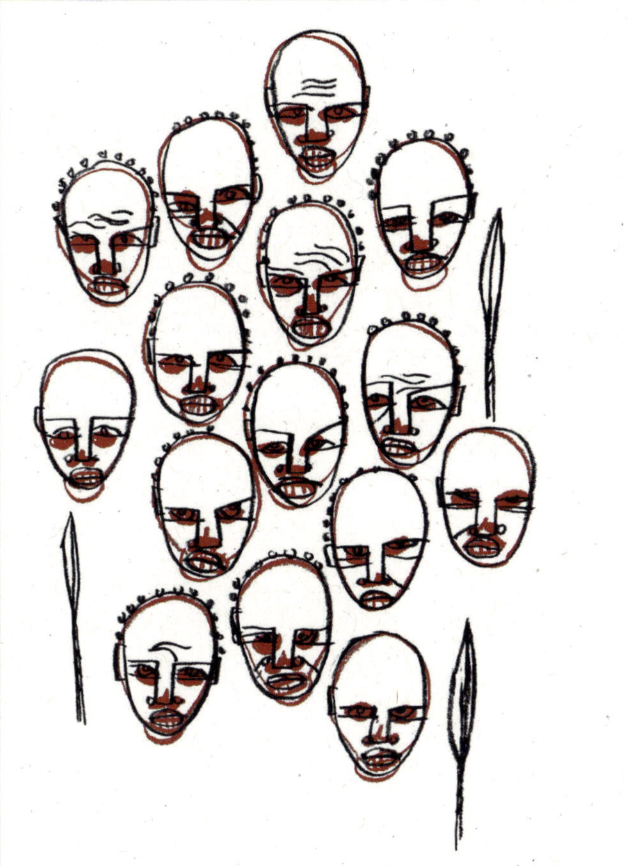

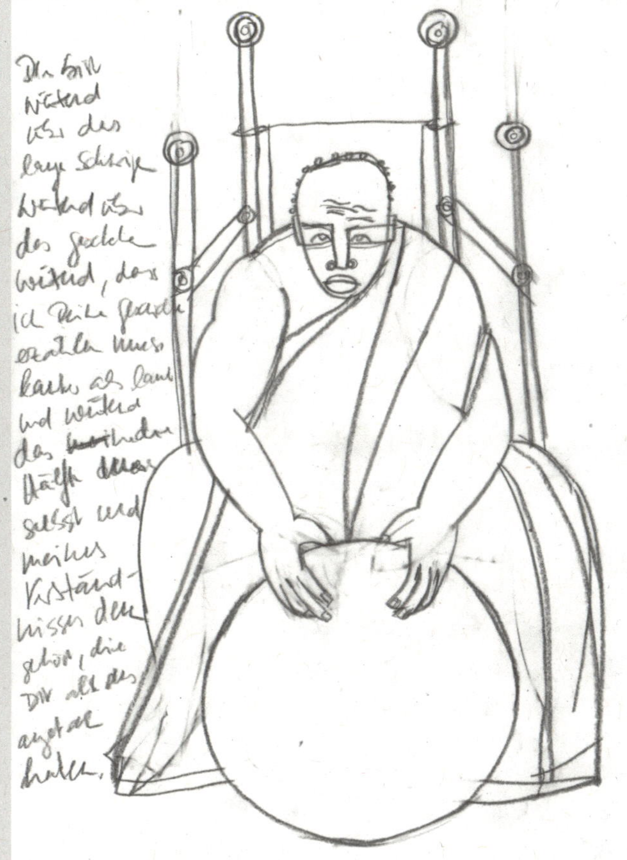

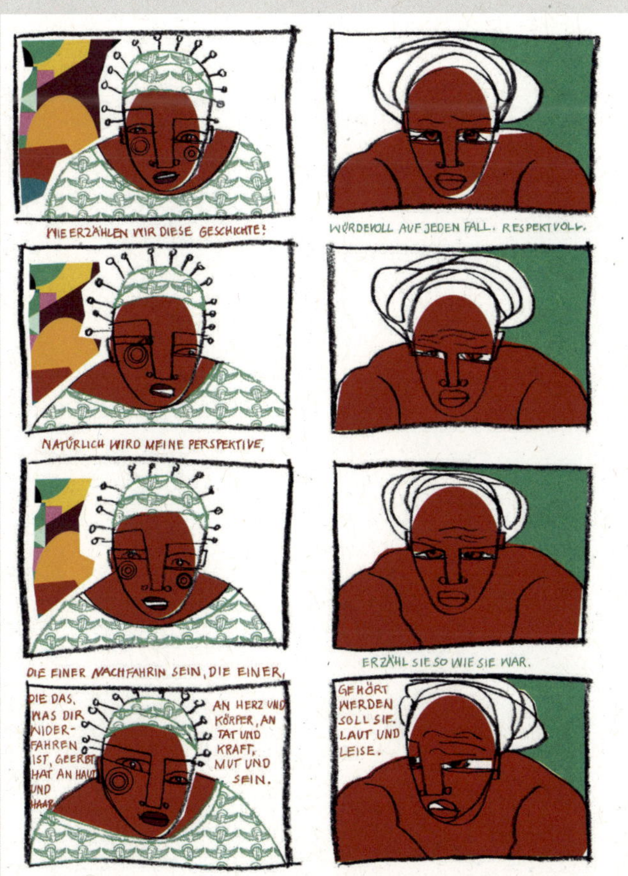
WIE ERZÄHLEN WIR DIESE GESCHICHTE?
WÜRDEVOLL AUF JEDEN FALL. RESPEKTVOLL.
NATÜRLICH WIRD MEINE PERSPEKTIVE,
DIE EINER NACHFAHRIN SEIN, DIE EINER,
ERZÄHL SIE SO WIE SIE WAR.
DIE DAS, WAS DIR WIDER-FAHREN IST, GEERBT HAT AN HAUT UND HAAR,
AN HERZ UND KÖRPER, AN TAT UND KRAFT, MUT UND SEIN.
GEHÖRT WERDEN SOLL SIE. LAUT UND LEISE.

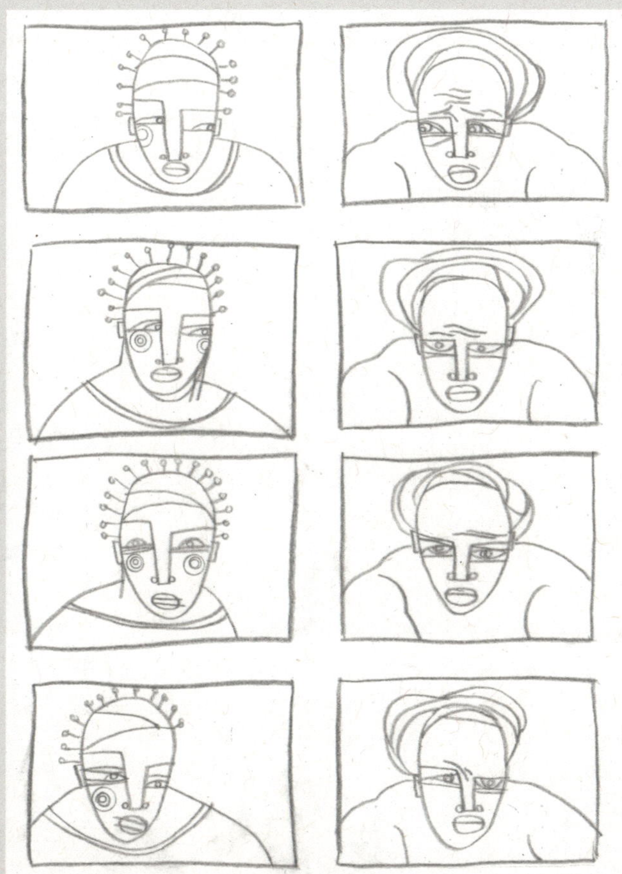

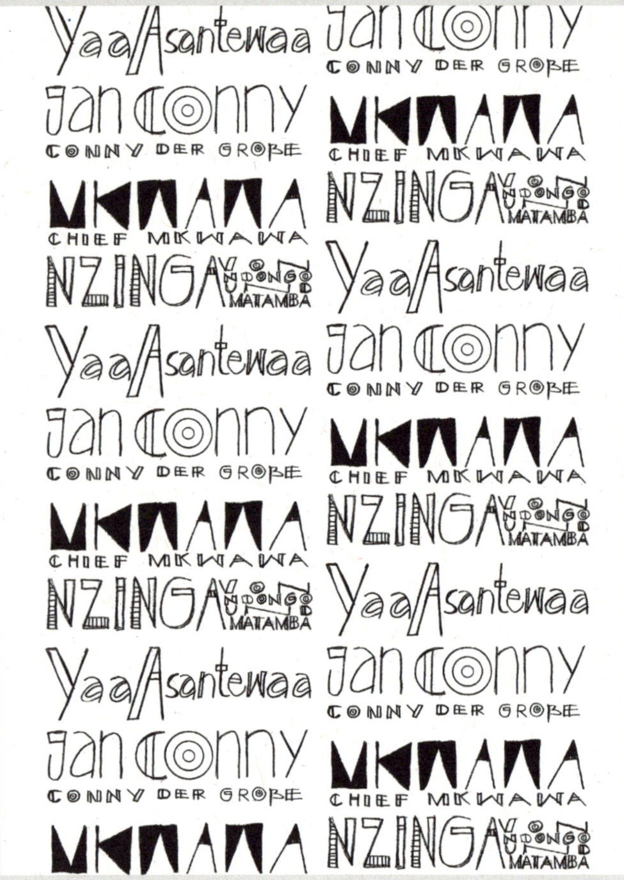
Yaa Asantewaa
Jan Conny
CONNY DER GROßE
MKWAWA
CHIEF MKWAWA
NZINGA NDONGO MATAMBA
Yaa Asantewaa
Jan Conny
CONNY DER GROßE
MKWAWA
CHIEF MKWAWA
NZINGA NDONGO MATAMBA
Yaa Asantewaa
Jan Conny
CONNY DER GROßE
MKWAWA
Jan Conny
CONNY DER GROßE
MKWAWA
CHIEF MKWAWA
NZINGA NDONGO MATAMBA
Yaa Asantewaa
Jan Conny
CONNY DER GROßE
MKWAWA
CHIEF MKWAWA
NZINGA NDONGO MATAMBA
Yaa Asantewaa
Jan Conny
CONNY DER GROßE
MKWAWA
CHIEF MKWAWA
NZINGA NDONGO MATAMBA

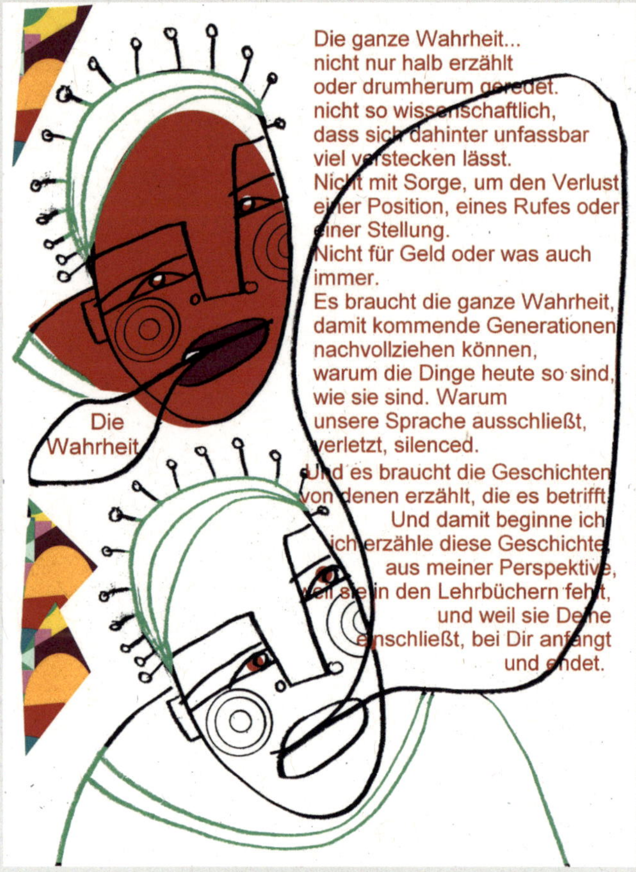
Die ganze Wahrheit...
nicht nur halb erzählt
oder drumherum geredet.
nicht so wissenschaftlich,
dass sich dahinter unfassbar
viel verstecken lässt.
Nicht mit Sorge, um den Verlust
einer Position, eines Rufes oder
einer Stellung.
Nicht für Geld oder was auch
immer.
Es braucht die ganze Wahrheit,
damit kommende Generationen
nachvollziehen können,
warum die Dinge heute so sind,
wie sie sind. Warum
unsere Sprache ausschließt,
verletzt, silenced.
Und es braucht die Geschichten
von denen erzählt, die es betrifft.
Und damit beginne ich
ich erzähle diese Geschichte
aus meiner Perspektive,
weil sie in den Lehrbüchern fehlt,
und weil sie Deine
einschließt, bei Dir anfangt
und endet.
Die Wahrheit

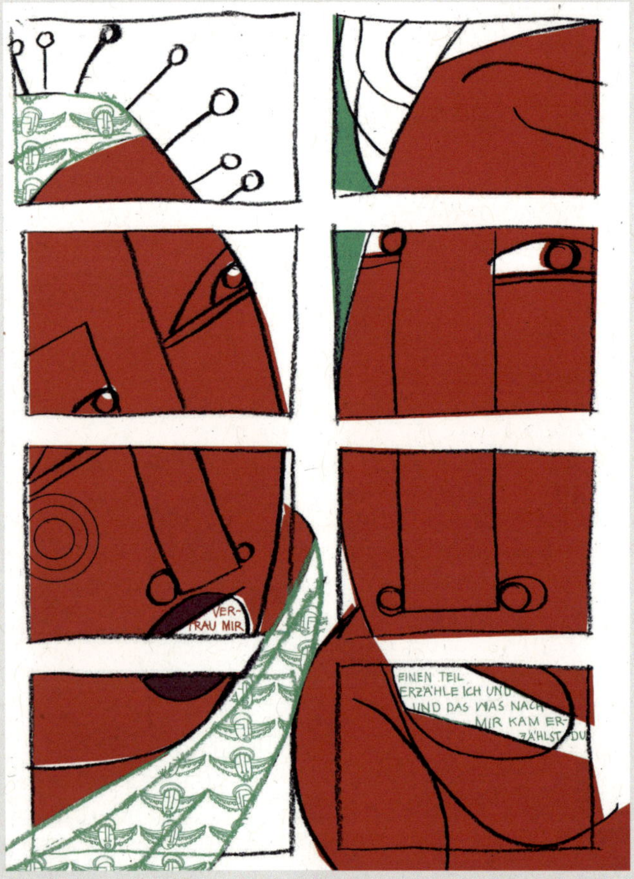
VER-
TRAU MIR
EINEN TEIL
ERZÄHLE ICH UND
UND DAS WAS NACH
MIR KAM ER-
ZÄHLST DU

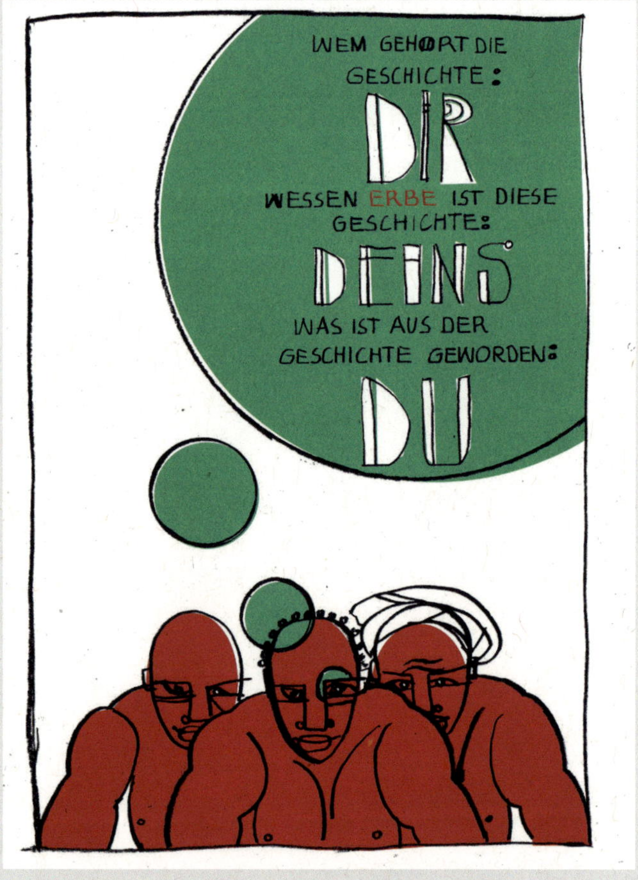
WEM GEHÖRT DIE GESCHICHTE:
DIR
WESSEN ERBE IST DIESE GESCHICHTE:
DEINS
WAS IST AUS DER GESCHICHTE GEWORDEN:
DU

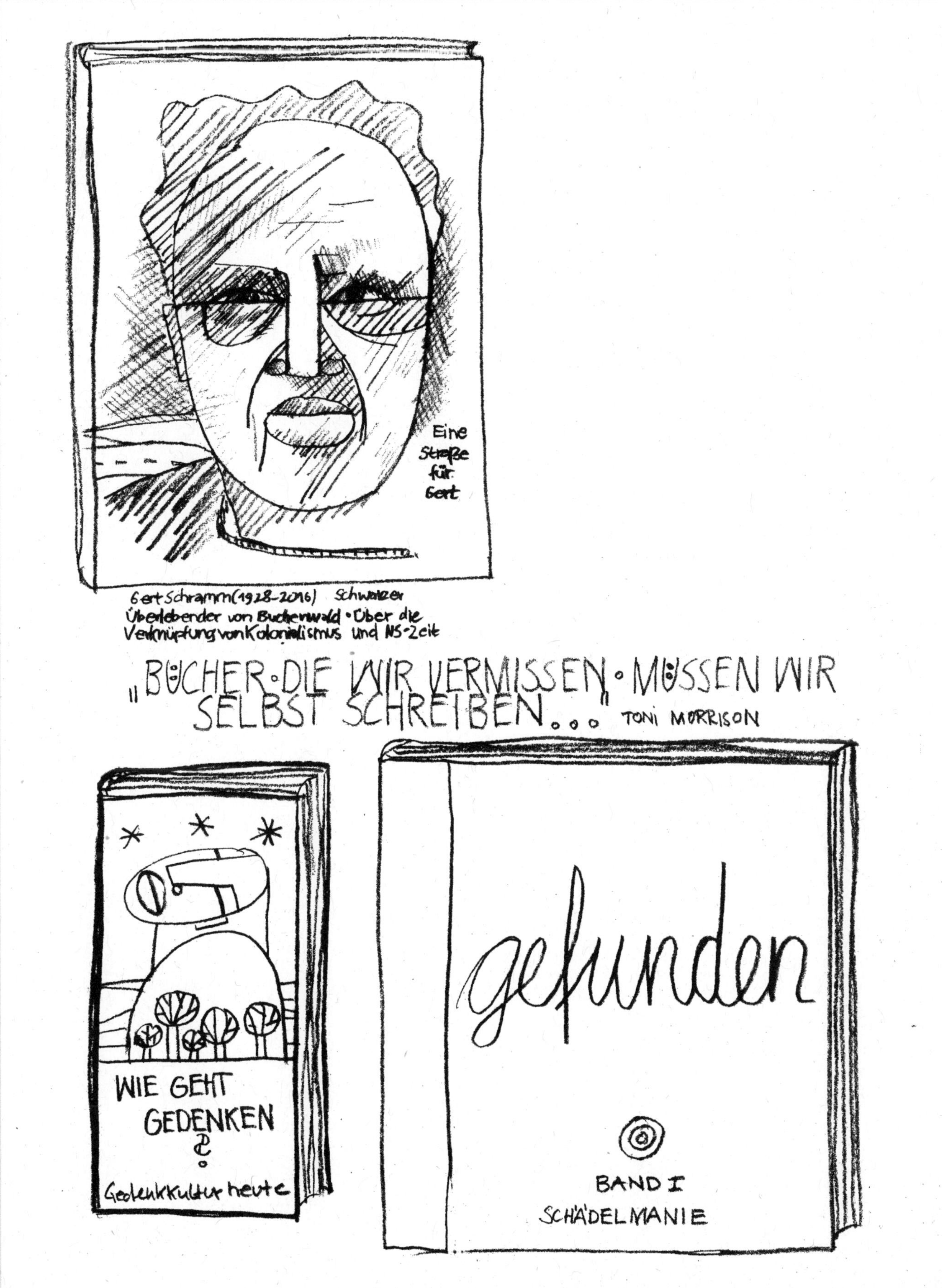

Eine Straße für Gert
Gert Schramm (1928–2016) Schwarzer Überlebender von Buchenwald • Über die Verknüpfung von Kolonialismus und NS-Zeit
„BÜCHER • DIE WIR VERMISSEN • MÜSSEN WIR SELBST SCHREIBEN...“ TONI MORRISON
WIE GEHT GEDENKEN?
Gedenkkultur heute
gefunden
BAND I
SCHÄDELMANIE

ANHANG

Musterglossar

Die Muster in diesem Buch sind Statements / Entwicklungen, die die ghanaisch-deutsche Künstlerin, Illustratorin und Interventionsgestalterin Patricia Vester aus Verbundenheit und Bewunderung für die Muster- und Symbolsprache Ghanas entworfen hat. Sie haben folgende Bedeutung:

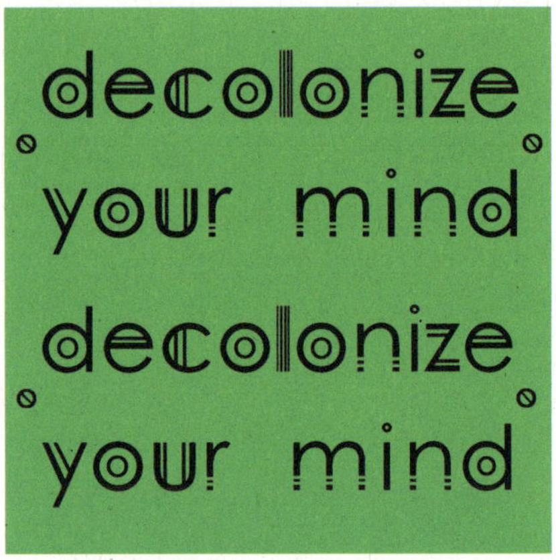

Decolonize your mind

Das Muster decolonize your mind steht für: decolonize your school, decolonize education, decolonize books, decolonize street names, decolonize your work, decolonize your financial thinking, decolonize the not knowing and so on …

rassismuskritisch denken lernen

Dieses Muster ist die Kernthematik, das Verständnis, dass aus kolonialen Kontexten rassistische Strukturen erwachsen sind. Diese lesen und verstehen lernen und die Zusammenhänge erfassbar zu machen, ist das Anliegen.

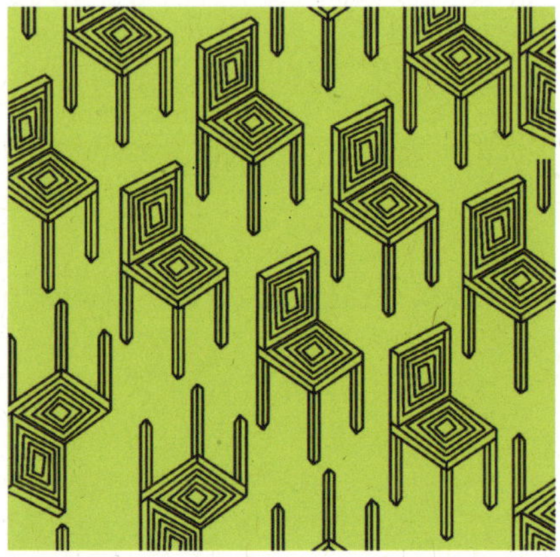

Stühle

Dieses Muster steht für den Austausch und zugleich für die Geduld, den die Herkunftsgesellschaften aufbringen, um das Verhandeln der Geschichte geduldig abzuwarten. Die Stühle stehen aber auch für die Leerstellen in den Museen, die Leerstellen in der Erzählung und für den Stuhl, den ich in Versammlungen und Konferenzen für die Ahnen neben mich stelle, für den Platz den ich mir nehme, wenn ich als Schwarz gelesene Person allein in einem weißgelesenen Raum referiere und meine Anssichten und Absichten teile, Projekte stricke, Prozesse begleite.

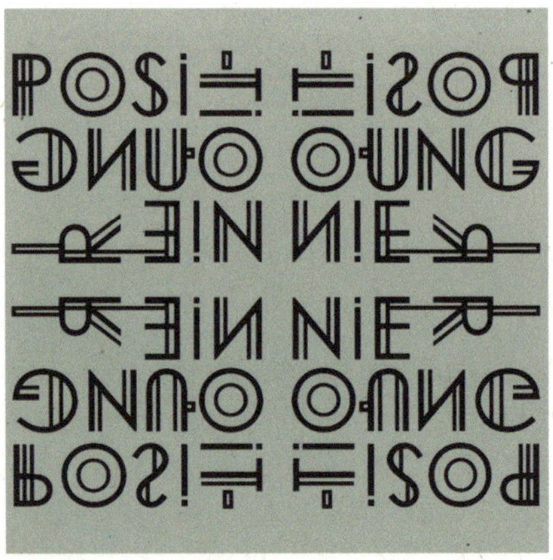

Positionierung

Dieses Muster steht für den Wunsch nach Positionierung. In einer Gesellschaft, in der es rechte und linke Strukturen gibt, ist es zwingend erforderlich, dass sich Museen, Häuser, Vermittler:innen, Direktorien, Archivleitungen usw. positionieren, um ein MITEINANDER offen sichtbar zu machen und zu gestalten.

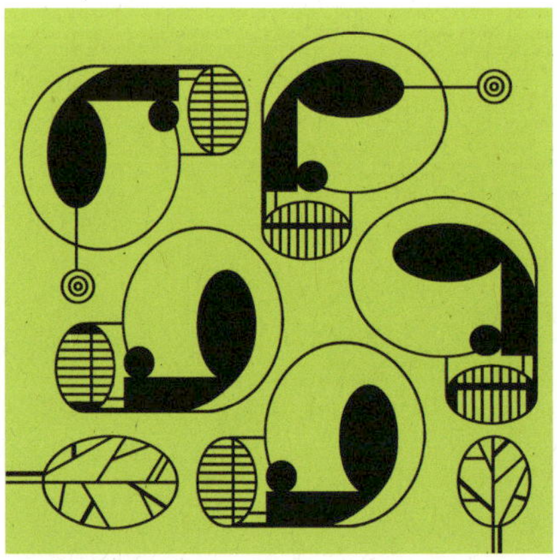

Schädel

ALLES was uns heute umgibt, hat kolonialen Bezug. Aus diesem Grund braucht es mehr als Anerkennung und Erinnerung. Es geht um Familien, Regionen, Genozid und viel mehr, das Trauerarbeit benötigt, einen pietätvollen Umgang und Respekt vor den Geschichten.

past present future

PAST PRESENT FUTURE ist in diesem Muster zu lesen und sagt: „So ist es, aber so soll es nicht bleiben!“

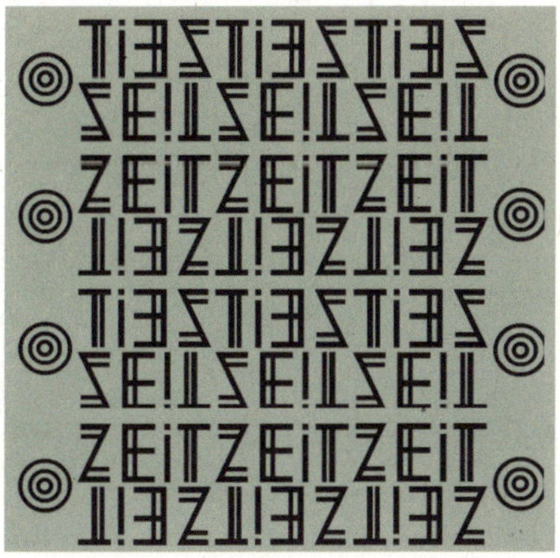

Zeit

Museumsarbeiten, Archivarbeiten, Sammlungsarbeiten, alles Museale hängt auch vom Geldfluss für Projekte ab, was wiederum in Wellen passiert, und zwischen diesen Wellen fließt viel Zeit. Ist es die richtige Zeit, sich mit kolonialen Themen auseinanderzusetzen? Wann ist die richtige Zeit dafür? Wieviel Zeit ist schon geflossen und wieviel Zeit ist bereits wartend, hoffend und trauernd von den Herkunftsgesellschaften aufgebracht worden? Wieviel Zeit wird es noch kosten und was, wenn die momentane Welle der Aufmerksamkeit wieder abebbt? Was ist mit den deutschen Pflichtbestattungsregularien – warum sind sie in kolonialen Kontexten gänzlich außer Kraft gesetzt?

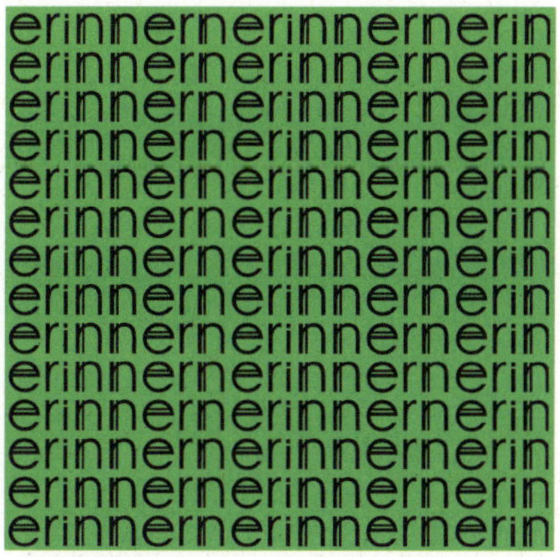

erinnern

Wie steht es um unsere Erinnerungskultur? Welche rassistischen, diskriminierenden Praktiken haben sich über das Erinnern zu kolonialen Kontexten gelegt und ERINNERN blockiert und verhindert? Und welche Praktiken, Strukturen tun es noch immer? Warum ist das Straßenumbenennungsthema, die Entnahme der toxischen „Denkmäler" aus dem öffentlichen Raum, das Neudenken musealer Praktiken so zeitfressend, langwierig und schwer, voller Blockaden aus Paragrafen, Gewalt, Machterhalt und Klassismus? Gegen das Vergessen!

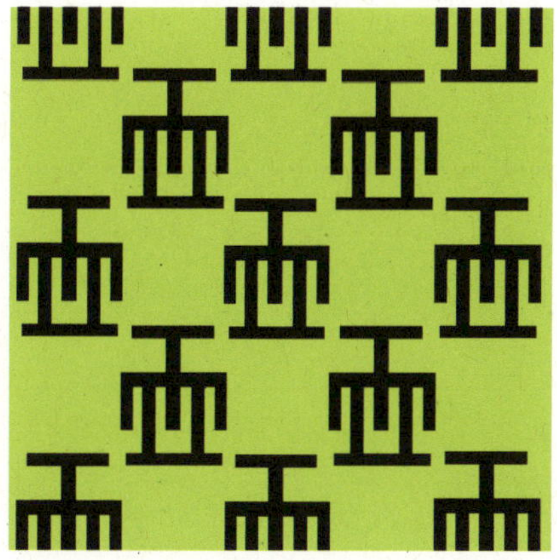

measuring stick

Das Adinkra-Symbol HWE MU DUA „measuring stick" ist das Symbol der Examination und Quality Control. Für mich steht es hier als Gleichnis für den biblischen Satz: An ihren Taten sollt ihr sie erkennen! (1. Johannes 2, 1-6), der für mich gleichwohl dem Adinkra-Symbol den bisherigen und teilweise anhaltenden Umgang mit kolonialen Kontexten beschreibt, anprangert und anmahnt.

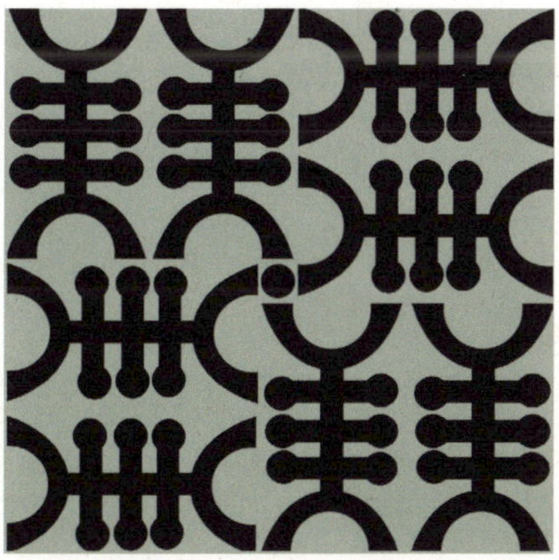

The builder Osidan

Das ghanaische Adinkra-Symbol OSIDAN – der Schöpfer ist für mich das Zeichen des kraftvollen Wandels. Ich möchte durch mein Wirken und Wissen zum Umdenken, Entlernen und Handeln anregen – Schöpferin von etwas Neuem sein. Ich versuche mit kreativen Mitteln, Interventionen zu gestalten, meine Trauer über das Fehlen der umfassenden Aufarbeitung kolonialer Kontexte zu bebildern und kreative Lösungen zugänglich zu machen. Es ist dringend notwendig in den Museen über künstlerische Interventionen das Gespräch zu suchen und damit zugleich BIPoC-Perspektiven zuzulassen.

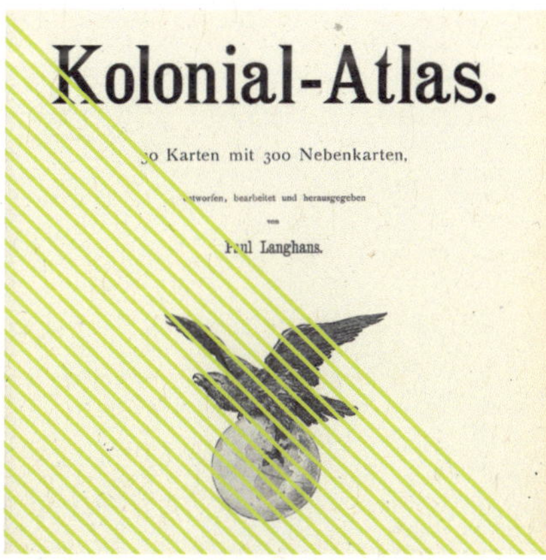

Kolonialität stören

In Zusammenarbeit mit den Autor:innen wurde für diesen Sammelband erarbeitet, welches Bildmaterial als sensibel oder als Ausdruck der kolonialen Wissensproduktion aufgefasst werden kann. Solche Abbildungen wurden mit einer grünen Schraffur versehen, um auf die mitunter problematischen Entstehungs- und Aneignungskontexte hinzuweisen.

Angaben zu den Autor:innen

Sebastian Bandelin ist wissenschaftlicher Mitarbeiter im Koselleck-Projekt „Wie umgehen mit Rassismus, Sexismus und Antisemitismus in Werken der Klassischen Deutschen Philosophie?" an der Friedrich-Schiller-Universität Jena. Er hat mit einer Arbeit im Bereich der politischen Philosophie promoviert und setzt sich insbesondere mit Fragen der Philosophiegeschichtsschreibung sowie der Kant- und Idealismusrezeption während des 19. und 20. Jahrhunderts auseinander.

decolonize Weimar! ist eine zivilgesellschaftliche Initiative, die aus einer Lehrveranstaltung an der Bauhaus-Universität entstand und sich mit dem kolonialen und dem nationalsozialistischen Erbe in Weimar auseinandersetzt und Stadtrundgänge gibt. Auf einer Karte werden Recherchen dokumentiert: https://decolonize-weimar.org/.

Paul Taku Bisong forscht zu zoologischen Objekten in Naturkundemuseen. Im Mai 2022 schloss er den Masterstudiengang „Evolution, Ökologie und Systematik" mit einer Arbeit über *The Batanga Expedition in German – ‚Kamerun' (1887): The Role of the first ‚Kolonialzoologe' – Bernhard Weissenborn* an der Friedrich-Schiller-Universität Jena ab. Zuvor absolvierte er seinen Bachelor in Zoologie an der Universität von Buea in Kamerun. Er arbeitete als Biologielehrer in Kamerun, als studentische Hilfskraft am Phyletischen Museum Jena und als wissenschaftlicher Mitarbeiter am Museum für Naturkunde Berlin. Sein Forschungsinteresse gilt den kolonialen zoologischen Sammlungen aus Afrika in westlichen Museen und deren Provenienz.

Christiane Bürger ist Koordinatorin der Erinnerungskultur der Hansestadt Lübeck. Zuvor war sie als Koordinatorin der wissenschaftlichen Koordinationsstelle „Koloniales Erbe in Thüringen" an der Professur für Neuere und Zeitgeschichte und Geschichtsdidaktik der Universität Erfurt tätig. Sie promovierte in Heidelberg, ihre Arbeit wurde 2017 unter dem Titel *Deutsche Kolonialgeschichte(n). Der Genozid in Namibia und die Geschichtsschreibung der DDR und BRD* veröffentlicht. Ihr Interesse an Geschichte(n) und Geschichtsvermittlung führte sie dann ins Museum. Sie arbeitete unter anderem in der Stiftung Haus der Geschichte im Tränenpalast und dem Museum Alltag in der DDR in Berlin. Als wissenschaftliche Mitarbeiterin und Kuratorin war sie auch an der Gestaltung der Dauerausstellung für die Stiftung Flucht, Vertreibung, Versöhnung beteiligt.

Fesseha Berhe Gebregergis ist Doktorand der Geschichtswissenschaften an der École des Hautes Études en Sciences Sociales (EHESS) und der Universität Mekelle, Äthiopien. Derzeit ist er Stipendiat der Gerda Henkel Stiftung am Forschungskolleg Transkulturelle Studien/Perthes-Sammlung, Universität Erfurt. Er studierte Geschichte und Sozialanthropologie an den Universitäten Alemaya und Addis Abeba. Er erhielt ein Lehramtsdiplom von der Universität Mekelle, wo er lehrt und zweimal den Vorsitz des Fachbereichs Geschichte übernahm. Er war unter anderem Herzog-Ernst-Stipendiat im Jahr 2016 und arbeitete als wissenschaftlicher Mitarbeiter (April bis September 2018) im Rahmen des Projekts „ETHIOMAP" am Forschungszentrum Gotha der Universität Erfurt. Ein weiterer Forschungsaufenthalt (Oktober bis November 2019) führte ihn als Mitglied des „SLAFNET"-Projekts an das Asien-Afrika-Institut der Universität Hamburg.

Ronald Hirte ist als Archäologe und Historiker seit 1998 Mitarbeiter der Stiftung Gedenkstätten Buchenwald und Mittelbau-Dora. Schwerpunkte seiner Arbeit sind die Felder Europäisierungsphänomene, Gedenkstättenpädagogik und Zeitgeschichtliche Archäologie.

Paolo Le van und **Nick Wetschel** forschen und

arbeiten in Dresden zu Aspekten ostdeutscher Migrationsgesellschaft. Sie waren 2021–2024 Teil des Teams des Citizen-Science-Projekts „Ostdeutsche Migrationsgesellschaft selbst erzählen: Bürgerschaftliche Geschichtswerkstätten als Produktionsorte für Stadtgeschichten (Mig-Ost)“. MigOst war ein Kooperationsprojekt mit dem Dachverband der Migrant:innenorganisationen in Ostdeutschland (DaMOst), dem Zentrum für Integrationsstudien an der Technischen Universität Dresden (ZfI) und der Brandenburgischen Technischen Universität Cottbus-Senftenberg. Das Institut für Sächsische Geschichte und Volkskunde (ISGV) war Projektpartner und gewährleistet mit seinem „Lebensgeschichtlichen Archiv für Sachsen“ die Zugänglichkeit des gesammelten Materials.

Urs Lindner ist Philosoph am Max-Weber-Kolleg der Universität Erfurt und engagiert sich in den Initiativen Decolonize Erfurt und Decolonize Wuppertal. Zu seinen Forschungsschwerpunkten gehören Egalitarismus, Affirmative Action, Critical Realism, Marx(ismus), Kolonialismus und Erinnerungspolitik. Ende 2022 hat er in der Zeitschrift *Geschichte und Gesellschaft* den Aufsatz *Die Singularität der Shoah und die postkoloniale Herausforderung der deutschen Erinnerungskultur: Eine Bestandsaufnahme des Historikerstreits 2.0* veröffentlicht.

Ulrike Lötzsch studierte Pädagogik, Romanistik, Informatik und Medienwissenschaften. Sie promovierte in historischer Pädagogik an der Universität Jena. Sie arbeitete freiberuflich für mehrere Museen in Mitteldeutschland, leitete das Projektbüro der Thüringer Leitausstellung zum Jahr der Industriekultur 2018 in Pößneck und war anschließend am Deutschen Optischen Museum tätig. Sie absolvierte eine Weiterbildung zur Provenienzforscherin an der FU Berlin. Derzeit arbeitet sie für die Anatomische Sammlung in Jena, wo sie eine öffentliche Dauerausstellung aufbaute und zuletzt ein Provenienzforschungsprojekt leitete.

Katharina Nowak, Universität Tübingen, studierte Sozial- und Kulturanthropologie, Kommunikations- und Medienwissenschaft in Bremen sowie Museumswissenschaft an der Carl von Ossietzky Universität Oldenburg und Wirtschaftswissenschaften an der Universität Osnabrück. Von April 2021 bis März 2023 arbeitete sie als assistierende Kuratorin der Ozeanien-Sammlung am Museum am Rothenbaum – Kulturen und Künste der Welt (MARKK) in Hamburg. Während ihres Studiums absolvierte sie Praktika am Ethnologischen Museum in Berlin und am Museum Fünf Kontinente in München. Sie hat einen laufenden Lehrauftrag am Institut für Ethnologie und Kulturwissenschaft der Universität Bremen. Ihr Forschungsinteresse gilt den kollaborativen Formen der Wissensproduktion und der Dekolonisierung von Wissen mit einem regionalen Schwerpunkt auf Ozeanien, insbesondere den Inselstaaten des Pazifiks.

Patrice G. Poutrus ist promovierter Historiker und arbeitet am Institut für Migrationsforschung und Interkulturelle Studien (IMIS) der Universität Osnabrück in Kooperation mit dem Stadtarchiv Hannover am Aufbau eines Einwanderungsarchivs. Er hat zur Wirtschafts- und Sozialgeschichte der DDR, zu Migration und Flucht in beiden deutschen Staaten während des Kalten Kriegs und zu Erinnerungen an das Ende der DDR, den politischen Umbruch und die Transformation in Ostdeutschland geforscht und umfangreich publiziert. Er war über mehrere Jahre wissenschaftlicher Mitarbeiter am Zentrum für Zeithistorische Forschungen (ZZF) in Potsdam und an der Universität Erfurt. Auch war er Senior Fellow am Wiener-Wiesenthal-Institut für Holocaust-Studien (VWI) in Wien und hat die Professur für Zeitgeschichte am Institut für Geschichte der Martin-Luther-Universität Halle/Wittenberg (MLU) sowie die Professur für Vergleichende Kultur- und Sozialanthropologie spätmoderner Gesellschaften an der Europa-Universität Viadrina in Frankfurt/Oder (EUV) vertreten. Zuletzt war er Gastprofessor am Zentrum für Interdisziplinäre Frauen- und Geschlechterforschung (ZIFG) an der Technischen Universität Berlin.

Sahra Rausch ist Sozialwissenschaftlerin und Koordinatorin der wissenschaftlichen Koordinationsstelle „Koloniales Erbe in Thüringen“ (KET) am Historischen Institut der Friedrich-Schiller-Universität Jena. Sie promovierte mit einer Arbeit zu postkolonialen Erinnerungspolitiken in einer deutsch-französischen Vergleichsstudie am International Graduate Centre for the Study of Culture (GCSC) an der Justus-Liebig-Universität Gießen und an der Université Paris 1 Panthéon-Sorbonne. 2024 erschien ihre Dissertation unter dem Titel *Emotionen in der postkolonialen Erinnerungspolitik. Deutschland und Frankreich seit den*

1990er Jahren bei De Gruyter. Zuvor studierte sie Politikwissenschaft am Otto-Suhr-Institut der Freien Universität Berlin sowie Sozialwissenschaften und Geschichte in Erfurt, Lyon und Ankara. Zu ihren Forschungsschwerpunkten gehören postkoloniale Erinnerungskulturenforschung, soziale Bewegungsforschung, Transnationalismus und Emotionsforschung.

Kristina Scheelen-Nováček studierte biologische Anthropologie und Ur- und Frühgeschichte an der Georg-August-Universität Göttingen. Sie ist als Osteoanthropologin in diversen archäologischen sowie humanitären Projekten im In- und Ausland tätig. Seit 2018 arbeitet sie verstärkt in unterschiedlichen Provenienzforschungsprojekten, u. a. für das Institut für Anatomie und Embryologie der Universitätsmedizin Göttingen, die Stiftung Schloss Friedenstein Gotha und das GRASSI Museum für Völkerkunde in Leipzig. Gemeinsam mit Ulrike Lötzsch und Carsten Stark erforschte sie ausgewählte human remains aus kolonialen Kontexten aus der Anatomischen Sammlung in Jena. Seit dem Frühjahr 2024 ist sie in der Landesarchäologie Bremen tätig, wo sie im Rahmen eines Projekts die sterblichen Überreste sowjetischer Kriegsgefangener aus dem 2. Weltkrieg untersucht.

Kim Siebenhüner ist Professorin für Geschichte der Frühen Neuzeit an der Universität Jena. Sie forscht und lehrt zu europäischer Sozial- und Kulturgeschichte und zu Globalgeschichte der Frühen Neuzeit. In den letzten Jahren hat sie vor allem zur Geschichte der materiellen Kultur und zur Kulturgeschichte des Ökonomischen geforscht. Ihr jüngstes Projekt beschäftigt sich mit den kolonialen Kontexten frühneuzeitlicher Sammlungen.

Iris Schröder ist Professorin für Globalgeschichte an der Universität Erfurt. Sie arbeitet dort als Direktorin des Forschungskollegs Transkulturelle Studien/Sammlung Perthes und ist die Sprecherin des Nachwuchskollegs „Wissensgeschichte der Neuzeit". Ihre Forschungsschwerpunkte betreffen die historische Wissenschaftsforschung, insbesondere die Kultur- und Wissensgeschichte von Geografie und Kartografie; weitere Interessensgebiete richten sich auf die Geschichte Afrikas im 19. und 20. Jahrhundert und auf die Möglichkeiten und Herausforderungen globaler Geschichtsschreibung (Mikrogeschichte, relationale Historiografien, RaumZeitforschung und Visual History).

Jan Daniel Schubert studierte in Halle, Erfurt und Beirut Soziologie und Geschichte mit Schwerpunkt auf der arabischsprachigen Welt. Aktuell forscht er an der Oral-History-Forschungsstelle der Universität Erfurt zu den Lebenserfahrungen algerischer Arbeitsmigranten in der DDR. Seit 2018 ist er in verschiedenen dekolonialen und postkolonialen Initiativen aktiv, darunter halle postkolonial, Decolonize Erfurt und das Anton-Wilhelm-Amo-Bündnis Halle (Saale).

Carsten Stark studierte Ethnologie, Soziologie und Psychologie sowie Museum Studies. Seit 2010 arbeitet er in und mit Museen und Sammlungen in Deutschland, der Schweiz und Kenia. Er erhielt mehrere Lehraufträge für Ethnologie in Freiburg und Koblenz, organisierte und moderierte internationale Veranstaltungen zu Restitution und Provenienzforschung und co-organisiert seit 2018 das transkulturelle Filmfestival „Freiburger Filmforum" in Freiburg und Nairobi. Aktuell arbeitet Carsten Stark als Programmkoordinator für das Kommunale Kino Freiburg sowie als Lehrbeauftragter für Museum Studies im Weiterbildungsprogramm „museOn" an der Universität Freiburg.

Patricia Vester ist Illustratorin, Empowerment- und Diversity-Trainerin und Prozessbegleiterin. Von 2022 bis 2023 war sie Artist in Residence für die Koordinationsstelle „Koloniales Erbe in Thüringen " (KET) an den Universitäten Jena und Erfurt, für die sie Illustrationen erstellte und Schulworkshops für das Thüringer Institut für Lehrerfortbildung, Lehrplanentwicklung und Medien (Thillm) entwickelte. Zuletzt erschienen:
Tupoka Ogette:
Tag für Tag aktiv gegen Rassismus, illustriert von Patricia Vester, Random House Verlag/penguin books, 2023.
E-Mail: patriciavester247@gmail.com
Insta: @patriciavester.illustrations.

Florian Wagner ist Historiker an der Universität Erfurt mit einem Schwerpunkt auf der Geschichte Europas in globaler Perspektive. Er publizierte zur Geschichte des Kolonialismus im internationalen Vergleich, zur Entstehung von Rassismus und des Abschieberegimes in Deutschland sowie zu afrikanischen Außensichten auf Europa.

In seinem aktuellen Projekt untersucht er in historischer Perspektive die Rückführungspolitik europäischer Regierungen, die Migration rückgängig machen wollen.

KET
KOLONIALES ERBE
IN THÜRINGEN
WISSENSCHAFTLICHE
KOORDINATIONSSTELLE

Gefördert durch die bpb: Bundeszentrale für politische Bildung

UNIVERSITÄT ERFURT

FRIEDRICH-SCHILLER-UNIVERSITÄT JENA

mvt MUSEUMSVERBAND THÜRINGEN

Freistaat Thüringen
Ministerium für Wirtschaft, Wissenschaft und Digitale Gesellschaft

ISBN 978-3-422-80210-0

Library of Congress Control Number: 2024947443

Bibliografische Information der Deutschen Nationalbibliothek
Die Deutsche Nationalbibliothek verzeichnet diese Publikation in der Deutschen Nationalbibliografie; detaillierte bibliografische Daten sind im Internet über http://dnb.dnb.de abrufbar.

Einbandabbildung: Patricia Vester
Einbandgestaltung: essays on typography, Berlin
Lektorat: Juliane Wenke (deutsche Texte), Alex Skinner (englische Texte)
Layout und Satz: essays on typography, Berlin
Druck und Bindung: Grafisches Centrum Cuno GmbH & Co. KG
www.deutscherkunstverlag.de
www.degruyter.com